लहरतारा

(उपन्यास)

लहरतारा

विमल चंद्र पांडेय

हिन्द युग्म

ISBN : 978-93-92820-59-5

प्रकाशक:
हिंद युग्म
सी-31, सेक्टर-20, नोएडा (उ.प्र.)-201301
फ़ोन- +91-120-4374046

मुद्रक : मनीपाल टेक्नोलॉजीज लिमिटेड
कला-निर्देशन : विजेन्द्र एस विज

पहला संस्करण : 2023
मूल्य : ₹249

Lahartara
A novel by *Vimal Chandra Pandey*

Published By
Hind Yugm
C-31, Sector-20, Noida (UP)-201301
Phone : +91-120-4374046
Email : sampadak@hindyugm.com
Website : www.hindyugm.com

First Edition: 2023
Price : ₹249

*अपने मोहल्ले, और वहाँ जन्मे उस फक्कड़
संत को जिसकी वजह से जीवन में कुछ रहा
न रहा, एक नज़र हासिल रही।*

प्रिय कथाकार शशिभूषण द्विवेदी के लिए!

जूझ रहा हूँ लेकिन मेरे ही शरीर के कुछ हिस्से हैं जो स्साले अपनी अलग दुनिया बनाकर बैठे हैं। वे मेरे हिसाब से नहीं चलते, ये मेरे मर्द होने का शाप है या सुविधा, मैं निश्चित नहीं हो पाता। उसने मेरे होंठों को इतनी देर ऐसे अंदाज़ से चूसा कि मेरे होंठ मेरी मर्ज़ी के बिना बरसों के अभ्यास से हरकत में आ गए। मुझे उनका इस समय यूँ सक्रियता दिखाना अच्छा तो नहीं लगा लेकिन दृश्य में अब हम दोनों एक-दूसरे को चूम रहे थे जो थोड़ी देर बाद वाक्य में 'बुरी तरह चूम रहे थे' में बदल रहा था।

जब मैं उसके ऊपर सवार उसे बेतहाशा चूम-चाट और सहला रहा था, उसकी आँखें मुझे ग़ौर से देखने लगीं। यह एक असुविधाजनक नज़र थी जो मुझे अच्छी नहीं लग रही थी। मैंने पोज़ बदलने के बहाने से उसे अपने ऊपर ले लिया। इस पोज़ में वो खो जाया करती है क्योंकि इसमें उसे ज़्यादा सुख मिलता है। वो मेरी ओर न देखकर ख़ुद में खो जाएगी, ये अंदाज़ा सही साबित हुआ। उसकी आँखें आधी से ज़्यादा मुँद गईं और मेरे अंदर अपने एक समकालीन कवि की पंक्ति गूँजी कि प्रेम में डूबी स्त्री का चेहरा बुद्ध जैसा दिखाई देता है। मुझे स्त्रियों के लिए ख़ास तौर से लिखी पंक्तियाँ कवि का शातिरपना लगती हैं। मैं उन्हें उनके संदर्भों से काटकर देखता, उनका मज़ाक़ उड़ाने में जो सुख पाता हूँ उस पर भी पत्नी मेरा मज़ाक़ उड़ा देती है। वो कहती है कि ये मेरे अंदर की कुंठा है क्योंकि मैंने पिछले सात साल से कुछ ढंग का नहीं लिखा है और न लिखने के अँधेरे में घुलता जा रहा हूँ। मैं अगर वापस आने की कोशिश नहीं करूँगा और अँधेरे का आनंद उठाता रहूँगा तो जल्दी ही सबसे ख़ारिज होने के बाद ख़ुद से भी ख़ारिज हो जाऊँगा। उसकी ऐसी बातें मुझे हिंसक बना देती हैं। अभी भी उसे देखकर ग़ुस्सा आ रहा है। वो कैसे इतने आनंद से मेरे साथ गुंथ सकती है जबकि सुबह हुए झगड़े का अंतिम नतीजा नहीं निकला है। उसके चेहरे को ग़ौर से देखते हुए मेरे अंदर का ग़ुस्सा बढ़ने लगता है। क्या ये वही औरत है जिसके अपने जीवन में आने को जीवन की सबसे बड़ी ख़ुशनसीबी मानता था! ये ऐसी क्यों हो गई है कि मुझे चोट पहुँचाने में ही इसे सबसे ज़्यादा

ख़ुशी मिलती है, मैं नहीं जानता! अंदाज़ा भी नहीं लगा पाता।

चोट पहुँचाना और नाराज़ होना इस समय का स्थायी भाव है। हम सब अंदर या बाहर किसी से नाराज़ और किसी से बहुत ज़्यादा नाराज़ चल रहे हैं। ख़ुश होने की वजहें रोज़ कम होती जा रही हैं और एक साथ कई लोगों का खिलखिलाकर हँस पड़ना किसी और जनम की बात लगती है। मैं इतना निराश कभी नहीं होता था लेकिन पिछले कुछेक सालों से जैसे मेरी आत्मा में घुन लग गया है जो धीरे-धीरे सब कुछ चाल देगा और सबकी तरह मैं भी एक गुमनाम मौत मर जाऊँगा। कुछ लोग मेरी तस्वीरें लगाकर मेरे बारे में वो अच्छी-अच्छी बातें लिखेंगे जिनमें से ज़्यादातर या तो झूठ होंगी या फिर काफ़ी पुरानी जब मैं अच्छा होना अफ़ोर्ड कर पाता था और हँसने के बजाय अट्टहास करता था। अभी कुछ दिन पहले फ़ेसबुक पर किसी तस्वीर के नीचे किसी पाठिका ने कमेंट किया था तो मुझे भी याद आया कि कितने ही वक़्त से मैंने अपनी खुलकर हँसती हुई तस्वीर नहीं लगाई। पुरानी तस्वीरों में मैं जितना ख़ुश दिखाई देता हूँ उतनी ख़ुशी तो अब हम दोनों की मिलाकर भी नहीं हो पाती।

पत्नी अपने आप में खोई हुई है और मेरे ऊपर सवार हाँफ रही है। मेरा ग़ुस्सा बढ़ रहा है कि शायद वो इन क्षणों में मुझे देखना भी नहीं चाहती। उसका चेहरा इतने आनंद में डूबा हुआ है जैसे वो पूरे ब्रह्मांड में अकेली है और उसे किसी का भय नहीं है। मेरे ऐसे ही पलों में ये बात मुझे बुरी तरह से चोटिल कर देती है। मैं क्या कर सकता हूँ, ये ख़याल आते ही नीचे से हो रही मेरी कमर की हरकत रुक गई। मैंने एक लंबी साँस ली तो पत्नी ने आँखें खोलकर मेरी ओर सवालिया निगाहों से देखा– 'हो गया क्या?' उसकी आँखों में वो सवाल है जो अक्सर वो होंठों से पूछती है। मैं धीरे से उससे अलग हट गया हूँ जैसे पूरी दुनिया के बर्बाद होते जाने की चिंता मेरे ही कंधों पर है और मैं अपने कुछ न कर पाने की क्षमता पर शर्मिंदा हूँ। वो अपने अंतिम क्षणों को पाने की एक कमज़ोर कोशिश करती है लेकिन मैं उसको परे हटा देता हूँ। फ़िलहाल इससे ज़्यादा अपमान मैं नहीं सोच

सकता। मुझे लगा अब जो तूफ़ान ठोस होता जा रहा था, फिर से पिघलेगा और हम फिर से एक-दूसरे के सामने योद्धाओं की तरह मैदान में होंगे। मुझे इससे उदासी तो होती है लेकिन एक सुख भी मिलता है। कहने की बात नहीं कि जब से मैं ऐसे सुखों में रहने लगा हूँ, बहुत ऐसे सुखों से दूर होता गया हूँ जिनके असर में वैसी अट्टहास वाली हँसी आया करती थी।

थोड़ी देर तक वो कुछ नहीं बोली तो मैं बालकनी में जाकर सिगरेट पीने लगा। सिगरेट एक ऐसी चीज़ है जिस पर उसे किसी भी वक़्त आग-बबूला किया जा सकता है। मैं बालकनी में कोहनी टिकाए उसका इंतज़ार करने लगा कि वो आएगी और धीमी आवाज़ में कहेगी– 'अंदर चलो', क्योंकि वो बाहर झगड़ा नहीं करना चाहती। मैं चुपचाप कश लगाता हुआ उसे इशारा करूँगा– 'जाओ सो जाओ, सुबह बात करते हैं'। इस जवाब से मैं ये भी बताऊँगा कि मुझे उससे बहस करने में कोई उज्र नहीं है और ये भी कि फ़िलहाल मेरा दिमाग़ इतना उलझा हुआ है कि मैं सेक्स जैसी क़ुदरती और पसंदीदा चीज़ छोड़कर बालकनी में कुछ गहन चिंतन कर रहा हूँ।

उसका कुछ देर तक इंतज़ार किया फिर कोई हलचल न पाकर मैं धीरे से पलटा। वो मेरे एकदम पीछे खड़ी थी। उसके होंठों पर मुस्कराहट थी। मैं ये सोचकर एक पल के लिए काँप गया कि शायद मुझे मारने के लिए कोई और हथियार मिल गया है जिसकी वजह से ये इतने आत्मविश्वास से खड़ी है। मैं उसके संभावित अस्त्र के बदले का कोई अस्त्र खोजने लगा लेकिन तभी उसने अपनी हथेली मेरे चेहरे पर फिराई। उसकी मुस्कराहट बढ़ गई थी। मैंने उसकी आँखों में देखा। उसने मुस्कराहट को अधिकतम पर लाकर सिर्फ़ एक बात कही।

"क्यों ख़ुद को इतनी तकलीफ़ दे रहे हो? दवाई नहीं ले रहे हो न?"

मेरी नज़र उसके हाथ पर गई। उसमें मेरी दवाइयों का डिब्बा था।

उसने दूसरा हाथ भी आगे बढ़ाया। उसमें पानी की बोतल थी।

ख़ुद को उठाकर ज़ोर से फेंकना

नाम चतुर्भुज शास्त्री, उम्र 38, हालाँकि क़ायदे से चालीस लेकिन पिता ने चलन के हिसाब से किसी टुच्चे फ़ायदे के लिए उम्र दो साल कम लिखाई थी तो समझ नहीं आता किस उम्र को मानूँ। जिसका प्रमाण प्रमाणपत्र में है या फिर जिसका प्रमाण मेरे रक्त में अपराधबोध की तरह दौड़ रहा है। फिर महसूस होता है क्या सचमुच मैं पत्नी के कहे अनुसार ओवरथिंकिंग का शिकार हो रहा हूँ! सचमुच मुझे साल दो साल को लेकर इतना नहीं सोचना चाहिए। जिस समय में साल महीनों की तरह और मौतें जन्म की तरह घटित हो रही हों, उसमें दो साल का मैं क्या अचार डालूँगा! मैं जो बातें डॉक्टर को तीन घंटे के सेशन में बताकर निकला हूँ, वो सब उन बातों से बहुत कम हैं जो मेरे आस-पास घूम रही हैं। डॉक्टर ने सब सुनने के बाद हँसकर मुझसे कहा कि आप बचपन के बारे में बताते हुए अक्सर इधर-उधर चले जाते हैं। वह मेरे बचपन, मेरे माता-पिता, मेरे दोस्तों, मेरे प्रेम, मेरी असफलताएँ सब कुछ तरतीब से जानना चाहता है। मैंने हमेशा अपने जीवन को एक ठीक-ठाक देश में गुज़ारे एक ठीक-ठाक बचपन के झरोखे से देखा है और मुझे हमेशा से लगता रहा है कि जिस देश में अनगिनत बच्चों के पास रहने के लिए घर और खाने के लिए भोजन न हो, उसमें मेरा जीवन अच्छा ही बीता है। डॉक्टर से मिलने के बाद मुझे अपने उसी जीवन में विसंगतियाँ नज़र आने लगी हैं। आस-पास के दोस्तों की उपलब्धियों पर ख़ुद को कोसने और मन में तनाव लेने की समस्या पर उसने मेरे बिना बताए ये डिकोड कर लिया कि बचपन में हमेशा मेरी तुलना मेरे दोस्तों और आस-पास से की गई है। बात सच है।

मेरे पिता ने हमेशा मेरे बचपन को अपनी असंतुष्टि से भरा और मेरे उन दोस्तों से भी मेरी तुलना कर मुझे नीचा दिखाने की कोशिश की जो मुझे ही अपना गुरु मानते थे।

"आराम से। मुझे बचपन के उन दोस्तों के नाम भी बताइए जो अब तक आपके संपर्क में हैं।"

डॉक्टर का पहला मक़सद यही है कि वो मेरे जीवन की कहानी धीरे-धीरे पूरी सुने। मेरे लिए अच्छा है, मैं वैसे भी हर काम धीरे करने का आदी हूँ।

किशोरावस्था से लेकर युवावस्था के पूर्वार्ध तक मेरी प्रतिभा के ऐसे सच्चे-झूठे पुंज मेरे आस-पास चमके कि आस-पास की दुनिया के साथ-साथ मेरी भी आँखें चौंधियाँ गईं। मैं एक साधारण मगर जिज्ञासु बालक था। अधिकाधिक जानने की उत्सुकता और उसके प्रसार का मोह मेरे व्यक्तित्व का हिस्सा बन गया। किसी को ये अंदाज़ा नहीं होता था कि आस-पास के बच्चों से कोई सवाल पूछना और ग़लत बताने पर उसके जवाब के लिए मेरी ओर देखकर ये कहना कि 'देखो चतुर सही बता देगा' मेरे ऊपर क्या असर डाल रहा है। 'चतुर्भुज को सब आता है', ये पंक्ति ही मेरे जीवन में पहले बहुत ज़्यादा अच्छे और फिर बहुत ज़्यादा बुरे की ज़िम्मेदार रही है लेकिन इस पंक्ति का असली जन्मदाता कौन है, इसके बारे में मुझे संशय है। पिता इस पंक्ति को बहुत दोहराते थे लेकिन वे जिस तरह मुझसे निराश रहते थे, मुझे लगता है माँ ने पहली बार इसे कहा होगा। मैंने इस बात में काफ़ी छोटी उम्र में भरोसा कर लिया था और बाक़ी की ज़िंदगी इस भरोसे को सही साबित करते रहने की कोशिशों में बीतती रही जिसका हासिल ये है कि मैं जिस इमारत के बाहर चिलचिलाती धूप में पत्नी का इंतज़ार कर रहा हूँ उस पर बड़े अक्षरों में 'डॉक्टर वेणु गोपाल मित्तल, मनोचिकित्सक, देवा न्यूरोसाइकियाट्रिक सेंटर, सफ़दरजंग इन्क्लेव, नई दिल्ली' लिखा हुआ है। ये मैं सामने की इमारत में लगे शीशे के दरवाज़े में देखकर पढ़ने की कोशिश कर रहा हूँ। साफ़ न दिखाई देने पर मैंने अपना

चश्मा साफ़ करके फिर से पहना और उलटी दिख रही इबारत को देखकर धीरे-धीरे पढ़ने लगा।

पत्नी कब मेरे बग़ल में आकर खड़ी हो गई और मुझे हैरानी से सड़क के उस पार घूरता देखने लगी, अंदाज़ा नहीं लगा। मैंने शीशे में ही एक आकर्षक औरत को अपनी ओर देखता पाया और उसकी ओर पलटा।

"तुम कब आईं?" मैंने वो पूरी इबारत अक्षरों को मिला-मिलाकर पढ़ ली थी जो वैसे तो मुझे मालूम थी लेकिन याद नहीं थी।

"तुम जब इतनी धूप में खड़े यहाँ पगलई कर रहे थे। वहाँ शेड में इंतज़ार करना चाहिए था, यहाँ क्यों झुलस रहे हो?" पत्नी ने मेरा हाथ पकड़ा और बाहर काउंटर की तरफ़ ले गई जहाँ से दवाइयाँ ली जानी थीं। पत्नी ने दवाइयों वाली पर्ची मेरे हाथ से ली और लाइन में खड़ी हो गई। हम दोनों के बीच थोड़ी देर शांति रही। मैं उसे देखता रहा। कितने झगड़े के बाद वो इस बात पर राज़ी हुई थी कि वो मेरे साथ नहीं आएगी, जो बताना होगा मैं ख़ुद डॉक्टर को बताऊँगा। मुझे भरोसा था कि डॉक्टर मेरी सारी बात सुनने के बाद समझ जाएगा कि मुझे कोई समस्या नहीं है बल्कि एक सोचने-समझने वाले इंसान का इस दौर में थोड़ा-बहुत परेशान होना लाज़िमी है। डॉक्टर की राय मुझ तक स्पष्ट नहीं पहुँची। "क्या मुझे कोई समस्या है?" कई बार मेरे पूछने के बाद डॉक्टर ने इतना ही कहकर मुझे चलता किया था कि एकदम निश्चित होकर कहने के लिए अभी कुछ और वक़्त लगेगा और तब तक मुझे उसकी लिखी दवाइयाँ खानी पड़ेंगी। दवाइयों की पर्ची लेकर मैं ठगा हुआ-सा महसूस कर रहा था। मुझे एक पल के लिए लगा शायद मुझे लेकर पत्नी के सारे डर, सारी आशंकाएँ सही हैं और मैं सचमुच पागल हो रहा हूँ। उसने कहा था कि अगर डॉक्टर मुझे एकदम सही क़रार दे देगा तो आगे से वो कभी ये टॉपिक नहीं उठाएगी लेकिन अगर डॉक्टर ने एक भी दवाई लिखी तो अगली बार से वो मुझे लेकर डॉक्टर के पास चलेगी। मैंने हामी भर दी थी और इस समय जबकि वो विजेता भाव से दवाइयों के लिए पैसे गिन रही है, मेरी

आँखें भर आई हैं। विष्णुचंद शास्त्री के बेटे के साथ ये भी होना था? मैं कहाँ से चला था और आज कहाँ आकर खड़ा हूँ! क्या ये मेरे अंत की शुरुआत है? कितनी उम्मीदें थीं मेरे घर वालों को मुझसे, मेरे दोस्तों को, मुझे ख़ुद को लेकिन मैं क्या निकला? एक उलझा हुआ, बेहोशी में ज़िंदगी जीने वाला इंसान जिसे अब सामान्य ज़िंदगी जीने के लिए भी दवाइयों की ज़रूरत पड़ेगी। पत्नी दवाइयों के बारे में जानकारी ले रही है।

मैं अपनी आँखें पोंछकर ऐसा ज़ाहिर करने की कोशिश कर रहा हूँ कि ये दवाइयाँ सिर्फ़ हल्के बुख़ार और ज़ुकाम की हैं जिन्हें लेकर मुझे कोई चिंता नहीं है। आँखें इसलिए पोंछ रहा हूँ कि पता नहीं कब भर आईं और मैं नहीं चाहता वो मुझे ऐसे देखे।

आजकल आँखें बात-बात पर भर आती हैं। सच कहती है वो, मेरे साथ कुछ तो ग़लत हो रहा है।

सुरंग के दूसरे सिरे पर झूठी रोशनी है

मैंने चतुर्भुज से प्रेम विवाह किया था जबकि मैं हमेशा से बहुत ट्रेडिशनल लड़की थी। घर के काम समय पर पूरे करके अपनी पढ़ाई भी सँभाल लेती थी। मुझे किसी भी तरह से पढ़ाई पूरी करके बस एक कैसी भी सरकारी नौकरी पा लेनी थी ताकि मैं अपने घर-रूपी जंगल से निजात पा सकूँ। मुझे अपनी ज़िंदगी को लेकर बहुत उम्मीदें नहीं थीं क्योंकि मैंने हमेशा अपने पापा को रिश्तेदारों और मेहमानों के सामने भी बिना किसी संकोच माँ का अपमान करते देखा था। अच्छे पुरुष की परिभाषा मेरे दिमाग़ में ये थी कि अगर उसे अपनी पत्नी या प्रेमिका को डाँटना हो तो एकांत में डाँटे। उसका अपमान करना हो तो वो उसे इशारा करे, भीतर के कमरे में ले जाए और सबसे दूर ले जाकर भला-बुरा कहे या गालियाँ दे लेकिन सबके सामने नहीं। पापा अपने भाइयों में सबसे अच्छे थे क्योंकि बड़े पापा और मेरे तीन चाचा अपनी पत्नियों को सिर्फ़ डाँटते नहीं थे, अपनी-अपनी योग्यता अनुसार माँ-बहन की गालियाँ देते थे और ख़ून ज़्यादा उबाल मारने पर हाथ भी उठा देते थे। बचपन से मैंने रिश्तेदारों से यही बातें सुनी थीं कि पापा अपने सभी भाइयों में सबसे अच्छे हैं और ये माँ के लिए राहत की बात होनी चाहिए। माँ चुपचाप सुना करतीं। जब से मैंने होश सँभाला, यही पाया कि माँ ने अपनी राय देने की आदत ख़त्म कर दी थी। उनके सामने बैठा इंसान ढेर सारी बातें कहने के बाद माँ की ओर देखता था कि वो उसकी बातों से सहमत हैं या नहीं तो उसे माँ की एक जैसी नपी-तुली मुस्कराहट और उनका एक पंक्ति का जवाब 'चलिए अब जो है सो है' सुनाई देता।

किसी पुराने उपन्यास में पढ़ा था कि लड़कियों को अपने पिता जैसे पति या प्रेमी की तलाश होती है। किशोरावस्था में पढ़ी हुई ये बात हमेशा दिमाग़ में बैठी रही और सबसे पहला असर मेरे मन पर ये हुआ कि किताबों में लिखी ज़्यादातर बातें झूठी हैं। पिता का बुरा असर मन पर ऐसा रहा कि स्कूल से कॉलेज तक के सफ़र में मेरा कोई लड़का दोस्त नहीं रहा। मुझे लगता सभी लड़के सिर्फ़ लड़कियों का फ़ायदा उठाने और न उठा पाने की स्थिति में उनका अपमान करने के लिए जन्म लेते हैं। मेरी सिर्फ़ एक दोस्त किरण थी जिसकी पृष्ठभूमि लगभग मेरे जैसी ही थी और हम दोनों एक-दूसरे के मन में जमी चिढ़ और नफ़रत को हवा दिया करते थे। ग्यारहवीं क्लास में हमने एक-दूसरे का हाथ पकड़कर उसपे जलती हुई मोमबत्ती से पिघलता मोम गिराकर क़सम खाई थी कि हम जीवन में कभी लड़कों को नहीं आने देंगे यानी उनके जाल में नहीं फँसेंगे।

अंतर्मुखी होने की वजह से पढ़ने-लिखने की तरफ़ मेरा झुकाव बिना किसी कोशिश के हो गया। पहले अख़बारों में सप्ताह में एक दिन आने वाला बाल परिशिष्ट पढ़ती, फिर थोड़ी बड़ी हुई तो पड़ोस के बच्चों की कॉमिक्स लेकर पढ़ने लगी। कुछ ख़रीदकर पढ़ूँ या पापा मेरे लिए कुछ पढ़ने-लिखने वाली चीज़ लेकर आएँ, ये सोचना भी असंभव टाइप की चीज़ थी। उनका स्पष्ट मानना था कि लड़कियों की पढ़ाई सिर्फ़ डिग्री लेने के लिए है ताकि लड़के वालों के सामने दहेज कम करवाया जा सके। मैं रिश्ते की चाचियों, मौसियों और दीदियों के यहाँ जाती तो माँ सबसे बातें करतीं और मैं उस घर और उसकी परिधि में उपलब्ध सारे शब्द पढ़ जाती चाहे वो किसी स्वेटर का डिज़ाइन बताने वाली पत्रिका में होते या फिर कोने में पड़े किसी पुराने शादी के कार्ड में। उन्हीं दिनों मुझे कहानियाँ पढ़ने का चस्का लग गया। मेरी कल्पनाशीलता मेरे घर के माहौल की देन थी। मेरे आस-पास जो भी कहानी आती, मैं तुरंत पढ़ जाती और पढ़ने के साथ ही उसके उन पहलुओं के बारे में भी सोच लेती जो कहानी में नहीं दिए होते थे। मैं धीरे-धीरे लेखकों और उनकी दुनिया से प्रभावित होने

लगी थी। बचपन से उनके लिए मन में पाली चिढ़ के बावजूद अब मुझे लगने लगा था कि लेखक आम लोग नहीं होते बल्कि उनके भीतर कोई जादुई आत्मा रहती है जिसे जगाकर वे एक से एक क़िस्से-कहानियाँ और कविताएँ लिखा करते हैं।

उस वक़्त मुझे नहीं पता था कि मेरी मुलाक़ात किसी दिन एक ऐसे लेखक से न सिर्फ़ होगी बल्कि वो मेरे अंदर की हर नकारात्मकता को सोखकर मुझे एकदम नई लड़की बना देगा। उस वक़्त मुझे नहीं पता था कि मैं भी किसी से प्यार कर सकती हूँ और वो भी एक ऐसे लेखक से जिसके चाहने वाले पहले से ही आस-पास ढेर सारे हैं।

उस वक़्त मुझे ये भी नहीं पता था कि लेखक ऐसे जीव होते हैं जिनके पागल होने की संभावना सबसे ज़्यादा होती है और वे अपने आस-पास वालों को भी पागल कर देने की अद्भुत क्षमता से लैस होते हैं।

मेरा जीवन एक ब्लैक होल है

मुझे उस दिन की याद है जब मैंने ख़ुद को पहली बार विशिष्ट महसूस किया था। मैं शायद छठी कक्षा में रहा होऊँगा। पिता के एक मित्र थे जो बनारस में अपना धंधा जमाने की कोशिश कर रहे थे और कई धंधों में हाथ डालने के बाद उन्होंने एक साप्ताहिक अख़बार शुरू किया था। पिताजी सरकारी नौकरी में थे तो अक्सर उस दोस्त को वक़्त ज़रूरत में उधार दिया करते थे। नौकरी से पहले पिता की पढ़ाई-लिखाई काफ़ी संघर्षों से हुई थी और उसी दौर में उन्हें कविताएँ लिखने की लत लग गई थी। नौकरी के बाद वो शौक़ मर न जाए, इसके लिए पिता हिंदी पखवाड़े के कार्यक्रमों में मंच संचालन करने के साथ कविताएँ भी सुनाया करते थे और विभागीय पत्रिका में प्रकाशित भी हुआ करते थे। मित्र के साप्ताहिक पत्र में अक्सर पिता की कविताएँ छपतीं।

इन सबके बहुत पहले 'चतुर्भुज को सब आता है' वाले दुर्भाग्य ने मेरी पढ़ने-लिखने वाली इंद्रिय को धार दे दी थी और जिस अख़बार पर मेरे से थोड़े छोटे बच्चे टट्टी करते थे, मैं अक्षर मिला-मिलाकर उन्हें पढ़ने लगा था। तीसरी कक्षा तक जाते-जाते मैंने कहानियाँ पढ़ना सीख लिया था और चौथी में पिता ने मेरे लिए हॉकर से कहकर मासिक बाल पत्रिकाओं की व्यवस्था कर दी थी। पाँचवीं तक जाते-जाते मेरे मन में अपनी ख़ुद की कहानियाँ बनने लगी थीं और उन्हीं दिनों पिता के वो मित्र एक शाम पकौड़ी खाने हमारे घर आए थे। मुझसे प्राथमिक परिचय लेने और मेरी मेधा से आक्रांत होकर उन्हें यही प्रस्ताव देकर बचना ठीक लगा था। उन्होंने मुझसे कहा कि मैं एक पाँच सौ शब्द की कहानी लिखूँ जो अपने

साप्ताहिक अख़बार में छापेंगे। मुझे पहले तो विश्वास नहीं हुआ लेकिन उसी समय जब पिता की आवाज़ आई– 'अरे ये लिख देगा, नाम का ही नहीं काम का भी चतुर है', तो मैंने ठान लिया कि इस नई चुनौती को इस अंदाज़ में लेना है कि लोगों के ये कहने में मेरे जो चंद दोस्तों की सहमति शामिल नहीं होती, वो भी शामिल हो जाए। मैंने कहानी लिखी। अब तक मुझे उसका नाम याद है। 'नई दिशा' नाम की उस कहानी में जहाँ तक मुझे याद है एक बदमाश लड़का था जो कक्षा में सबका मज़ाक़ उड़ाता और अध्यापकों तक को परेशान किया करता था। एक दिन उसके साथ कोई घटना हो जाती है जिससे उसे अपने किए पर पछतावा होता है और उसे एक नई दिशा मिलती है। वो कहानी एक रविवार की शाम मेरे सामने थी। शीर्षक के नीचे मेरा नाम लिखा हुआ था और कहानी पर आधारित एक रेखाचित्र भी था जो कहानी में चार चाँद लगा रहा था।

मैंने पूरी कहानी को कई-कई बार पढ़ा। उसे पढ़ते हुए ऐसा लग रहा था जैसे किसी और ने लिखा हो, किसी मँझे हुए सिद्धहस्त लेखक ने जिसके लिखे का सब इंतज़ार करते हैं। समवयस्क दोस्तों को दिखाने पर पहले तो उन्हें विश्वास नहीं हुआ, बहुत कोशिशों और मेरे घर से क्रॉस-चेकिंग करने के बाद जब उन्हें इस बात का विश्वास हुआ तो वे सब पत्थर हो गए। उन्हें विश्वास ही नहीं हो रहा था कि उनके बीच अब तक एक ऐसा इंसान छिपकर बैठा हुआ था जो जादूगर है। जो कहानियाँ लिख सकता है और जिसकी कहानियाँ अख़बारों में छपकर सैकड़ों-हज़ारों लोगों के बीच जा सकती हैं। मैं अचानक से उनकी नज़र में कुछ और हो गया। उनकी नज़रों को पढ़कर मैं अपनी नज़रों में भी कुछ और हो गया था। ये कुछ और क्या था, यही खोजने में मेरा बाक़ी का जीवन ग़र्क़ होने वाला था।

वो शाम मुझे ज्यों-की-त्यों याद है। लंबे समय तक मैं इसे अपने जीवन की सबसे ख़ुशनुमा और एक दिशा दिखाने वाले रास्ते की नींव मानकर जीता रहा। बहुत बाद में मुझे महसूस हुआ कि यहीं से मेरे भटकाव की शुरुआत हुई थी। इसके पहले मैं डॉक्टर, इंजीनियर, अभिनेता, ट्रक

ड्राइवर, मछुआरा, मैकेनिक या फिर ग़ुब्बारे बेचने वाला भी बन सकता था लेकिन इस घटना ने मेरा भविष्य लगभग निश्चित कर दिया था। मैं बचपन में पसंद अपने सारे विकल्प छोड़कर इस एक विकल्प पर ध्यान देने लगा था जिसमें मेहनत न के बराबर थी और परिणाम चौंका देने वाले थे।

पिता ने इस घटना को गंभीरता से नहीं लिया था। वो मुझे ऐसा बनाने के लिए कृत-संकल्प थे जिससे मुझे जीवन की सबसे बड़ी सफलता के रूप में कोई सरकारी नौकरी मिल जाए। मुझ पर नाराज़ होने पर वो कभी-कभी डाँटते हुए प्राइवेट नौकरियों से भी समझौता करने को उत्सुक दिखाई देते जिनमें तनख़्वाह बहुत ऊँची होती और जिनमें विदेश जाने के मौक़े मिलते थे। मेरे भविष्य को लेकर जो ख़ाका उनके दिमाग़ में था उसके अंश उन्होंने आस-पड़ोस के सफल नौकरीशुदा लड़कों और दोस्तों की कहानियों से हासिल किए थे। वो ख़ुद क्लर्क थे तो मुझे हेड क्लर्क से नीचे देखना उन्हें कल्पना में भी गवारा नहीं था।

अपने समवयस्क दोस्तों के साथ बातें करते हुए जब सभी इधर-उधर की बातें कर रहे होते, मैं भी उनके साथ मस्ती करने में खोया होता, अचानक कोई उम्र से बड़ा विषय कहीं से उड़ता हुआ आता और मैं सारा दबाव ख़ुद पर ले लेता। मुझे लगता इस विषय को पूरी गहनता से सुलझाने-समझाने की ज़िम्मेदारी मेरी है। शुरू के ऐसे कुछ प्रयासों के बाद दोस्तों को भी लगने लगा कि जो बात गहराई से समझनी हो उसके बारे में चतुर्भुज से संपर्क करना पड़ेगा। इसके लिए इधर-उधर से जानकारियाँ जुटाने और पढ़ने के अलावा एक और आदत बचपन से ही पड़ गई। जहाँ चार बड़े बातें कर रहे होते वहाँ मैं अपने कानों को खड़ा कर ड्यूटी पर लगा देता। उनके बीच होने वाली बहसों और निष्कर्षों को याद कर लेता और फिर उन निष्कर्षों को अपना बताकर दोस्तों के समूह में हो रही बहस में उछाल देता। इसे मेरी बात माना जाता और मामूली विषयों पर बतकुच्चन कर रहे मेरे मित्र मेरे ज्ञान और समझ की मेरी गहराई पर निहाल हो जाते। उन्हें निहाल कर मैं निढाल हो जाता क्योंकि उस कही हुई बात

के आगे-पीछे का संदर्भ मुझे पता नहीं होता और मेरी कोशिश होती कि दोस्तों में कोई इस विषय में गहराई से कुछ जानने, बात करने का इच्छुक न निकल आए। इस जानलेवा बेवक़ूफ़ी का दीर्घकालिक असर ये हुआ कि मेरे आस-पास ऐसे मित्र ही रहने लगे जो मेरे दिए हुए ज्ञान को पूर्ण सम्मान से ले लेते थे और गहराई में जाने को भी मेरे हिस्से का ही काम समझते रहे। ये मेरे दुर्भाग्य का दूसरा कारण रहा कि अपने आस-पास मैंने जाने-अनजाने ऐसे ही दोस्तों को रखा या रहने दिया जो मुझसे कुछ सीख सकते थे या ऐसा दावा करते थे। उन दोस्तों को मैं अपने आस-पास बर्दाश्त नहीं कर पाता था जो मुझसे ज़्यादा जानते थे या जानने का दावा करते थे।

रुककर देखता हूँ तो पाता हूँ कि मेरे बरबाद होने के बीज मैंने ख़ुद अपने भविष्य की नींव में गाड़ दिए थे और उन्हें बराबर खाद-पानी देता रहा।

मैंने जिस दिन से लेखक बनने का सोचा, हमेशा के लिए एक बेचैनी और असंतुष्टि को अपनी तक़दीर में लिख लिया जबकि मैं तक़दीर जैसी किसी चीज़ को मानता भी नहीं हूँ। मैंने तो तारीफ़ों और सबसे अलग दिखने के लिए लिखना शुरू किया था लेकिन समय के साथ जैसे-जैसे मुझे एक लेखक की ज़िम्मेदारी का एहसास होता गया, मेरा लिखना कम होता गया।

पहले मुझे लगता था लेखक का जीवन अच्छा होता है क्योंकि उसे हमेशा अपनी कहानियों और उनके किरदारों के बीच जीना होता है। मुझे ये बिलकुल अंदाज़ा नहीं था कि लेखक का जीवन 'क्या होना चाहिए' और 'क्या हो रहा है' के बीच की बड़ी खाई से लड़ते हुए आख़िरकार उसे एक मामूली मौत की तरफ़ ले जाता है।

दूध-फूध आलू-फालू

मैंने चतुर्भुज में ये बदलाव कुछ साल पहले नोटिस करना शुरू किए थे। पहले मुझे लगा किसी बात पर मूड ख़राब होगा। फिर जब वो अक्सर ऐसी बातें करने लगा तो मुझे लगा लिख नहीं रहा इसलिए फ्रस्ट्रेट हो रहा है। ये स्थिति मैंने पहले भी देखी थी। जिन दिनों वो कोई कहानी लिख रहा होता था, उसका मूड स्विंग पीरियड के दौरान होने वाले मेरे मूड स्विंग को भी मात दे देता। कभी वो मुझे आकर अचानक पीछे से जकड़ लेता और चुंबनों की बौछार कर देता, कभी यूँ ही टहलता हुआ मेरे पास आता और कमर में गुदगुदी कर देता। अचानक हँसने लगता और देर तक हँसता रहता, फिर ख़ुद की पीठ थपथपाकर कहता– 'फाड़ दोगे बेटा...' या 'हिला डालोगे गुरू!' अचानक 'च्च' की आवाज़ आती और मैं पीछे पलटकर देखती तो वो लैपटॉप के की-बोर्ड पर उँगलियाँ रोके छत की ओर देख रहा होता। मैं इशारे से पूछती– 'क्या हुआ ?' तो वो सिर्फ़ मुस्करा देता। मैं समझ जाती वो देख मेरी ओर रहा है लेकिन उसका दिमाग़ यहाँ से बहुत दूर किसी अँधेरी सड़क पर रात में इंद्रधनुष तलाश रहा है या फिर डूबती जा रही पूरी दुनिया में एक नाव पर कुछ बचाने लायक़ चीज़ें रख रहा है। कहानी ख़त्म होती तो वो मेरे साथ उसे सेलेब्रेट करता, कुछ क़रीबी दोस्तों को पढ़वाता और फ़ाइनल कर छपने के लिए भेजता।

मगर इस बार वाला फ्रस्ट्रेशन अलग था। वो छोटी-छोटी बातों पर अचानक से झल्ला जाता और फिर घंटों मुँह फुलाए बैठा रहता। कभी बहस करता तो मूल मुद्दा पीछे छोड़ देता और बाल की खाल निकालता हुआ मुझे वहाँ तक ले आता जहाँ मैं झल्लाकर उठ जाती कि 'मुझे तुमसे

कोई बहस नहीं करनी।' इसे वो अपनी जीत की तरह लेता और अट्टहास करके अचानक चुप हो जाता, फिर बालकनी पर जाकर सिगरेट पीने लगता। सिगरेट से मुझे शराब से भी ज़्यादा नफ़रत है। मैं ग़ुस्से में उसे घूरती तो वो मुझे अवॉयड कर देता। मैं उसकी सेहत पर बहस करती तो वो बोलता-बोलता अचानक चिल्लाने लगता– 'दुनिया भाड़ में जाए, कोई मरे या जिए बस तुम्हारा पति ज़िंदा रहना चहिए, यही बहुत है तुम्हारे लिए।' मैं भी चीख़कर कहती– 'हाँ, मेरे लिए सबसे ज़रूरी यही है। मैं पूरी दुनिया का ठेका लेकर नहीं बैठी हूँ। मुझे तुमसे मतलब है।' ऐसी बात सुनते ही वो मेरी ओर हिक़ारत से देखता, फिर चुपचाप सड़क की ओर देखता हुआ धुआँ छोड़ने लगता।

शुरू के चार-पाँच साल मुझे क्या पता चलता जब उसने ख़ुद को भी ये पता नहीं चलने दिया कि कहीं कुछ गड़बड़ है। हालाँकि ये कहना ख़ुद को ज़बरदस्ती क्लीन चिट देने जैसा है, फिर भी। पहले कुछ साल वो सब कुछ छिपा ले गया क्योंकि वो वाक़ई एक उम्दा राइटर है, इतना उम्दा कि उससे मिलने से पहले मैं उसकी कहानियों से मिली थी, उसको पसंद करने से पहले मैंने उसकी कहानियों को पसंद किया था। ये बात वो भी जानता है कि वो जितना मेरे लिए मायने रखता है, उसकी कहानियाँ उससे कम नहीं रखतीं। न लिख पाने की स्थिति में उसने फ़ेसबुक पर एक हैशटैग राइटर्स-ब्लॉक-इज़-नॉट-बैड चलाया जिसमें वो न लिख पाने की स्थितियों पर एक पैराग्राफ़ लिखता। इस हैशटैग को ढेर सारे लाइक्स मिलते और कई बड़े लेखक, जिनमें चतुर के पसंदीदा भी शामिल थे, कमेंट्स करते कि वो बहुत अच्छा लिख रहा है। कुछ लोग सलाह देते कि उसे अपने इन फ़ेसबुक स्टेटस की भी किताब निकलवानी चाहिए। एकाध प्रकाशनों ने तो उसके इनबॉक्स में मैसेज भी डाल दिया कि 'लेखक की दुनिया' करके एक पुस्तिका निकाली जाए जिसमें राइटर्स ब्लॉक पर ऐसे दिलचस्प क़िस्से और गद्य हों। चतुर ने जब मना कर दिया तभी मुझे समझ जाना चाहिए था कि कुछ गड़बड़ हो रही है। लेखक को पाठकों

तक पहुँचने का कोई मौक़ा मिले और वो उदासीन रहे तो इसके दो ही अर्थ होते हैं, या तो वो अपने पाठकों पर से भरोसा खो चुका है या फिर ख़ुद पर से। मुझे सारे लक्षण समझ में आए लेकिन धीरे-धीरे। मैंने कभी सोचा भी नहीं था कि हमेशा हँसने-हँसाने वाला मेरा प्रिय लेखक चतुर्भुज शास्त्री, जिसकी कहानियों में हास्य और व्यंग्य इतनी सहजता से आते हैं कि उसके समकालीन उससे ईर्ष्या करते हैं, अवसाद का शिकार हो जाएगा। उसके फ़ेसबुक स्टेटस भी अपडेट होने बंद हो गए तभी मुझे चेत जाना चाहिए था।

कई छोटी-छोटी चीज़ें मैंने जब पकड़ीं तब तक मामला काफ़ी आगे बढ़ चुका था। ऑफ़िस से निकलने पर मिलने वाले मैसेज से मुझे अचानक इसका खटका लगा। पहले वो जब ऑफ़िस से निकलता था तो मुझसे फ़ोन करके पूछता था– 'क्या लाना है?' और मैं जवाब में उसे टेक्स्ट कर कुछ चीज़ों की लिस्ट भेज देती। दूध, सब्ज़ियाँ और घर की चीज़ें वो ख़ुशी-ख़ुशी ख़रीदता और ख़ुद से कभी आइसक्रीम या फिर चाट वग़ैरह भी ले आता। जब से उसकी तबियत ख़राब होना शुरू हुई, उसके बातचीत करने, चलने, बोलने और देखने, हर बात में बदलाव आया था और मैंने कुछ छोटी-मोटी बातों से इसे नोट किया था। पहली चीज़ मुझे ये खटकी थी कि ऑफ़िस से निकलने के बाद वो सीधा घर नहीं आता था। कभी पार्क में एकाध घंटे अकेला बैठ लेता, फिर घर का रुख़ करता। अक्सर अख़बार के किसी दोस्त के घर रुक के पीने लगता। मैं कॉल करती तो मेरी एकाध कॉल तो पहले मिस कर देता, फिर उठाता और एक ही बात बोलता– 'दूध-फूध आलू-फालू जो लाना है मैसेज कर दो।' जिस दिन मूड थोड़ा भी बेहतर होता तो रवैया भले उसका यही हो, सवाल सामान्य होता– 'क्या लाना है मैसेज करो', लेकिन जब वो झल्लाई आवाज़ में पूछता– 'दूध-फूध आलू-फालू क्या लाना है बताओ', तो मैं समझ जाती इसका दिमाग़ ठीक नहीं है।

समय एक पागल कुत्ता है

"आपको प्रॉब्लम क्या है?"

डॉक्टर ने घंटों मेरे बचपन और परिवार से जुड़े सवाल पूछने के बाद मुझसे कुछ काग़ज़ भरवाए थे जिनमें कुछ विकल्पों पर टिक लगाना था, जैसे कि मैं अपने आपको कैसा इंसान समझता हूँ। विकल्प में औसत, व्यवस्थित, समझदार वग़ैरह फ़ालतू के ऑप्शन दिए हुए थे। पसंदीदा रंग, पसंदीदा फ़िल्म, ख़ाली वक़्त में मैं क्या करता हूँ आदि व्यक्तित्व परीक्षण के सवाल थे जिन्हें हाथ में लिए वो ग़ौर से यूँ देख रहा था जैसे उस व्यक्तित्व को वो चार काग़ज़ों से समझ लेगा जिसे समझने में इंसान अपनी पूरी उम्र बिता देता है, फिर भी पूरी तरह नहीं समझ पाता।

डॉक्टर के इस सवाल पर मुझे ग़ुस्सा तो बहुत आया था लेकिन मुझे पता था कि अगर मैंने झल्ला कर जवाब दिया तो वो मेरी परेशानी के लक्षणों में ग़ुस्सा आने को समस्या की तरह लिख देगा। आख़िर उसे अपनी फ़ीस बराबर पाते रहने और बाहर बने दानवाकार मेडिकल स्टोर की दवाइयाँ बेचने के लिए ये तो साबित करना ही होगा कि मेरी पत्नी जो शंका मेरे बारे में व्यक्त कर रही है वो सच है। मैंने सवाल के जवाब के लिए सीधे पत्नी की ओर निगाहें टाँग दीं। नज़र में था कि तुम ही बताओ जो साबित करना चाह रही हो। वो अचकचा गई। डॉक्टर को लगा हम दोनों पति-पत्नी कहीं इस नतीजे पर न पहुँच जाएँ कि मुझे कोई समस्या नहीं, उसने यहाँ-वहाँ के फ़ालतू सवाल पूछने शुरू कर दिए। इनमें से ज़्यादातर सवाल वो पिछली बार, जब मैं अकेला ख़ुद को दिखाने आया था, पूछ चुका था लेकिन इस बार मरीज़ के साथ आए गार्जियन की संतुष्टि भी

उसके लिए ज़रूरी थी।

"नींद कैसी आती है?" मुझे फिर से ग़ुस्सा आया और साथ ही ये भाव भी कि उठकर चुपचाप वहाँ से निकल जाऊँ। या फिर कोई ऐसी बदतमीज़ी से भरी बात बोलूँ कि गोल चश्मे में फँसा डॉक्टर का कच्चे तरबूज़ जैसा मुँह पककर लाल हो जाए। लेकिन मैंने अपने आप को सँभाला। पत्नी को फिर से मैं झगड़े की कोई वजह नहीं देना चाहता।

"वैसी ही जैसी आज के माहौल में किसी सेंसिटिव आदमी को आ सकती है।" मैंने संक्षिप्त उत्तर दिया। पत्नी ने मेरी हथेली टेबल के नीचे दबाई लेकिन मैंने हथेली छुड़ा ली और डॉक्टर की आँखों में आँखें डालकर देखने लगा।

डॉक्टर हल्का-सा मुस्कराया, काग़ज़ पर थोड़ी देर क़लम चलाई, फिर मेरी ओर देखकर सोचने लगा।

"आज का माहौल आपको कैसा लगता है?" उसने अपनी समझ से बहुत समझदारी भरा सवाल पूछा है, कैपिटलिस्ट स्साला। पहले इसकी फ़ीस पाँच सौ थी, पिछले साल सात सौ कर दिया और अब आठ सौ रुपये लेता है। साल ख़त्म होते-होते एक मरीज़ को सिर्फ़ देखने और बेवक़ूफ़ी भरे सवाल पूछने का ये हज़ार रुपया लिया करेगा और मुझसे माहौल के बारे में पूछ रहा है। किसी भी सवाल के जवाब में मेरे मन में विचारों का रेला दौड़ने लगता है लेकिन मैंने सोच लिया था जवाबों को संक्षिप्त रखूँगा।

"बुरा।" मैंने जवाब दिया। डॉक्टर की दिलचस्पी मुझमें बढ़ गई।

"कितना बुरा?" ये सवाल पूछते हुए डॉक्टर मुझे अपने आठ सौ रुपये के पर्चे की इज़्ज़त बचाता हुआ ख़ासा दयनीय दिख रहा है।

"बहुत बुरा।" मैंने उसके जितने ही शब्द ख़र्च किए और उसकी ओर देखने लगा।

"क्या बुरा लगता है?" मैं चौकन्ना हो गया। वो ज़रूर मुझे उकसाना चाहता है और मुझे बाहर बिठाकर पत्नी से अकेले में जो बातें कही होंगी

उन्हें सही साबित करना चाहता है।

"सब बुरा लगता है।" इस बार मेरे जवाब से वो थोड़ा चिढ़ा है, मुझे अच्छा लगा है। मुस्कराने की बारी मेरी है।

"आप कुछ और है जो मुझे बताना या मुझसे कहना चाहते हैं?" उसने नया जाल फेंका है। मैं तुझसे क्या कहूँ भाई, हो सके तो फ़ीस कम कर, दवाइयों के दाम पहले ही आसमान छू रहे हैं, कहना यही चाहता हूँ लेकिन नहीं कहता।

"आप अंडाकार या चौकोर चश्मा पहना करिए, अच्छा लगेगा। आपका चेहरा गोल है इसलिए गोल चश्मा आपके चेहरे पर ऐसा लगता है जैसे आप चश्मा पहनकर ही पैदा हुए थे।" मैं जो कहना चाह रहा था उसमें से ज़्यादा नहीं तो सौ ग्राम कह देने में कोई बुराई नहीं।

"बाबू... !" पत्नी की धीमी आवाज़ में तेज़ ग़ुस्सा था। मैंने उसकी ओर कड़ी निगाहों से देखा तो उसने नज़रें झुका लीं। मेरा व्यवहार वैसा ही था जैसा मैंने उससे वादा किया था। डॉक्टर मुस्करा रहा था।

"मैं चश्मे वाली आपकी बात ध्यान रखूँगा। वैसे मेरे पास एक और चश्मा है जो अंडाकार है लेकिन वो फ़ोटोक्रोमेटिक है इसलिए कम लगाता हूँ।" मैं समझ गया डॉक्टर मुझसे फ्रेंडली होकर कुछ जानना चाहेगा। मैंने ख़ुद उसे ये मौक़ा देने की सोची।

"आप अगर कुछ कहना चाहते हैं मुझसे तो कह सकते हैं।" मैंने डॉक्टर के पाले में गेंद उछाल दी। डॉक्टर फिर से मुस्कराया। अब मैं समझ पाया हूँ कि उसकी मुस्कराहट कोई अंदर से आने वाली चीज़ नहीं बल्कि उसके व्यक्तित्व का हिस्सा है, वैसे ही जैसे अपनी कानी उँगली को आधे से मोड़कर उसे बार-बार चिटकाने की कोशिश करना। किरदारों को ऑब्ज़र्व करने में मैं सबसे पहले उनकी हँसी ही पढ़ने की कोशिश करता हूँ। जिनकी हँसी अंदर की तहों से खुलकर आती है वो आमतौर पर साफ़ दिल के होते हैं। आजकल वैसी हँसी बहुत कम दिखाई देती है जैसे मैं खुलकर हँसा करता था।

"मैं यही कहना चाहूँगा शास्त्री साहब कि माहौल इतना भी बुरा नहीं है। कुछ बुरा हर समय, हर माहौल में रहा है लेकिन अच्छा भी तो है जिसकी वजह से दुनिया चल रही है। इसी दुनिया में फूल हैं, नदी हैं, पहाड़ हैं, बच्चों की खिलखिलाहट है, आसमान छूती लड़कियाँ हैं। किताबें हैं, किताबों में लिखे लाखों-करोड़ों शब्द हैं, ईश्वर पर विश्वास रखिए आप तो लेखक आदमी हैं। अच्छी चीज़ों पर ध्यान दीजिए, निगेटिव चीज़ों के बारे में मत सोचा करिए..." डॉक्टर बोलता रहा और धीरे-धीरे मेरा संयम और ख़ुद को नियंत्रित करने का जज़्बा दोनों कमज़ोर होते गए। ये सब बकवास बोलता हुआ डॉक्टर सरकारों का अख़बारी दलाल लग रहा था जिनके बीच मैं काम करता हूँ। अपनी बात बोलकर वो सवाल पूछने के लिए रुका जो उसने हम दोनों की ओर एक साथ देखकर पूछा था।

"दवाइयाँ खाने पर आपको पहले और अब में कुछ फ़र्क़ महसूस हुआ है?" मैं उठ गया हूँ। मेरी धड़कनें तेज़ चलने लगी हैं और शरीर में हल्का कंपन शुरू हो गया है जैसे अक्सर मंच पे चढ़ने से पहले हुआ करता है। ये ऐसा पल है जिसे मैं पहचानता हूँ, जिसका असर मैं ऑफ़िस में अपने सहकर्मियों और पत्नी के सामने कई बार देख चुका हूँ। मैंने अगर आपा खोया तो अपने ग़ुस्से को नियंत्रित नहीं कर पाऊँगा। मैं अपने ध्यान को इधर-उधर करना चाहता हूँ, इसके लिए कोई मूर्खतापूर्ण तरीक़ा भी अपनाना पड़े तो कोई दिक़्क़त नहीं।

"ग़म और ख़ुशी में फ़र्क़ न महसूस हो जहाँ, न महसूस हो जहाँ, न महसूस हो जहाँ... मैं दिल को उस मक़ाम पे लाता चला गया..." मैंने यथासंभव अपनी बढ़ती धड़कन और काँपते शरीर को क़ाबू करते हुए गाया और सच में मुझे महसूस हुआ मैं इतना बुरा नहीं गाता। मैं उठकर दरवाज़े की तरफ़ पलटा हूँ। मेरे पलटते ही पत्नी ने डॉक्टर की तरफ़ रिक्वेस्ट भरी नज़रों से देखा होगा और डॉक्टर 'ग्राहक भगवान होता है' को सही साबित करने को मुझे रोकने उठ खड़ा हुआ है। दरवाज़े के पास पहुँचकर मुझे महसूस हुआ है डॉक्टर ने मेरी कलाई पकड़ ली है। अब

ग़ुस्सा मेरे नियंत्रण से बाहर न चला जाए, इसके लिए मैं बेवक़ूफ़ों की तरह बिना ज़रूरत मुस्कराने लगा हूँ।

"आप थोड़ा सहयोग करिए ठीक हो जाएँगे, डिप्रेशन आजकल कोई असाध्य बीमारी नहीं। आपकी पत्नी बहुत परेशान हैं... इनके लिए..." अब मैं स्थिर हो गया हूँ। दिल की धड़कनें लगभग नियंत्रित हो गई हैं जैसे मैं मंच पर चढ़ गया होऊँ।

मैंने झटके से डॉक्टर से हाथ छुड़ाया। इतना तेज़ कि वो मुझे हैरानी से देखने लगा। मैंने पैंतरा बदलते हुए उसका हाथ पकड़ लिया, उसके चेहरे पर भय के भाव आए। मैंने अपना चेहरा उसके चेहरे के पास लाया। मेरी आवाज़ में गुर्राहट थी।

"इस बात को समझने की कोशिश करिए डॉक्टर मित्तल कि दुनिया में सिर्फ़ बुरा है या फिर बहुत बुरा... आप बुरे नहीं हैं क्योंकि आप चोरी से पैसे नहीं कमा रहे। आप डकैती कर रहे हैं, हर साल फ़ीस बढ़ाकर आप ख़ून चूसने और मांस निचोड़ने वालों की श्रेणी में चले गए हैं। दीवार के उस पार जाकर बैठ जाने वालों को ये बात समझ में नहीं आती। आप जिन फूलों, नदी और पहाड़ों की बात कर रहे हैं वो अब ख़त्म हो रहे हैं। गंगा का पानी एकदम साफ़ दीखता था। आप जैसे डाकुओं के लालच ने काला कर दिया। कितने ही पहाड़ रातोंरात काटकर माइनिंग माफ़ियाओं ने ग़ायब कर दिए हैं। बच्चों की मुस्कानों में ज़हर घोला जा चुका है और पंख काटने की हर कोशिश के बावजूद कुछ लड़कियाँ आसमान छू रही हैं तो इसमें उनकी बहादुरी है, आपकी दुनिया और ईश्वर की नहीं। ईश्वर अगर होगा तो आप जैसे लोगों ने उसको तिजोरी में बंद करके रखा हुआ है इसलिए उसकी बात ना ही करें तो अच्छा होगा। मैं लेखक हूँ इसलिए मुझे क्या करना चाहिए आप मत सिखाइए। मैंने अपनी क़लम सरकार के तलवे चाटने के लिए गिरवी नहीं रखी..." मेरी आवाज़ तेज़ होती जा रही थी और चेहरा हिंसक। मुझे पता नहीं चला कब मैं डॉक्टर को धकेलता हुआ दरवाज़े के पास ले आया था और दरवाज़े से लगाकर उसका कॉलर

पकड़ लिया था। ऐसा कुछ नहीं था कि अब मैं उसे मारने-पीटने वाला था लेकिन उसकी आँखों में डर कुछ ऐसा ही था। बाहर के स्टाफ़ को उसने किसी विधि बुलाया या वे सब बाहर के सीसीटीवी पर देख के घुसे, मैं कह नहीं सकता। हो सकता है चेहरे पर हवाइयाँ उड़ा रही पत्नी ने कोई घंटी बजाई हो लेकिन अचानक दरवाज़ा खुला और तीन हट्टे-कट्टे सफ़ारी सूट पहने आदमियों ने मुझे लपक लिया। उनको मैं चुपचाप प्रधानमंत्री के कमांडो की तरह बाहर दरवाज़े पर खड़ा देखता था और सोचता था कि आख़िर इनका काम क्या है और इन्हें इस तरह चुपचाप खड़े होने की तनख़्वाह कितनी मिलती होगी। उन्होंने मुझे पकड़ा और बाहर ले जाने लगे तो मुझे उनका काम समझ आया। वे मुझे लगभग टाँगकर बाहर लाए और एक कमरे में ले जाकर एक कुर्सी पर बिठा दिया। वे दोनों अपने काम में अच्छे थे। वे चाहते तो मुझे घसीटकर भी ला सकते थे और मैं कुछ नहीं कर पाता लेकिन वे मुझे हवा में उठाकर ले आए। उन्हें अच्छी तनख़्वाह मिलती होगी, मैंने अंदाज़ा लगाया। कुर्सी पर बिठाने के बाद वे मेरी ओर सशंकित नज़रों से देखने लगे। मैंने दोनों हाथ उठाकर उन्हें आश्वस्त किया कि मैंने ग़ुस्से में कुछ ज़्यादा भले बोल दिया हो, मैं उनके क्लिनिक में आने वाले बाक़ी मरीज़ों की तरह पागल नहीं हूँ और अब कुछ करने वाला नहीं हूँ।

मैंने देखा, बंद दरवाज़े में लगे चौकोर शीशे के पीछे पत्नी का चेहरा था जो आँसुओं से भरा हुआ था। वो अपने बनते-बिगड़ते होंठों की भंगिमाएँ सँभालने की कोशिश में थी और रुमाल से आँखें पोंछ रही थी।

मीडियॉकर लोग इनसिक्योर होते हैं

अब रुक के देखती हूँ तो चतुर की बेवक़ूफ़ियों के साथ मुझे अपनी लापरवाही भी समझ में आती है। सबसे पहली तो ये कि मैं हमेशा से उसे एक बेहद मेच्योर, धीर-गंभीर और बेहद समझदार इंसान समझती थी जो कभी किसी का बुरा नहीं सोच सकता तो अपना भी नहीं सोचेगा। यहीं मैं मात खा गई। वो दूसरों के लिए हमेशा सदाशयता और प्रेम से भरा रहता था लेकिन ख़ुद का दुश्मन वो शुरू से था। मुझे शुरू में ही समझ जाना चाहिए था जब वो ख़ुद के साथ ऐसा व्यवहार करता था जो कोई समझदार इंसान दुश्मन के साथ भी नहीं करता।

उसकी पीढ़ी के लेखक जहाँ एक किताब आने के बाद अपने संघर्ष की कथाएँ बढ़ा-चढ़ाकर बताया करते हैं, वो ख़ुद को किसी के बिना पूछे अच्छा लेखक मानने से इनकार कर देता। पहली किताब उसकी मुझसे मिलने से पहले आ चुकी थी, फिर एक से तीन किताबों के सफ़र को मैंने अपनी आँखों से देखा है, उसकी पहली रचनाएँ सुनी हैं और एक बड़ी पाठक और प्रकाशक बिरादरी को उस पर न्योछावर होते देखा है। उसकी किताबों पर शोध होते देखे हैं और उसकी कहानियों के फ़िल्म राइट्स के लिए फ़िल्मकारों को उसके साथ उठते-बैठते देखा है। इन सबको वो ऐसी निर्लिप्तता के साथ लेता था जैसे इन सबमें उसका कोई योगदान नहीं है। दो फ़िल्में बना चुके एक निर्देशक को उसने अपने उपन्यास के राइट के लिए मिलने की हामी भरी तो मैं बहुत ख़ुश थी। उस फ़िल्मकार के जाते ही मैंने उसे गले लगा लिया। मैंने सुना था वो अच्छे पैसे देने की बात कर रहा था लेकिन चतुर्भुज एकदम सामान्य था।

"तुमने ये क्यों कहा कि एकाध दिन में सोच के बताओगे? इतने अच्छे पैसे तो दे रहा है और फ़िल्म बनेगी तो तुम्हारा कितना नाम हो जाएगा।" मैं उत्साह में थी। उसके हाथ में हमेशा पानी का एक अदृश्य पात्र होता था जो वो किसी के भी उत्साह पर फेंककर बेहतर महसूस करता था।

"उसको राइट देने का कोई फ़ायदा नहीं।" वह आराम से कप की तलहटी में बची एकदम ठंडी हो चुकी चाय का आख़िरी घूँट मारने लगा। मैं हैरान थी।

"क्यों? तुमको प्रॉब्लम क्या है, लोग कितने गर्व से अपनी किताब पर फ़िल्म बनने को अपने बायोडेटा में जोड़ते हैं और तुम..."

"तुमने उसकी दोनों फ़िल्में देखी हैं? अच्छे-ख़ासे आइडिया का कबाड़ा करने का अनोखा हुनर है इस बंदे में... साहित्य सिनेमा से बहुत बड़ी चीज़ है।" उसकी बात सुनकर मुझे ग़ुस्से से भी एकाध डिग्री ऊपर की चीज़ आई लेकिन मैंने ख़ुद को सँभाल लिया। लेखक को जो मन करे अपनी किताब का करे मुझे क्या।

"वो तुम्हारी सबसे अच्छी राइटिंग है, उस पर फ़िल्म बननी चाहिए।" मैंने सरेंडर करते हुए कहा।

"अरे ऐसे ही है, लौंडे-लपाड़ों की कहानी है, ऐसा क्या है ख़ास?" ख़ून जलाकर छह साल में लिखे गए अपने एकमात्र उपन्यास पर पानी फेरता हुआ वह तौलिया उठाकर बाथरूम में घुस गया। मैं वहाँ खड़ी कुछ देर सोचती रही। मैं जितना इस आदमी के बारे में एक निश्चित राय बनाती हूँ, ये उतना ही अनिश्चित होता जाता है।

बदलावों की शुरुआतें इतनी छोटी और ग़ैर-मामूली थीं कि मैं उन्हें नोट तो करती थी लेकिन किसी नतीजे पर नहीं पहुँच पाती थी। जैसे मुझे इस बात पर चिढ़ मचती थी लेकिन मैं उसे कुछ कहती नहीं थी कि वो अपनी बातों में मुझे पत्नी-पत्नी कहने लगा था जैसे मेरा नाम उसे पता न हो। चलो डॉक्टर या किसी नए से मिलना हो तो कहा जा सकता है कि 'पत्नी ज़ोर दे रही थी इसलिए चला आया' या 'ये मेरी पत्नी हैं' लेकिन जो अक्सर हमारे

घर आते थे और घंटों गप्पें मारते थे, उन दोस्तों का फ़ोन आने पर भी वो ऐसे बोलने लगा था कि 'अरे पत्नी ने आज कहीं निकलने पर पाबंदी लगा रखी है' या फिर 'पत्नी मिक्सी चला रही है यार थोड़ा ऊँचा बोलो'। मुझे ये बात अजीब लगी लेकिन इसका मतलब क्या है, मैं बहुत कोशिशों के बाद भी एक रत्ती नहीं समझ पाई।

वो बदल रहा था। शायद अपने लेखन में मनमाफ़िक ऊँचाई नहीं हासिल कर पा रहा था तो इसे परिस्थितियों की देन बताने लगा। अपने इंटरव्यूज़ में अपने लेखन को लेकर वो भ्रामक बातें करता, कहता कि वो साइंस का स्टूडेंट था, उसका मन विज्ञान और तकनीक पढ़ने से उचटने लगा तो वो साहित्य की ओर चला आया। कुछ समय पढ़ने के बाद उसे लगा कि उसे लिखना चाहिए और उसने लिखना शुरू कर दिया। देश के सबसे बड़े प्रकाशनों से किताबें आ गईं और कुछ पुरस्कार मिल गए तो कुछ लोग जानने लगे। उसका काम एक आम आदमी की तरह सच को लिखना है और वो ये काम पत्रकारिता करते हुए करता ही है, कभी मन आए तो कहानियाँ वग़ैरह भी लिख लेता है। उसके मुँह से सुनने में ये सब कुछ इतना आसान लगता कि हर इंटरव्यू के बाद लिखकर चर्चित होने के इच्छुक ढेर सारे युवा लड़के-लड़कियाँ और महिलाएँ इनबॉक्स में संदेश भेजतीं, फ्रेंड रिक्वेस्ट भेजतीं लेकिन वो निर्लिप्त रहता।

शुरू की बात और थी जब वो अपने फ़ेसबुक या मेल में मुझे झाँकने तक नहीं देता था। शादी के दो साल बाद मैंने उसे एक ख़ूबसूरत शादीशुदा लेखिका से इनबॉक्स में रोमांटिक बातें करते पकड़ा था और हमारे बीच कई दिन झगड़ा हुआ था। आख़िरकार चतुर ने मुझसे माफ़ी माँगी थी और शर्मिंदा होते हुए कहा कि हालाँकि उसके साथ वो सिर्फ़ एक किरदार पर काम करने के लिए थोड़ी फ्लर्टिंग करता था लेकिन अपनी इस हरकत पर उसे खेद है। अब वो अपने सोशल मीडिया अकाउंट्स, मेल, मोबाइल के पासवर्ड जैसी चीज़ों से इतना बेज़ार हो गया कि कभी-कभी मुझे उसके इनबॉक्स में इसीलिए झाँकने की इच्छा होती कि काश वो फिर से किसी

महिला के आकर्षण में फँसता तो कितना अच्छा होता। वो उन दिनों ख़ूब रोमांटिक रहा करता था और बात-बेबात गाने गाता और मुझे छेड़ता था। मुझे वही चतुर्भुज पसंद था और ये समझ में आते ही मुझे ये भी समझ आ गया कि उससे हर जगह हर समय दोषहीन होने की आशा करना अपने मन में बनी किसी छवि को खोजने की कोशिश थी। वो ख़ुद से बहुत ज़्यादा चाहता था लेकिन जब उसे किसी पल में लगा होगा कि वो ज़िंदगी से उतना हासिल नहीं कर पा रहा जितने का हक़दार है तो उसके साथ ये होना शुरू हुआ होगा।

लेकिन वो कैसे कुछ हासिल कर पाता, वो ख़ुद को लेकर कभी एक राय नहीं रहा। एक दिन अचानक किसी बड़े आर्टिस्ट का इंटरव्यू पढ़कर वो बुरी तरह से उदास हो गया। मैंने पूछा क्या बात है तो वो गोल कर गया। दिन भर बेहद उदास रहा, किसी से कुछ बात नहीं की। रात को मैंने उसे बाँहों में भर के अपनी क़सम देकर पूछा कि उस इंटरव्यू में क्या था। उसने नम आँखों से बताया कि उस बड़े आर्टिस्ट ने किसी सवाल के जवाब में कहा था कि कला के हर क्षेत्र में मीडियॉकर काम हो रहा है और इसीलिए कहीं कोई बड़ी कृति सामने नहीं आ रही क्योंकि मीडियॉकर लोग बहुत इनसिक्योर होते हैं। मैं भी बहुत इनसिक्योर रहता हूँ, कभी ख़ुद पर विश्वास ही नहीं कर पाता जो एक कलाकार, लेखक या थिंकर की सबसे पहली क्वॉलिटी होनी चाहिए। मैं एक मीडियॉकर लेखक हूँ और मुझे लिखना बंद कर देना चाहिए क्योंकि मैं मरते दम तक भी लिखता रहूँ तो कोई ढंग की चीज़ नहीं लिख पाऊँगा।

वो मेरे सभी अंदाज़ों को धता बताता हुआ मेरे सामने ही मेरे, और न जाने कितने ही लोगों के पसंदीदा लेखक को मीडियॉकर बता रहा था और मैं कुछ बोल नहीं पा रही थी। वो अगर सिर्फ़ मेरा प्रिय लेखक होता तो मैं इस बात का पुरज़ोर विरोध करती लेकिन वो मेरा पति, मेरी प्रेमी, मेरा हमसफ़र भी था और मैं ये सोचकर परेशान थी कि आख़िर वो ऐसे नतीजे पर पहुँचने के लिए किस रास्ते पर चल रहा था जो मुझे दिखाई नहीं दिया।

इस बात को लेकर वो कई दिनों तक उदास रहा और सिर्फ़ पीता रहा। पीने की मात्रा हद से गुज़र जाने पर समझाने, उस पर चिल्लाने और फिर रोने-धोने वाला शुरुआती दौर गुज़र चुका था। अब ऐसा दौर चल रहा था जहाँ मेरा काम सिर्फ़ इतना रह गया था कि मैं उसके पास न इतने पैसे रहने दूँ कि वो बाहर पी सके न घर में अपनी जानकारी में किसी बोतल का अस्तित्व सलामत रहने दूँ। उसे कहानियों के किरदारों में जो ध्यान लगाना चाहिए था वो शराब को छिपाने में लगाने लगा। शराब की बोतल कभी टीवी के पीछे छिपा देता तो कभी स्टोर रूम में पड़े पुराने बक्से में। कभी किताबों की अलमारी में किताबों के पीछे तो कभी पूजा करने वाले मेरे लकड़ी के मंदिर में भगवान की मूर्तियों के पीछे। पाते ही मैं बोतल की शराब कमोड में गिरा आती लेकिन अक्सर ढूँढ़ने में चूक जाती और उसका पीना निर्बाध गति से चलता रहा। मनोचिकित्सक से मिलवाने से पहले जनरल फ़िज़िशियन के चक्कर लग रहे थे। डॉक्टर ने उसे शराब से दूर रहने को बोला था लेकिन वो अक्सर ज़्यादा पी लेता और उलटी करके बेहोश जैसा सो जाता। पेट में अक्सर उठने वाले दर्द की शिकायत पर डॉक्टर ने अल्ट्रासाउंड किया और रिपोर्ट देखता हुआ चिंतित स्वर में एक दोस्त की तरह पूछा था, "क्यों पीते हैं इतनी शराब?"

उसने ठंडी निगाहों से डॉक्टर की ओर देखा था और हिकारत से मुस्कराया था, "क्योंकि ये ख़ून पीने से बेहतर है।" उसके जवाब में जो आमादापन था उससे डॉक्टर भी सिहरकर चुप हो गया था।

ज़िंदगी के आईने को तोड़ दो, इसमें कुछ भी नज़र आता नहीं

मैंने आख़िरी कहानी सात साल पहले लिखी थी। ऐसा नहीं कि उसके बाद कोशिश नहीं की। मेरे लैपटॉप में जब लिखी जा रहीं कहानियों में से दो-तीन साल तक कोई भी पूरी नहीं हो सकी तो मैंने एक नया फ़ोल्डर बनाकर उसका नाम 'अधूरी कहानियाँ' रखा और सारी कहानियाँ उसमें डालकर उधर देखना बंद कर दिया। उसके बाद के दो-तीन साल बेहद मुश्किल थे। मैं एक ऐसी कहानी पूरी करना चाहता था जिसे पढ़ने के बाद लगे कि हाँ पिछले सात साल से भले मैंने कुछ नहीं लिखा लेकिन ये कहानी उनका पूरा हिसाब रखती है। उसमें मेरा विकास और मेरा बदलना, मेरा ग्रो होना एकदम स्पष्ट दिखाई दे। लेकिन ये ख़्वाहिश मन में ही रही। मेरे आस-पास रोज़ सैकड़ों, हज़ारों कहानियाँ और कविताएँ लिखी जा रही थीं लेकिन उन सबको पढ़कर अंदर से एक लहर तक नहीं आती। मेरे समय में जो मेरे समकालीन और कुछ वरिष्ठ कहानियाँ लिख रहे थे वो अदृश्य पानी की तरह होतीं जिनमें पूरा घुस के नहाओ तो भी एक नाख़ून तक नहीं भीगता।

कहानियों को समंदर के पानी की तरह होना चाहिए नल के पानी की तरह नहीं। कोई उनमें से होकर गुज़रे तो उन्हें शरीर के कोनों में इस क़दर प्रवेश कर जाना चाहिए कि धोने के बाद भी कहीं-न-कहीं उनका खारापन बरक़रार रहे। कहानियों में नमक होना चाहिए और वो तभी संभव है जब वो लिखने वाले की आँखों में होगा।

मैं अपने किरदारों के साथ दिन-रात सोता-जागता हूँ तब कहीं जाकर

मेरी कहानियों में वो असर पैदा होता है जो पढ़ने के बाद लंबे समय तक सपनों को छूता रहता है। पत्नी एकाध बार कहती है– 'तुम कहानियों के किरदारों को इतनी गंभीरता से कैसे ले सकते हो कि रात-रात भर उनके बारे में सोचते हो।' हालाँकि वो अपनी इस बात पर पछताती भी है जब मैं उसे याद दिलाता हूँ कि पहली बार मेरी कहानी पढ़कर जो चिट्ठी उसने लिखी थी वो मेरे बनाए एक किरदार के बारे में ही थी जो मेरी कहानी में मर जाता है। उसकी चिट्ठी आँसुओं से भरी हुई थी और वो चिट्ठी पोस्ट करने से पहले उसने पत्रिका में से मेरा नंबर देखकर मुझे फ़ोन किया था।

मैं न लिख पाने के दिनों में अपने लिख पाने के दिनों को बहुत भावुक होकर याद करता हूँ। कितने उत्साह भरे होते थे वे दिन जब मैं सड़क पर दोस्तों के साथ सिगरेट पीते, शौचालय में निपटते, बाथरूम में नहाते, सब्ज़ियाँ ख़रीदते या टीवी पर समाचार सुनते, हर वक़्त अपने किरदारों से बातें करता रहता था और अचानक कुछ कौंध जाने से ख़ुशी से मुस्कराकर किलकारी मार उठता था। बग़ल वाला मेरी ओर हैरानी से देखे तो उसे भौंहें उचकाकर देखा करता था। लगता है जैसे पिछले जन्म की बातें हैं। इसके पहले भी ऐसा वक़्त गुज़रा है कि मैं चार-चार छह-छह महीने कुछ नहीं लिख पाया लेकिन फिर एक ऐसी कहानी मिली जिससे मेरी वापसी ऐसी धमाकेदार हुई कि उस अंतराल को पढ़ने वालों ने अंतराल नहीं तैयारी माना। अब कुछ पंक्तियाँ लिखने के बाद मैं उन्हें बार-बार पढ़ने लगता हूँ। पहले के उलट जब मेरी उँगलियाँ दो-तीन पेज टाइप करने के बाद ही रुकती थीं, मैं ज़्यादा से ज़्यादा पाँच पंक्तियाँ लिखता हूँ, फिर उन्हें पाँच बार पढ़ता हूँ। लगता ही नहीं मैं वही इंसान हूँ जिसने वन गो में भी कहानियाँ लिखी हैं। कितनी असंभव-सी बात लगती है कि मैंने एक कहानी लिखनी शुरू की और तभी रुका जब आख़िरी पंक्ति लिखकर ख़त्म कर दी। ये कोई अलौकिक ही बात लगती है।

एक पैराग्राफ़ लिखने के बाद जब लगता है कुछ मज़ा नहीं आ रहा, कुछ बात नहीं बन रही तो मैं टेबल के नीचे से अपनी बोतल और गिलास

निकालकर एक तगड़ा पेग बना लेता हूँ, फिर धीरे-धीरे सोचता हुआ ख़त्म करता हूँ। दूसरा पेग भी धीरे-धीरे ख़त्म करता हूँ और कहानी के बारे में सोचता रहता हूँ, कुछ नोट भी करता हूँ लेकिन दूसरे पेग के बाद अक्सर एक बदलाव होता है। मैं कहानी या किरदारों के बारे में सोचना छोड़कर शराब के बारे में सोचने लगता हूँ। मुझे लगता है मुझे तीसरा पेग इतनी जल्दी नहीं बनाना चाहिए। ये पेग तुरंत नहीं अगले पंद्रह से बीस मिनट में ख़त्म होना चाहिए, फिर आराम से तीसरा पेग ऐसा बनाना चाहिए जो आधे घंटे चले। मैं पीने नहीं लिखने बैठा हूँ। फिर मैं तीसरा पेग सबसे स्ट्रांग बनाता हूँ क्योंकि तीन पेग से ज़्यादा पीने पर लगने लगता है जैसे मैं न जाने कहानियाँ लिखने के बहाने से पी रहा हूँ या पीने के बहाने से कहानियाँ लिख रहा हूँ। आख़िरी पेग पीते हुए मेरे दिमाग़ में ये चलने लगता है कि क्या खाऊँ कि पत्नी को महक न आए। या तो इलायची खा लूँ, या फिर ब्रश कर लूँ, पत्नी को महक आ ही जाती है। फिर मैं सोचता हूँ ब्रश करके इलायची खा लेता हूँ और फिर नहा लेता हूँ। इसे जब मैं समाधान मान लेता हूँ तो फिर मुझे चौथा पेग पीने में भी कोई हर्ज नज़र नहीं आता। टीवी पर दिलीप कुमार की वैसी किसी पुरानी फ़िल्म का गीत बज रहा होता है जिसके बाद उन्हें चिकित्सक ने हल्की-फुल्की फ़िल्में करने को कहा था।

कभी-कभी ऐसा भी होता है कि चार या पाँच पेग पीने के बाद जब अक्सर पेट के निचले हिस्से में हल्का-सा दर्द उठने लगता है, मुझे अचानक कुछ सूझ जाता है। मैं तेज़ी से लैपटॉप पर उँगलियाँ फिराने लगता हूँ और उस बीच अगर पत्नी आ जाए तो ख़ाली गिलास और बोतल देखकर भी ग़ुस्सा नहीं करती। मेरी आँखों की तरफ़ देखती है तो मैं उसकी तरफ़ देखता हुआ भी कुछ और सोच रहा होता हूँ। वो मेरी ऐसी निगाह, जिसमें मैं लिखने के लिए उसकी अवहेलना कर रहा होता हूँ, देखकर बेहद ख़ुश होती है। ये औरत भी किसी और ही मिट्टी की बनी हुई है। मैं कहानियों के लिए उसे भी इग्नोर करता रहूँ तो वो ख़ुशी से कहानियों के पूरा होने का इंतज़ार करती है। मुझे पूरा भरोसा है ऐसा वो पूरी ज़िंदगी

कर सकती है। मैं उसकी ओर कुछ पल देखकर सोचता हूँ और फिर से लैपटॉप पर तेज़ी से उँगलियाँ चलाने लगता हूँ। जब भी ये मामला एक पन्ने से दूसरे पन्ने तक गया, मैं ख़ुश होकर फ़ेसबुक पर स्टेटस लगा देता– 'राइटर्स ब्लॉक का अंत होने वाला है, नई कहानी की शुरुआत'। रात भर में हज़ार से ऊपर लाइक्स और सैकड़ों कमेंट्स इकट्ठा हो जाते। सुबह तक बहुत सारे लेखकों, पाठकों ने ये लिखते हुए स्टेट्स शेयर कर दिया होता कि हमारा प्रिय लेखक चतुर्भुज शास्त्री नई कहानी शुरू कर चुका है, आओ कहानी के शहंशाह तुम्हारा स्वागत है जैसा कुछ। लेकिन सुबह भारी सिरदर्द के साथ उठता तो रात का बहुत कम याद रहता। लैपटॉप खोलकर रात का लिखा हुआ अंश देखता तो मन खिन्न हो जाता। वो पढ़ के लगता या तो किसी नए लेखक ने लिखा है जो दृश्य बनाने के लिए बहुत जूझ रहा है या फिर अच्छा लिखा होता तो अक्सर वो मेरी बरसों पुरानी किसी कहानी के किसी दृश्य का पुनर्लेखन होता। मैं सीधा कंट्रोल ए करता और डिलीट बटन दबा देता।

पुरानी कहानियों का ख़याल आते ही मन जैसे ख़ुश और निराश एक साथ हो जाता है। ख़यालों के बगूले यादों के घोड़ों पर सवार आते हैं और अतीत की धूल मेरे चेहरे पर उड़ाते सामने से निकल जाते हैं।

पहली कहानी लिखने पर पता चला सबका जीवन सिर्फ़ एक कहानी है

शुरुआती कहानियों की क़िस्मत में पत्रिका के पन्ने नहीं थे। दूसरी कहानी के साथ मेरी मुलाक़ात कमलेश अवस्थी से हुई। उन्होंने न सिर्फ़ मेरी कहानी अपनी पत्रिका में प्रकाशित की बल्कि पहली बार में ही इतनी लंबी और अपनेपन भरी बातें कीं जैसे मेरा और उनका कोई पुराना रिश्ता हो। मेरा पहला प्रेम जिसकी छाया में मैं ढेर सारे सुनहले स्वप्न देखा करता था, खो चुका था। मेरी ज़िंदगी कुछ ऐसी रही कि पहले का महिमामंडन ख़राब चीज़ लगती है। पहला प्यार, पहली कहानी, पहली किताब इन सब चीज़ों को लेकर रूमानियत में रहने का कोई मतलब नहीं होता क्योंकि जीने के लिए जो सबसे ज़रूरी तत्त्व है यानी अनुभव, वो हमेशा पहले के बाद शुरू होता है।

पहला प्रेम खोने को भुलाने के लिए मैंने जिन लेखकों को पढ़ा उनमें कमलेश अवस्थी मेरे सबसे पसंदीदा थे। कमलेश जी ने बहुत कम उम्र में कई ऐसी कहानियाँ लिखी थीं जिन्हें साहित्य में मील का पत्थर माना जाता है। उन्होंने शुरुआती कुछ साल नौकरी करने के बाद एक तिमाही पत्रिका प्रकाशित करना शुरू किया था और उस पत्रिका को सिर्फ़ स्तरीय सामग्रियाँ प्रकाशित करने के लिए जाना जाता था। कमलेश जी ने मुझे अपनी टिप्पणी के साथ छापा तो अपने आप साहित्य बिरादरी की नज़र मुझ पर पड़ गई। उन्होंने इसके बाद मेरी आगे की कहानियों के लिए भी बतौर संपादक और अग्रज कहानीकार ख़ूब प्रेरित किया और फिर एक सिलसिला चल पड़ा। पत्रिका में वो किसी एक युवा रचनाकार पर लंबा

स्तंभ लिखा करते थे। मुझे आश्चर्य हुआ जब सिर्फ़ दो कहानियों के बाद उन्होंने मुझ पर उस स्तंभ में एक लंबा लेख लिखा जिसमें मेरी कहानियों और मेरी रचना प्रक्रिया पर ख़ूब आत्मीयता से बातें की थीं। उनके लेख के साथ मेरा ख़ुद अपने और अपनी कहानियों के बारे में लिखा हुआ एक लेख भी था जिसके बाद मेरे पते पर पत्रों के आने का जो सिलसिला शुरू हुआ वो सालों-साल चलता रहा।

वो दिन कितने ख़ुशनुमा थे! रेणुका उन्हीं दिनों की देन है जो आज मेरी पत्नी है। वो मेरी कहानी के किरदारों को समझने के लिए न सिर्फ़ हमेशा उत्सुक सवाल पूछती बल्कि कई बार उसके सवालों से मुझे आश्चर्य होता कि वक़्त और किरदारों की उसकी समझ इतनी अच्छी है तो वो ख़ुद कहानियाँ क्यों नहीं लिखती। मुझे पूरा विश्वास था कि वो लिखती तो उतनी ही कमाल कहानियाँ लिखती जितनी कमाल वो ख़ुद थी। वो मेरे बचपन की घटनाएँ बड़े उत्साह और उत्सुकता से सुनती और फिर ऐसे निष्कर्ष सुनाती जैसे वो मेरी प्रेमिका नहीं समय हो जो मेरी ज़िंदगी के हर अच्छे-बुरे की वजह जानती हो।

उसे बताते हुए मैं बहुत सारी बातें छिपा ले जाता हूँ। मैं पूरा सच न मेरी कहानी सुनना चाह रहे मनोचिकित्सकों को बता पाता हूँ न ही रेणुका को। शायद मैं ख़ुद अपनी कहानी कहने में अच्छा नहीं हूँ।

सोचता हूँ समय मेरी कहानी को कहता तो कैसे कहता!

केहि समुझावौ सब जग अंधा

चतुर्भुज का नाम उसकी माँ ने रखा था क्योंकि वो विष्णु की भक्त थीं और चतुर्भुज का जन्म वृहस्पतिवार को हुआ था। बनारस में वैसे भी धर्म का बोझ लोगों के सिर पर अपेक्षाकृत थोड़ा ज़्यादा था और तिस पर उसकी माँ कपसेठी के एक बड़े और नामचीन कर्मकांडी की बेटी थीं। लहरतारा में उसके पिता ने अपनी सरकारी नौकरी से एक छोटा-सा ज़मीन का टुकड़ा ख़रीद लिया था। उसके नज़दीक रहने से वो उसे जल्दी बनवाने की प्रेरणा प्राप्त करेंगे, ये सोचकर वो दूसरे मोहल्ले में अपना किराये का कमरा छोड़कर लहरतारा के एक मोहल्ले में आ गए थे। एक बड़े मकान में उन्होंने एक बड़ा कमरा और एक छोटा कमरा, जिसके एक कोने का स्वरूप किचन जैसा था, किराये पर ले लिया और योजना बनाने लगे कि हर साल पीएफ़ से कुछ पैसे निकालकर अपनी ज़मीन में थोड़ा-थोड़ा काम करवाते रहेंगे। ये एक तिमंज़िला इमारत थी जिसमें ढेरों किरायेदार रहते थे जिनकी आपस में बहुत कम बनती थी। सभी किरायेदारों के एक साथ लड़ने-चिल्लाने से माहौल मछली बाज़ार जैसा हो जाता था इसलिए सबने इस बारे में बिना कोई औपचारिक मंत्रणा किए अलग-अलग दिन का नियम बना लिया था। किसी दिन बड़े बाबू की पत्नी सुबह से हल्ला करने लगतीं कि लैट्रिन में निपटने के बाद मामला किसी ने बिना बहाए वैसे ही छोड़ दिया था तो किसी दिन गुप्ताइन शोर मचाती उठतीं कि उनके दरवाज़े से उनके पति की चप्पल ग़ायब है। मकान श्रीवास्तव जी का था और उनकी वृद्ध पत्नी शोर-शराबे को इस क़दर मनोरंजन का साधन मानती थीं कि जिस सुबह कोई किरायेदार किसी मुद्दे का किचाईन

बनाकर 9-10 बजे तक शोर न मचाए तो वो ख़ुद किसी मुद्दे पर रेलिंग पर खड़ी होकर चिल्लाना शुरू कर देती थीं। सभी किरायेदारों के बीच चतुर के माता-पिता की इज़्ज़त थोड़ी ज़्यादा थी क्योंकि किसी के साथ हुए झगड़े में उनके पास जो अकाट्य तर्क होता वो किसी के पास नहीं था।

"हमारा तो सामने ज़मीन है, एकाध साल में दो कमरा बनवा के चले जाएँगे, अपना सोचो।" और कम आमदनी का मारा सामने वाला वाक़ई सोचने लगता और बहस-झगड़ा छोड़कर सोचता-सोचता अपने कमरे में चला जाता। चतुर्भुज का जन्म इसी किराये के मकान में हुआ था।

पहले माँ उसका नाम पीतांबर रखना चाहती थीं लेकिन पिता ने कहा कि ये बेहद पुराने ज़माने का नाम है और बच्चा बड़ा होकर ऐसे नाम के लिए उनसे लड़ेगा तो चतुर्भुज नाम फ़ाइनल किया गया। चतुर्भुज का शॉर्ट चतुर जल्दी ही उसने अपनी उम्र से समझदार हरकतें और सवाल करके हासिल भी कर लिया था। चतुर्भुज बचपन से ही संवेदनशील और अत्यंत जिज्ञासु था। दस-बारह साल की उम्र में वो इतना बड़ा हो गया था कि अपने घर में फैले तनाव को सूँघ लेता था, भले ही माँ-बाप उसके सामने पूरी कोशिश करते थे कि सामान्य रहें। वैसे तो पति-पत्नी में ठीक बनती थी और वे सज्जन दंपती होने का पूरा अभिनय करते थे लेकिन वो समय ऐसा जटिल समय था जो अच्छे से अच्छे दांपत्य की परीक्षा लेने जीवन में एक बार आता ही आता है। चतुर्भुज के पिता का उसकी छोटी मौसी से कुछ चल रहा था जो उसकी माँ को पता चल गया था और उसकी उम्र की वो शामें, जिन्हें चतुर की ज़िंदगी में सुंदर यादों का निर्माण करना था, विषाक्त होने लगी थीं। चतुर पढ़ाई करता हुआ माँ की दबी आवाज़ में उनकी ख़ुद की छोटी बहन के लिए गंदे शब्द सुनता जिसका पिताजी हल्की आवाज़ में प्रतिवाद करते। माँ थोड़ी देर पिता को भी गंदी गालियाँ देतीं और पिता एक-दो बार धीमी आवाज़ में बेटे के होने की बात पर ज़ोर देने के बाद चुप हो जाते। चतुर्भुज ने इसका हल ये निकाला कि दिन हो या शाम, जब घुल रहे तनाव में माँ-पिता उसके अस्तित्व को भूलने को

तत्पर होते, वो चुपचाप उठता और पीछे की शॉर्ट-कट वाली गलियों से होता हुआ मठ चला जाता।

लहरतारा में पैदा हुए दुनिया के सबसे फक्कड़ और समाज सुधारक संत कबीर का मठ चतुर के घर से दो मिनट की दूरी पर था। चतुर का घर लहरतारा के मिसिरिपुरा में था और कबीर मठ वाले मोहल्ले को अब नई बस्ती के नाम से जानते थे। मठ के पास वो प्रसिद्ध तालाब था जिसके किनारे एक ज़माने में शिशु कबीर के मिलने की किंवदंतियाँ थीं। अब उस तालाब में जलकुंभियाँ तैरती थीं और कबीर प्राकट्य स्थल पर बने एक स्मृतिनुमा निर्माण के पीछे कुछ लड़के जुआ खेलते थे। चतुर वहाँ घंटों बैठने लगा था। कुछ कबीरपंथी वहाँ बैठे कबीर के निर्गुण और पद गाते रहते। चतुर उन्हें पूरी जिज्ञासा से सुनता। जो बातें उसे समझ में आ जातीं वो उसे बहुत अच्छी लगतीं और जो नहीं समझ आतीं, वो उन्हें जानने-समझने को बेहद उत्सुक रहता। उसकी बातों का जवाब देने की फ़ुर्सत धुन में डूबे भगतों को नहीं थी लेकिन उनमें से एक बुज़ुर्ग बिसारिया चतुर की बातें ध्यान से सुनते। वो यथासंभव जवाबों को सहज बनाकर चतुर को बताते ताकि बात उसकी समझ में आ जाए। वो कबीर और उनकी कही हुई बातों को बड़े रोचक अंदाज़ में चतुर को सुनाते और धीरे-धीरे चतुर को इस बात का एहसास हुआ कि वो बहुत ख़ुशक़िस्मत है कि उसका जन्म उसी मोहल्ले में हुआ जिसमें पाँच-छह सौ साल पहले एक ऐसे संत का जन्म हुआ था जिसने पूरी दुनिया को बताया कि धर्म, जाति, नाम, दाम सब बेकार की बातें हैं, दुनिया में आने का कोई उद्देश्य है तो प्रेम, दुनिया में रहने की कोई जगह है तो प्रेम, दुनिया से कुछ ले सकते हैं तो प्रेम और दुनिया में कुछ छोड़कर जा सकते हैं तो वो है प्रेम। चतुर के लिए बिसारिया जी कबीर के ऐसे प्रतिनिधि हो गए जिन्हें एक वक़्त के बाद वो अपना पर्सनल कबीर मानने लगा था। उसे लगता कबीरदास को उसने देखा होता तो उनकी शक्ल कुछ-कुछ बिसारिया जी जैसी ही होती। वह समझ गया था कि बिसारिया जी से कुछ भी पूछा जा सकता है। वो अपने

घर की स्थिति उनसे शरमाता-सकुचाता कुछ बताता कुछ छिपाता लेकिन वो सब कुछ त्यागकर भगत बन चुकी बिरादरी से थे, एक चावल छूकर पूरे भात का अंदाज़ा लगाने में माहिर।

"लोग झगड़ा क्यों करते हैं बिसारिया काका?" वो उनसे ये सवाल अलग-अलग शब्दों में अक्सर पूछता। बिसारिया उसके माथे पर हाथ फेरते और ऊँची आवाज़ में गाने लगते।

"केहि समुझावौ सब जग अंधा... केहि समुझावौ सब जग अंधा।

इक दू होयं उन्हें समुझावौ

सबही भुलाने पेट के धंधा

पानी घोड पवन असवरवा

ढरकि परै जस ओसक बुंदा

केहि समुझावौ सब जग अंधा... केहि समुझावौ सब जग अंधा... गाओ बेटा..."

चतुर भी उनकी तान में घुल जाता, "केहि समुझावौ सब जग अंधा... केहि समुझावौ सब जग अंधा।"

उसे कबीर की वो जन्मस्थली और वहाँ बैठे लोग दूसरी दुनिया के लगते। अपनी दुनिया के बरक्स इस दुनिया का आकर्षण ज़्यादा खींचता। उसकी इच्छा होती कि वहाँ पूरा दिन बैठा रहे लेकिन अँधेरा होने पर बिसारिया काका ही उसे घर जाने को बोलते कि घर वाले परेशान हो रहे होंगे। चतुर कहना चाहता कि कोई उसके लिए परेशान नहीं होता लेकिन कह नहीं पाता, चुपचाप वहाँ से चला आता।

घर पर अक्सर आँधी आकर जा चुकी जैसा माहौल होता। माँ सुबकती हुई भोजन बना रही होतीं। पिता माथे पर बल लिए अपनी पुरानी डायरियों में कुछ खोजने का अभिनय कर रहे होते। ज़्यादातर मौक़ों पर उससे कोई पूछता भी नहीं कि इतनी रात को कहाँ से आ रहे हो। एकाध दिन पिता ने पूछा भी और पत्नी से मिली ग़ुस्से और खीझ की खुराक ज़्यादा हो जाने पर चतुर को थोड़ा हिस्सा स्थानांतरित करना चाहा लेकिन चतुर ने उनकी

आँखों में आँखें डालकर जवाब दिया था कि वो शांति की तलाश में गया था। वो अपनी उम्र से बड़ी बातें करता हुआ बेहतर महसूस करता था। पिता ने बात बढ़ाना नहीं चाहा था इसलिए चुप हो गए।

बचपन से किशोरावस्था की दहलीज़ पर ठिठका चतुर पूरी दुनिया के कौतुक जान लेना चाहता था। उसे हर बात को जानने की जल्दी रहती। किसी बात के जवाब में 'अभी छोटे हो नहीं समझोगे' या 'बड़े होगे तो ख़ुद समझ जाओगे' जैसी बातें उसे एक शांत हिंसा से भर देतीं जिसका उपयोग उसे नहीं पता था। उपयोग न पता होने के कारण वो उसे अपने भीतर पालने लगा था। एक वक़्त के बाद जब उसके माँ और बाप ने देखा कि उनका बच्चा उनके बीच हो रहे झगड़े में कभी नहीं पड़ता है तो उन्होंने अपनी सहूलियत से मान लिया कि शायद इसे समझने के लिए वो बहुत छोटा है। वे थोड़ा खुलकर लड़ने लगे। भीतर की कड़वाहट बढ़ जाने के बाद अपनी आवाज़ को धीमा रखना और बच्चे पर असर न पड़े जैसी बातें उनके लिए बेमानी हो गई थीं। माँ कुछ साल पहले तक चतुर को महान लोगों की कहानियाँ सुनाते हुए उसके पिता की महानता के बारे में बताया करती थीं कि कैसे उन्होंने घर में बहुत ग़रीबी होने के बावजूद ट्यूशन पढ़ा के अपनी पढ़ाई पूरी की और सरकारी नौकरी पाने वाले अपने गाँव में पहले आदमी बने। वो सारी कहानियाँ और पिता के बारे में अच्छी बातें हमेशा के लिए तिरोहित हो गई थीं। एक शाम जब चतुर ठाकुर के बाड़े से दोस्तों के साथ क्रिकेट खेलकर लौटा था तो उसकी माँ के बाल बिखरे हुए थे और वो रो रही थीं। वो जाकर अपनी माँ के सामने खड़ा हुआ। माँ ने अपना रोना छिपाने की कोई कोशिश नहीं की और सिर उठाकर उसे देखती रहीं। चतुर के मन में माँ को ऐसे देखकर थोड़ी दया, थोड़ा ग़ुस्सा, थोड़ी करुणा और थोड़ी विरक्ति के भाव पैदा हुए। माँ उसे पकड़कर अपने गले से लगाकर रोने लगीं तो इन भावों के अनुपात बदलने लगे। वो ख़ुद को छुड़ाकर मठ की तरफ़ चला गया।

बिसारिया काका अपने लिए तंबाकू बना रहे थे। चतुर का चेहरा

देखकर वो मुस्कराए और बग़ल के पेड़ से इकट्ठा किए जामुन उसे जूट की एक डलिया में पेश किए। चतुर जामुन खाने लगा। न बिसारिया काका ने उससे कुछ पूछा न उसने कुछ बताया। थोड़ी दूरी पर उसने देखा दो गधे एक-दूसरे को दुलत्ती मार रहे थे और रेंक रहे थे। बिसारिया काका ज़ोर से हँसे। उसने हैरानी से उनकी ओर देखा। उन्होंने अपनी आवाज़ को ऊँचा किया और सुर लगाया।

"सज्जन से सज्जन मिले होवे दो-दो बात

गदहा से गदहा मिले खावे दो-दो लात कबीरा... खावे दो-दो लात"

बिसारिया काका हँसने लगे तो चतुर भी हँसने लगा। उसे जैसे कुछ समझ में आ गया था या फिर टुकड़े-टुकड़े में इतनी देर तक आता रहा कि जामुन खाता हुआ वो क़िस्तों में हँसता रहा।

मैं कहता हौं आँखन देखी

चतुर पाँचवीं कक्षा में पूरे स्कूल में सबसे ज़्यादा नंबर लेकर तालाब से नदी में यानी लहरतारा के छोटे-से स्कूल से बनारस के बड़े स्कूल पहुँचा तो वहाँ उसे वैसा विकास मिला जो वो हमेशा से चाहता था। राजकीय क्वींस कॉलेज अँग्रेज़ों के ज़माने का स्कूल था जहाँ का रिज़ल्ट पूरे राज्य में उल्लेखनीय और ज़िले में अव्वल रहता था। वहाँ प्रवेश के लिए प्रवेश परीक्षा होती थी और उसमें क्वॉलिफ़ाई न कर पाने वाले बच्चों के पिता विधायकों और सांसदों के यहाँ चक्कर काटते पाए जाते थे। चतुर ने वहाँ टॉप थ्री में जगह बनाई और पहली बार उसने जाना कि बनारस इतना छोटा भी नहीं है जितना लहरतारा से कबीर मठ जाने में लगता है। एक अघोषित समझौते के तहत पिता उसके व्यवहार को देखते हुए उसे उसकी उम्र से बड़ा समझने को तैयार हो गए थे। प्रवेश परीक्षा दिलाने वे चतुर को साथ लेकर गए और समझा दिया कि अगली बार से उसे ख़ुद ही आना है।

"सड़क पे निकल के कैंट का ऑटो पकड़ो, वहाँ उतर के ऑटो वाले को अठन्नी दो। वहाँ से कटरे के अंदर-अंदर इंगलिशिया लाइन चले आओ फिर वहाँ से लहुराबीर का ऑटो पकड़ो। लहुराबीर चौराहे पर उतरकर बाएँ मुड़ो तो ये रहा दस क़दम पर क्वींस कॉलेज। यहाँ ऑटो वाला एक रुपये के लिए ज़ोर मारेगा लेकिन उसको भी अठन्नी थमाओ और बोलो कि हम रोज़ आते हैं और तेज़ क़दमों से चले जाओ।" चतुर ने पिता के निर्देशों की गाँठ बाँध ली थी। पिता का दफ़्तर तेलियाबाग के पास था और वो शाम को ऑफ़िस से घर आते हुए देख आए थे कि बेटे का नाम निकल आया है। अगले दिन उन्होंने चतुर को जानकारी और एडमिशन के पैसे

एक साथ दिए और कहा कि जाकर अपना एडमिशन करा ले।

चतुर धड़कते दिल से ऑटो से लहुराबीर उतरा और अठन्नी निकालकर ऑटो वाले को दिया। वह जैसे ही स्कूल की ओर जाने को मुड़ा, ऑटो वाले ने आवाज़ लगाई, "ऐ लड़के, अठन्नी और दो।" वो पलटा तो ऑटो वाले की आँखों में नाराज़गी और चेहरे पर हफ़्ते भर की दाढ़ी दोनों से डर गया। उसने जेब से अठन्नी और निकाली और उसकी ओर बढ़ा दी।

अंदर घुसते ही उसकी आँखें चौंधिया गईं। इतनी ऊँची-ऊँची दो इमारतें जिन्हें देखने के लिए गर्दन को एक सौ अस्सी डिग्री उठाना पड़ा।

दो पाँच-मंज़िला इमारतें और सैकड़ों कमरे, पीछे की तरफ़ हॉस्टल की इमारत, फिर बड़ा-सा साइकिल स्टैंड, एक तरफ़ आधी टूटी इमारत जिसमें काष्ठ-कला और कताई-बुनाई की क्लास चलती थी और हॉस्टलर्स जिसमें रात को भूत देखने का दावा करते थे। चतुर को ये विशाल स्कूल पहली बार में ही जँच गया था। अब छठी कक्षा से बारहवीं तक की पढ़ाई उसे यहीं से करनी थी। अपनी कक्षा पता करता हुआ वो एक कमरे में पहुँचा और अपना एडमिशन करवाकर लौट आया।

उसकी ज़िंदगी में ख़ुशियाँ किशोरावस्था और दोस्ती का रूप लेकर लौट आई थीं। उसे पता चला लहुराबीर से कुछ दूरी पर एक मोहल्ला है जिसका नाम कबीरचौरा है और वहाँ कबीर का एक मंदिर भी है। उसने मन-ही-मन सोचा जब वो एक-दो क्लास आगे जाएगा तो उधर घूमने जाएगा। कुछ ही दिनों में उसका अपनी क्लास के लड़कों से परिचय हो गया जिनके साथ वो इंटरवल में स्कूल के बड़े मैदान पर हैंड क्रिकेट खेलता।

थोड़ा समय बीता तो अमरनाथ और दलजीत नाम के दो दोस्त घनिष्ठ हुए जिन्हें उसने सही मौक़ा देखकर एक दिन अख़बार में छपी अपनी कहानी दिखा दी। उन दोनों ने उसे वो असली सम्मान दिया जो दरअसल इस छपी हुई कहानी के ज़रिये वह चाहता था। वे कई दिन उस पर मुग्ध रहे और उससे पूछते रहे कि ये कहानी दिमाग़ में कैसे आई। किरदार का नाम उसने कैसे रखा और कहानी के अंत में ये क्यों हुआ, वो क्यों नहीं

हुआ। चतुर को अपनी दुनिया मिल गई थी। वो स्कूल बैग में छिपाकर अपनी बाल पत्रिकाएँ लाता और बदले में अमरनाथ उसे अपनी कॉमिक्स देता। किताबों की दुनिया चित्रों के साथ और रंगीन हो गई थी।

एक दिन इंटरवल में वो अमरनाथ और दलजीत के साथ एक नई कॉमिक्स पढ़ रहा था। तीनों के सिर एक ही पन्ने पर झुके हुए थे कि अचानक कॉमिक्स हवा में निकल गई। सामने एक लंबा लड़का कालिदास खड़ा था जो पिछले साल छठी में फेल हो गया था। फेल वो तबियत ख़राब होने की वजह से हुआ था लेकिन अपनी लंबाई और डीलडौल का फ़ायदा उठाते हुए उसने ख़ुद अपने बारे में ये बात फैला दी थी कि वो स्कूल में सिर्फ़ मस्ती करने आता है और पढ़ाई से उसका कुछ लेना-देना नहीं है। इस बात पर ज़ोर देने की वजह से वो ख़ुद भी इसे ही अंतिम सत्य मानने लगा था। इस बात का असर था कि चतुर और बाक़ी अच्छे बच्चों के मन में कालिदास को लेकर एक डर बैठा रहता और कोई उससे बहस नहीं करता था।

तीनों ने सिर ऊपर उठाया तो काली पन्नों को पलटकर देख रहा था।

"अभी गुरु जी से बताईला, यही सब चलत हौ।" काली खड़ी बोली में न बोलकर अक्सर बनारसी बोली का प्रयोग करता था जिसमें उसका इस बात पर ज़ोर देना निहित था कि वह कोई सीधा-सादा बबुआ नहीं बल्कि एक देसी लौंडा है और इन चिकने-चुपड़े लौंडों को उसका खौफ़ खाना चाहिए।

अमरनाथ और दलजीत एक-दूसरे की ओर देखने लगे थे। फिर दोनों ने चतुर की ओर देखा। चतुर ने इसे एक मौक़े की तरह देखा। दोस्तों में वो बड़ी-बड़ी बातें करने का मौक़ा खोजता रहता था और अब ये वक़्त बातों के साथ कुछ कर गुज़रने का भी था। दोनों दोस्तों के न बोलने की स्थिति में वो एक क़दम आगे उठ आया।

"वापस करो।"

कालिदास ने उसके दुस्साहस पर उसे ग़ौर से देखा। उसके होंठों पर विद्रूप मुस्कान आ गई।

"किस स्कूल से आए हो बे? माँ दुर्गे विद्या मंदिर? मंदिर से सीधे कॉलेज?" वह चतुर से खेलने के मूड में था। आस-पास दो-तीन लड़के आपस की बातें छोड़कर दर्शक बन गए थे। चतुर ने हाथ कालिदास की तरफ़ आगे बढ़ाया। उसे डर नहीं लग रहा था और हल्का-सा डर लगा भी था तो अपने दोनों दोस्तों के डरे हुए चेहरे देखकर चला गया था।

"वापस कर..." चतुर की आवाज़ में उस ठंडी हिंसा की एक झलक थी जो वो लंबे समय से अपने भीतर इकट्ठा करता रहा था। आस-पास के लड़के इस दृश्य में अचानक दिलचस्पी से शामिल हो गए थे क्योंकि वे जो तेवर इस लंबे फ़ेलियर लड़के को दिखाना चाहते थे लेकिन डरते थे, वो कोई दुबला-पतला लड़का दिखा रहा था। कालिदास भी चतुर के इस तेवर से सकपका गया था। उसने सोचा कॉमिक्स उसे वापस कर दे लेकिन अब आस-पास दर्शकों की संख्या में दो-चार और लड़कों का इज़ाफ़ा हो गया था जो अपना लंच ख़त्म कर वापस कक्षा में घुसे थे।

"भोसड़ी के वापस नक्करब... फ़ोल्ड करके तोरे गाँड़ में डाल देब। पीछे हट।" बनारस में सहज स्वीकार्य गाली ने चतुर की कनपटियाँ गरम कर दी थीं। इस गाली से उसे एक रात की बात याद आई जब वो सोने का अभिनय कर रहा था और उसके बग़ल वाले बिस्तर पर सोए उसके माँ-बाप में दबी आवाज़ में झगड़ा चल रहा था। हमेशा बेहद संस्कारी और शरीफ़ दिखने वाली उसकी माँ ने उसकी मौसी के लिए गंदी गालियाँ निकाली थीं और इस शब्द का प्रयोग किया था। उन दोनों के झगड़ा करके सो जाने के बावजूद चतुर रात भर जागता और ग़ुस्से और घृणा में सुलगता रहा था। उसे काली के गाल पर एक तमाचा रखने का मन हुआ लेकिन अपने से आधा फ़ुट लंबे लड़के पर हाथ उठाना उसे ठीक नहीं लगा। वो आगे बढ़ा और अपने सुलगते मन को नियंत्रित करता हुआ काली के सामने जाकर खड़ा हुआ। काली कुछ समझ पाता इसके पहले वह पलटा और कालिदास के सामने झुक गया। झुकने के साथ उसने अपनी आसमानी पैंट का हुक खोल दिया था। उसने अपनी पैंट सरकाई और

खड़ा हो गया। पूरे कमरे में सन्नाटा छा गया था। अमरनाथ और दलजीत भी चतुर का अदम्य हौसला देखकर दो क़दम आगे काली की तरफ़ आ गए थे। काली चतुर का ये रूप देखकर उतना ही चकित था जितना ख़ुद को इस तरह करता देख चतुर हैरान था।

"ले... एक बाप क हऊए त डाल के देखाव..." चतुर की आवाज़ में खनखनाता ग़ुस्सा था जिसने काली को डगमगा दिया। बोलने में उसने पहली बार काशिका का इस्तेमाल किया था वरना आज से पहले उसे ये गँवारों की भाषा लगती थी। दलजीत आगे आ गया था। उसने काली के चेहरे पर घबराहट के भाव पढ़ लिए। उसने हाथ आगे बढ़ाया। काली ने हैरान हाथों से कॉमिक्स वापस दलजीत की तरफ़ बढ़ाई।

"आइंदा से अपनी गुंडई अपने मोहल्ले में दिखाना।" चतुर वापस उठ चुका था और अपनी पैंट की हुक बंद कर रहा था। काली ने कॉमिक्स दलजीत के हाथ में रख दी। दर्शक चतुर के प्रति प्रशंसा के भाव से भरकर ताली बजाने वाले थे कि आधी छुट्टी ख़त्म होने की घंटी बजी और विद्यार्थियों को पीटने में सबसे कुख्यात हिंदी के अध्यापक पद्माकर द्विवेदी कक्षा में घुसे। दलजीत ने जल्दी से कॉमिक्स बैग में छिपा दी। सभी लड़के फुर्ती से अपनी पोज़ीशन में चले गए लेकिन इस आकस्मिक घटनाक्रम ने काली को इतना हैरान कर दिया था कि वो कुछ पल उसी स्थिति में ब्लैकबोर्ड की तरफ़ पीठ कर खड़ा रहा।

सारे लड़के वापस आ गए। पद्माकर द्विवेदी सब लड़कों को थोड़ी देर घूरकर देखते रहे, फिर टहलते हुए बोलने लगे। उनकी नज़र कालिदास पर थी।

"का पंडित जी, पास होबा कि नाहीं यहू साल?" उन्होंने काली की ढेर सारी शिकायतों के मद्देनज़र आज उसे निपटा देने का सोच लिया था।

"रोज-रोज तुम्हारा सिकायत आ रहा है, कभी इसको परेसान कभी उसको परेसान। तुम्हारे बाऊ आकर इस्कूल में रो गए हैं कि हमारे लड़के को मार-पीट के सीधा कर दीजिए। आज किसको परेसान किए?"

पद्माकर सर ने डस्टर उठा लिया था जो उनके लिए सुदर्शन चक्र और गांडीव से बढ़कर था। वो लड़कों की हथेली उलटी कर उँगलियों के पीछे निकली गाँठों को निशाना बनाया करते थे। काली डर गया। सभी विद्यार्थियों की नज़र एक साथ चतुर की तरफ़ उठ गई। पद्माकर सर भी जब कक्षा में घुसे थे, उन्होंने चतुर और उसके दोस्तों को भागकर अपनी सीट पर जाते देखा था।

"खड़े होइए शास्त्री जी, क्या झगड़ा था। बताइए ब्राह्मण हैं दोनों आप लोग और दो महीना हुआ नहीं स्कूल ज्वॉइन किए कि रगड़ा शुरू। ब्राह्मण स्साले पीछे ही रहेंगे हमेशा। बोलो क्या हुआ था?"

चतुर खड़ा हुआ। उसके चेहरे पर शांति थी। एक मिनट को उसने सोचा कि वो बताए कि वो ब्राह्मण नहीं कायस्थ है लेकिन इस वक़्त इस बात का कोई मतलब नहीं था।

"कुछ नहीं हुआ था सर। कालिदास हिंदी का कॉपी माँग रहा था काम पूरा करने के लिए।" इस जवाब ने न सिर्फ़ अमरनाथ और दलजीत को बल्कि काली को भी भौंचक कर दिया। वो हैरानी से पहले चतुर की तरफ़ फिर पद्माकर सर की ओर देखने लगा। पद्माकर सर ने मुस्कराकर सिर हिलाया जैसे दो ब्राह्मणों के एक हो जाने से उन्हें आंतरिक शांति महसूस हुई हो। उन्होंने काली और चतुर दोनों को बैठ जाने का इशारा किया और हिंदी पढ़ाने लगे।

मारने वाले अध्यापकों में हिंदी के पद्माकर द्विवेदी, संस्कृत के शारदा प्रसाद शुक्ला और कताई-बुनाई के अख़लाक़ सर थे। गणित, अँग्रेज़ी और विज्ञान के अध्यापक कभी लड़कों पर हाथ नहीं उठाते थे क्योंकि उनके पास ब्रह्मास्त्र थे। जो लड़के पढ़ाई में ध्यान नहीं देते थे, वो उन्हें छमाही परीक्षा में बिना कोई धमकी-चेतावनी दिए फेल कर दिया करते थे और लड़के अपने पापाओं के साथ भागे उनसे मिलने आते थे। मिलने के अगले दिन से वे अध्यापकों के घर ट्यूशन पढ़ने पहुँचने लगते थे।

पूरी कक्षा के दौरान काली हैरान रहा। कक्षा ख़त्म हुई और कुछ और

कक्षाओं के बाद छुट्टी हुई। सभी अपने-अपने घरों की ओर निकले। चतुर, अमरनाथ और दलजीत भी लहुराबीर चौराहे की ओर चले जहाँ से वे तीनों तीन दिशाओं में मुड़ जाते थे। चतुर इंगलिशिया लाइन का ऑटो लेता था, अमरनाथ चेतगंज तक टहलता हुआ चला जाता था और दलजीत मैदागिन के लिए ऑटो पकड़ता था। वे तीनों एक-दूसरे को विदाई दे रहे थे कि काली वहाँ आ गया। अमरनाथ और दलजीत फिर से थोड़ा डरे क्योंकि जिन लड़कों को काली स्कूल में किन्हीं कारणों से नहीं छू पाता था, उनमें से कइयों को उसने इसी सड़क पर पीटा था। वो चतुर के पास आकर खड़ा हो गया। चतुर और उसकी आँखें मिलीं।

"दोस्ती करबे ?" उसने हाथ बढ़ाते हुए पूछा। चतुर ने अमरनाथ और दलजीत की ओर देखा। उनके होंठों पर मुस्कराहट थी। वो भी मुस्कराया और काली का बढ़ा हुआ हाथ थाम लिया।

जब चतुर इंगलिशिया लाइन पर ऑटो से उतरा और अठन्नी देकर जाने लगा तो ऑटो वाले ने पीछे से हाँक लगाई।

"ऐ लड़के, और दे अठन्नी। एक रुपया होला लहुराबीर से..." वो स्कूली बच्चों से बहुत खार खाया हुआ था जो आधा-तिहा पैसा देकर फुर्ती से निकल लेते थे। चतुर उसकी आवाज़ पर पलटा, उसकी आँखों से आँखें मिलाता हुआ बोला, "नया-नया आयल हउआ का, रोज आईला हम एतने दे के।"

चतुर मुस्कराता हुआ पलटा और अपनी रौ में कटरे से होता हुआ कैंट साइड निकलने लगा। वहाँ से लहरतारा का ऑटो मिलता था लेकिन कुछ दिनों से वो पैदल घर जाकर कॉमिक्स ख़रीदने के लिए पैसे बचा रहा था।

किताबों, कहानियों, अच्छाइयों, कोमलताओं और कबीर के पदों आदि से होते हुए यह दिन चतुर के जीवन में नंगी, खुरदुरी और बेढब दुनिया से परिचय का पहला दिन था, और क्या दिन था!

खिलाओ पान पर रहे ध्यान इतना

सातवीं, फिर आठवीं कक्षा तक आते चतुर ख़ुद को बड़ा महसूस करने लगा था। अमरनाथ, दलजीत और कालिदास उसके अच्छे दोस्त हो गए थे। कुछ हॉस्टल के लड़के भी दोस्त बने थे जो बाहर से आने वाले लड़कों को बेहद दिलचस्प लगते थे क्योंकि वे हमेशा या तो लड़कियों की बात करते थे या फिर भूतों की। कॉलेज के पिछले हिस्से की तरफ़ एक बड़ा हॉल था जिसकी छत भूकंप या किसी और कारण से ढह गई थी। एक छोटा-सा स्टाफ़ क्वॉर्टर बनवाया जा रहा था, जिस रात उसकी ईंटों की दीवार चुनी गई और अगले दिन प्लास्टर किया जाना था, सुबह वो दीवार भी टूटी हुई मिली। हालाँकि उसके पहले से भी उस जगह को लेकर अफ़वाहें उड़ती रहती थीं लेकिन इन घटनाओं ने इस बात पर मुहर लगा दी कि कॉलेज के पिछले हिस्से में भूत रहते हैं और उन्हें क़तई पसंद नहीं कि वहाँ इंसान अपने फ़ालतू कंस्ट्रक्शन करें।

उसी टूटे-फूटे हिस्से में कताई-बुनाई की कक्षा चलती थी जो आठवीं तक के बच्चों के लिए कंपलसरी विषय था। कताई-बुनाई, संगीत और काष्ठ-कला वैकल्पिक विषय थे जिनमें से एक विषय सबको लेना होता था। काष्ठ कला में कुर्सी बनाना, संगीत में सरगम गाना तो कताई-बुनाई में तकली से सूत कातना सिखाया जाता था। ये दोनों विषय वैसे तो खानापूर्ति के लिए थे लेकिन कताई-बुनाई के अध्यापक अख़लाक़ सर इसे सिर्फ़ खानापूर्ति नहीं रहने देना चाहते थे। वो ज़माने से किसी बात से नाराज़ थे जिसका ख़मियाज़ा लड़कों को भुगतना पड़ता था। वो तुनकमिज़ाज थे और प्रैक्टिकल कॉपी में तकली की सही तस्वीर न दिखे तो सीधे कॉपी

फाड़कर फेंक दिया करते थे। लड़के इसलिए सभी विषयों में पास होने का जुगाड़ कर लें, इस वैकल्पिक विषय को लेकर ख़ासा चिंतित रहा करते थे और आपस में बातें करते थे कि स्साला इससे अच्छा तो संगीत लिए होते जिसमें हफ़्ते में दो दिन सिर्फ़ कान पर हाथ रखकर आआआ... करना होता है।

आठवीं के फ़ाइनल इम्तिहान थे और सभी विषयों की प्रैक्टिकल कॉपी बिना किसी हील-हुज्जत के अध्यापकों से जँचवा लेना एक बड़ी उपलब्धि थी जो सबको हासिल नहीं थी। छठी-सातवीं में हर कक्षा में समय से घुसकर समय से निकलने वालों लड़कों को आठवीं तक जाते-जाते ये तो अंदाज़ा लग ही जाता था कि कुछ कक्षाएँ छोड़ भी देंगे तो आने वाले जीवन में गुणात्मक कमी या बदलाव नहीं होने वाला है। चतुर भी बाक़ी विद्यार्थियों की तरह साल भर कताई-बुनाई की कक्षा से अनुपस्थित रहा था और अब परीक्षा सामने होने पर जाग गया था। रात भर जागकर एक दोस्त की कॉपी से प्रैक्टिकल की कॉपी भरी थी और अख़लाक़ सर के सामने लगी लाइन में पाँच-सात लड़कों के बाद हाथ में कॉपी लिए धड़कते दिल से खड़ा था।

एक-दो कॉपियाँ फटने और गलियाँ सुनने के बाद चतुर का नंबर आया। उसने मिलटरी स्टाइल में अपना परिचय ऊँची आवाज़ में दिया जैसा अख़लाक़ सर का बनाया नियम था।

"चतुर्भुज शास्त्री, रोल नंबर 11..." उसने कॉपी आगे बढ़ाई। सर ने दो-चार पन्ने पलटकर देखे फिर उस पतली-सी प्रैक्टिकल कॉपी को सलीक़े से फाड़कर चार टुकड़े कर दिए। वो टुकड़े उन्होंने चतुर के चेहरे पर फेंके और इशारे से उसे वहाँ से हट जाने को कहा। चतुर निराश और दुखी हो गया। उसे रोना आ रहा था। उसने कॉपी के टुकड़े समेटे और हट गया।

लड़के आपस में डिस्कस कर रहे थे कि अख़लाक़ सर इतना झल्लाए क्यों रहते हैं। कई तरह की राय फ़िज़ाओं में थी जिनमें सबसे मज़बूत और

ज़्यादा लड़कों को एकमत करने वाली राय यही थी कि उनका विषय ऐसा है कि कोई उनसे ट्यूशन पढ़ने तो जाएगा ही नहीं इसलिए वो लड़कों पे झल्लाए रहते हैं। दूसरी वजह कुछ अपेक्षाकृत सीनियर लड़कों ने निकाली थी जो अख़लाक़ सर के जीवन में स्त्री संसर्ग की कमी से संबंधित था। उनकी पत्नी की मौत हुए दस साल बीत चुके थे और समाज शुरू के एक साल सांत्वना देने, दो साल ईर्ष्या करने के बाद अब निरंतर उनकी एकल स्थिति से मनोरंजन करने वाले चरण में आ चुका था। उनके रंडत्व के ख़ूब सारे सच्चे-झूठे क़िस्से फ़िज़ाओं में तैरते थे और उनके बारे में बातें लोगों का समय काटने का अच्छा माध्यम थीं।

"अब क्या होगा? प्रैक्टिकल में नंबर नहीं आया तो विषय में ला के क्या होगा, लटक जाएँगे इसी क्लास में!" चतुर ने दोस्तों के बीच बैठ चिंता ज़ाहिर की। फटी कॉपी अब भी उसके हाथ में थी। काली ने मामले के तुच्छ होने का दावा किया।

"बाहर निकलेगा तो वहीं रामकटोरा में पकड़ के दो हाथ सेंक दिया जाएगा, फिर सबका कॉपी बिना चूँ-चपड़ के चेक करेगा।" काली की बात सुनकर सिर्फ़ काली को ही जोश आया, बाक़ी चुपचाप बैठे रहे। ज़्यादातर की कॉपियाँ चेक हो चुकी थीं, सिर्फ़ चतुर्भुज अनलकी साबित हुआ था। कुछ और भी लड़के अपनी फटी कॉपियाँ लेकर उसके पास से गुज़रे। उसने उन्हें चिंता से देखा।

"अब क्या करना है?" चतुर ने एक लड़के से पूछा।

"करना क्या है, भोसड़ी वाला कटुआ बोला है दूसरा कॉपी ख़रीदो और फिर से सब चित्र बनाओ।" चतुर समझ गया कि आज फिर से पूरी रात जाग के वही प्रक्रिया दोहरानी पड़ेगी लेकिन उसका मन सर के लिए इस्तेमाल किए गए उस शब्द पर अटक गया जो उसने पहली बार सुना था। वो लड़का जा चुका था। चतुर अपने दोस्तों की तरफ़ इस शब्द का अर्थ जानने के लिए मुड़ा।

"कटुआ मतलब...?" चतुर ने अमरनाथ और दलजीत की ओर देखा,

फिर काली की ओर। उसे लगा किसी को कोई ख़ास दिलचस्पी नहीं है। दलजीत चतुर की कॉपी को यूँ ही जोड़ के उसके चित्र देखने की कोशिश कर रहा था और काली चुपके से एक गुटके का पैकेट फाड़ रहा था।

"तुम लोगों को भी नहीं मालूम?"

अमरनाथ ने चतुर की ओर आँखें उठाईं और धीमी आवाज़ में बोला, "कटा हुआ है तो कटुआ ही तो बोलेगा।" चतुर और भ्रमित हो गया। ये क्या बात है? क्या कटा हुआ है, दिखता तो कुछ नहीं। सब कुछ सही-सलामत है, और ये शब्द बोलते हुए उस लड़के के चेहरे पर इतनी घृणा क्यों दिखाई दे रही थी!

"क्या कटा हुआ है?" चतुर ने फिर से उत्सुकता दिखाई तो कालिदास ने उसे डाँट दिया।

"अबे जो, आपन कापी के चिंता कर नाहीं कल्हियों फड़ा जाई।"

चतुर के मन में ये शब्द बैठ गया लेकिन फ़िलहाल इसका अर्थ जानने से बड़ा एक डर बैठा था उसका इलाज करना ज़रूरी था।

घर पर जब उसने माँ के पूछने पर सब बता दिया और लगातार घंटों चित्र बनाता रहा तो माँ परेशान हो गईं। उन्होंने पिता को आते ही पूरी बात कह सुनाई। पिता ने बेटे को तन्मयता से प्रैक्टिकल की कॉपी तैयार करते देखा और बाक़ी की जानकारियाँ लीं। चतुर ने उन्हें अख़लाक़ सर और उनके ग़ुस्से के बारे में बताया। पिता ने उसकी बात सुनी फिर एक राय देकर खड़े हो गए और टहलने लगे।

"अरे ऐसे नहीं चेक करेगा तो बाहर से पान बँधवा लेना उसके लिए, पैर-वैर छूते रहा करो गुरुजी लोगों का। पैर छूते हो कि नहीं टीचरों का?"

"बाक़ी टीचरों का छूते हैं लेकिन उनका सब लड़के मिल के फ़ैसला लिए हैं कि नहीं छुएँगे। हम एक बार छू दिए तो हमको हड़काने लगे सब!" चतुर ने कुछ महीने पहले की बात याद की।

"चलो अच्छा है पैर नहीं छूते... तो पान-वान खिलाओ, दो-चार पान बँधवा लेना कल और दे देना, पास कर देगा।"

पिता के बाहर चले जाने के बाद चतुर्भुज थोड़ी देर चेहरे पर अजीब भाव लेकर बैठा रहा। उसने अपने पिता को ऐसे कभी नहीं देखा था जहाँ वो दोस्त की तरह सलाह दें और वो भी ऐसी सलाह जिसे मानना तो दूर, जिसके बारे में सोचने पर भी ख़राब लगे।

इस सलाह से पहले वो अपने पिता को अलग तरह से देखता था। ऐसा नहीं था कि उन्होंने कभी चतुर को सामने बिठा के समझाया हो कि झूठ नहीं बोलना चाहिए, स्वाभिमान के साथ रहना चाहिए, किसी की चमचागीरी नहीं करनी चाहिए, किसी के बारे में बुरा नहीं सोचना चाहिए। लेकिन उनके व्यवहार और बातों से चतुर को हमेशा एक ऐसे पिता की झलक मिलती थी जो एक बेटा देखना चाहता है। आज की इस सलाह ने चतुर को भ्रमित और दुखी एक साथ कर दिया था। कभी उसे लगता था उसे अख़लाक़ सर के लिए पान बँधवाकर ले जाना चाहिए, फिर दूसरे ही पल ये ख़याल आता कि कैसे उसके पिता एक टीचर को इस तरह से रिश्वत देकर पास होने की सलाह दे सकते हैं। वो थोड़ी देर दुखी बैठा रहा, फिर चित्र बनाने में मनोयोग से जुट गया।

कॉलेज की पिछली दीवार के पास परली तरफ़ पान-सिगरेट की एक गुमटी थी जिस पर रविशंकर बैठता था। उसकी रोड एक्सीडेंट में मौत के बाद से उसकी पत्नी रानी बैठती थी। रानी बहुत सुंदर थी और हौसले वाली इतनी कि पति की मौत का हफ़्ते भर अफ़सोस करने के बाद ख़ुद अपने आँसू पोंछे और दुकान को टेकओवर कर लिया। उसके हौसले की स्थानीय लोग सराहना करते थे। कुछ का कहना था कि उसकी इस जिजीविषा के पीछे उसके किसी पुरुष मित्र का हाथ था तो कुछ का कहना था कि हाथ नहीं कोई सशरीर मौजूद था। रानी की गुमटी के बग़ल से कॉलेज की दीवार ज़रा-सी टूटी थी जहाँ कॉलेज का पिछला हिस्सा और ख़ाली मैदान था। लोग क़िस्सों के इतने शौक़ीन थे कि कल्पनाओं को पंख देकर ख़ुद अपनी पसंद के मसालेदार क़िस्से बना लिया करते। चतुर जब पान बँधवा रहा था तो उस समय भी दो लड़के टूटी दीवार की साइज़

में रानी जैसा गदराया बदन फिट करने के कल्पना आधारित शास्त्रार्थ में व्यस्त थे। एक जीवविज्ञान का छात्र था जिसका कहना था कि दीवार के इसी टूटे हिस्से से रानी किसी मर्द को लेकर अपने जीवन की जैविक कमी को पूरा करने जाती होगी। दूसरा गणित का छात्र था और उसका कहना था कि जितना रानी का क्षेत्रफल है वो उस अंडाकार हिस्से के क्षेत्रफल से अधिक है और रानी उसमें से होकर नहीं जा सकती। चतुर की नज़र रानी के शरीर पर फिसलनी शुरू हुई तभी रानी ने उसकी नज़रों को पकड़ लिया। चतुर सकपका गया।

"किमाम रही?" उसने रूखी आवाज़ में पूछा। उसकी आवाज़ के रूखेपन ने चतुर को वापस इस खुरदुरी दुनिया में आने में मदद की। वह उन लड़कों को घूरता हुआ वहाँ से कॉलेज के मेन गेट की ओर चल पड़ा।

कॉपी चेक करवाने के लिए लाइन में खड़ा वो बहुत जद्दोजहद से गुज़र रहा था। पान बँधवाकर उसने जेब में रख लिया था लेकिन सर को देने की उसकी न हिम्मत हुई न उसे ये ठीक लगा। उसने बाक़ी दोस्तों की तरफ़ देखा। अमरनाथ और दलजीत प्रैक्टिकल कॉपी में छिपाकर कॉमिक्स पढ़ रहे थे, ये उनके भावों से समझ लिया। काली हॉस्टल के कुछ लड़कों से किसी ख़तरनाक विषय पर बात कर रहा था, ये उन सभी लड़कों के चेहरे पर फैले खौफ़ के भाव बता रहे थे। उस दिन आश्चर्यजनक रूप से सर ने बिना कोई नुक़्ताचीनी किए उसकी और ज़्यादातर लड़कों की कॉपी पर साइन कर दिए। चतुर्भुज ख़ुश हुआ।

स्कूल की छुट्टी होने पर चतुर कलिदास, अमरनाथ और दलजीत के साथ बाहर निकल रहा था तो कालिदास ने उसकी चुटकी ली, "क्या बे नाबालिग़, कटुए का मतलब पता चला कि नहीं?"

चतुर मुस्कराया और उसने नहीं में सिर हिलाया।

"पता भी नहीं चला और हमको जानना भी नहीं है।" उसके चेहरे पर ख़ुशी थी। इस मौक़े को दोस्तों ने लपक लिया।

"अबे इसको बताओगे नहीं तो हम बताते हैं।" कालिदास ने दलजीत

की ओर देखते हुए दाँत निपोरे। वह अपना चेहरा चतुर के पास ले आया।

"कान इधर लाओ हम बताते हैं।" चतुर ने उसे झटक दिया।

"अरे हमको जानना ही नहीं है।" चतुर संघर्ष करने लगा क्योंकि कालिदास उसे दबोचने में लग गया था। बाक़ी दोनों दोस्त हँस रहे थे।

"हम तो बताएँगे। हमको पता है तो तुमको भी पता होना चाहिए।" चतुर ने काली की गर्दन पकड़ ली जो उसके कान में चेहरा ले जाने की कोशिश कर रहा था।

"तुमको एक चीज़ देंगे छोड़ो तो।" चतुर ने हँसते हुए कहा। कालिदास ने पकड़ ढीली कर दी।

"क्या?" उसने हैरानी से पूछा।

चतुर ने जेब में हाथ डाल के पन्नी के भीतर पत्तियों में क़ैद पान के चार बीड़े निकाले। उसने कालिदास की ओर बढ़ाया। काली ने लपककर ले लिया और पन्नी खोली।

"अरे जियो शेर! आज तो तुम भी जवान हो गए मेरी तरह।" काली ने दोस्तों को पान ऑफ़र किए, जब बाक़ी दोस्त हिचकने लगे तो एक पान चतुर ने उठा लिया। काली ने बाक़ी के तीन पान समेटकर अपने मुँह को अधिकतम खोलते हुए उन्हें भीतर ले लिया और जुगाली करने लगा। चतुर को अचानक कुछ याद आया।

"तुम हॉस्टलर्स से क्या बतिया रहे थे?" काली ने उसकी बात सुनी तो बोलने की कोशिश में उसके पीक भरे मुँह से कुछ बूँदें उसकी कमीज़ पर छिटक गईं।

"बूट निकलटा ऐ उदर राट को... डेकोगे?"

"मतलब?" चतुर को कुछ समझ नहीं आया। अमरनाथ ने मामला क्लियर किया।

"भूत निकलता है टूटी दीवार की तरफ़ रात को... कल देखे थे बिन्नू भैया, वही बता रहे थे। जिसको दम हो रात को आए भूत देखने।" बिन्नू ग्यारहवीं का छात्र था जिसके पास हर विषय से संबंधित ढेरों कहानियाँ

रहती थीं और इसलिए वो अपने जूनियरों में बहुत मशहूर था।

चतुर ने दोस्तों की ओर देखा। सबकी आँखों में उत्सुकता थी। दलजीत ने उत्सुकता व्यक्त की।

"रात में तो गेट बंद रहता है, घुसेंगे कैसे?"

अमरनाथ के पास इसका भी इलाज मौजूद था।

"अरे नरैना को पान खिला देंगे, गेट खोल देगा।" नारायण रात को सब चेक कर कॉलेज का गेट बंद करने वाला और सुबह सबसे पहले उठकर गेट खोलने वाला चपरासी था।

"कल रात का प्लान बनाएँ या परसों?" दलजीत ने उत्सुक आवाज़ में दोस्तों से पूछा। उसने ख़ास तौर पर चतुर की ओर देखा।

चतुर के मन में कोई और ही विचार दौड़ने लगा था। उसे अपने पिता का चेहरा नज़र आया जिन्हें कल से पहले वो एक आदर्श इंसान मानता था। माँ पिता के झगड़े में भी उसे अंदर से लगता रहता था कि पिता की ग़लती नहीं हो सकती, वो कुछ ग़लत कर ही नहीं सकते, ग़लत बोल ही नहीं सकते। पहली बार उसने एक ख़ास दूरी से अपने पिता को देखा तो वो एक सरासर आम आदमी नज़र आए जो दिन भर में चार सही और चार ग़लत बातें बोलते हैं।

लड़का आदमी बनने के सफ़र पर पहला बड़ा क़दम उस दिन रखता है जिस दिन बाप को बाप की तरह नहीं एक आम इंसान की तरह स्वीकार करता है।

आप जितना अँधेरे में उतरते हैं अँधेरा उतना आप में उतरता है

सात जमातें पास कर लेने के बाद चतुर के जीवन की ये पहली रात थी जब वो पूरी रात घर से बाहर रहने वाला था। दोस्त के घर रात भर जागकर दो दिन बाद होने वाले पेपर की तैयारी का बहाना था क्योंकि दोस्त के पास ट्यूशन के नोट्स थे। चतुर के पिता ट्यूशन की फ़ीस नहीं देते थे इसलिए एक रात के लिए उन्होंने बेटे को आज़ादी दे दी। चारों दोस्त कॉलेज के गेट पर पहुँचे तो नारायण ने तय वादे के अनुसार पान और बीड़ी पर गेट खोला था। शर्त ये थी कि उन लोगों को जो करना है वो एक घंटे में करके वहाँ से चुपचाप निकल जाएँगे और हॉस्टल में कोई नहीं रुकेगा।

"वार्डन बहुत दोगला है, कभी भी छापा मार देता है। तुम लोग एक बजे तक निकल जाना, हम एक बजे ताला मार के सो जाएँगे अंदर से..." स्ट्रिक्ट शब्द न जानने की वजह से वार्डन को अपनी पसंद की संज्ञा से नवाज़ते हुए नारायण ने डेडलाइन फ़िक्स की। सबने हामी भरी और साइकिल स्टैंड से होते हुए टूटी इमारत की तरफ़ निकल गए।

बिन्नू और एक-दो और सीनियर वहाँ टहल रहे थे और आने वाले रास्ते पर नज़र रखते हुए सिगरेट फूँक रहे थे। इन चारों को देखकर बिन्नू आगे आया और इन्हें अपने पीछे आने का इशारा किया। वे हॉस्टल की दूसरी मंज़िल पर बिन्नू के कमरे में पहुँचे।

बिन्नू के कमरे में दीवार पर माधुरी दीक्षित का बड़ा पोस्टर लगा था जिसके ऊपर सरस्वती माता का पोस्टर अलगाया, दीवार में अटका हुआ था। बिन्नू के एक साथी ने एक बोतल खोली हुई थी, बिन्नू ने उन चारों

को कोना पकड़ लेने का इशारा किया। सब अंदर जाकर बैठ गए। सबके लिए पेग बनने लगे। चतुर को थोड़ी घबराहट हुई, "चलेंगे कब?" उसने बिन्नू से पूछा।

"अबे भूत-प्रेत का टाइम 12 बजे के बाद होता है। अभी तो 11 बज रहा है। मारते हैं एक-दो पेग फिर चलेंगे।" बिन्नू ने उसकी तरफ़ गिलास बढ़ाया। उसने दोस्तों की ओर देखा।

"हम कभी पिए नहीं हैं।" चतुर की बात पर बिन्नू मुस्कराया।

"हम भी पिछले साल से शुरू किए हैं और पीते ही लगा कि ओह! देर हो गया स्साला, और जल्दी शुरू करते और ज़्यादा मज़ा आता। इसीलिए तुम लोगों को जल्दी टेस्ट करवा दे रहे। जमे तो कंटिन्यु रखना नहीं तो यहाँ आते रहना।

"अरे लाइए बिन्नू भैया सही जोगाड़ बनाए हैं। हम पिए हैं कई बार।" काली ने अपना पेग लपका और बिना चियर्स किए एक बार में पूरा पी गया।

"साले दलिद्दर तमीज़ नहीं है कि चियर्स-उअर्स भी होता है।" बिन्नू ने उसके लिए दूसरा पेग बनवाया और उसकी ओर बढ़ाया।

"अरे ग़लती हो गया भैया...चियर्स!" सबने चियर्स किया। दलजीत, अमरनाथ और बिन्नू के दोनों दोस्त धीरे-धीरे पेग मारने लगे।

दूसरे पेग बने और फिर तीसरे का नंबर आया। चौथे पेग के साथ मामला गंभीर हो गया और जब सभी सोने की जगह तलाशने लगे तो अचानक अमरनाथ को याद आया कि उन्हें भूत देखने भी जाना है।

"अरे पीछे भी तो चलना है आप लोग सोने क्यों लगे?" अमरनाथ ने बिन्नू और उसके एक दोस्त से कहा। बिन्नू का दोस्त एक चादर पर आधा शरीर डालकर लुढ़क गया।

"भाई हम तो अब नहीं हिल पाएँगे और तुम लोग भी सोओ, कल रात चलेंगे।" अमरनाथ और चतुर उदास हो गए और उनको उदास देखकर काली भी उदास होने की एक्टिंग करने लगा। अमरनाथ और चतुर ने बिन्नू को सोने नहीं दिया।

"चलिए बिन्नू भैया सोना नहीं है, हमको भी भूत देखना है।" चतुर ने कहा।

"अबे हम समझ गए कि तुम लोगों को भूत से डर नहीं न लगता बहुत बहादुर हो तुम लोग, अब सोने दो चढ़ गई है क़ायदे से।" बिन्नू ने लगभग रिक्वेस्ट करते हुए कहा।

"अच्छा चलिए हम लोगों को साइकिल स्टैंड से आगे तक छोड़ के आइए और बता के कि बाथरूम के किस तरफ़ देखे थे आप उस बाल खोली चुड़ैल को। चलिए डरिए मत, चार लोग रहेंगे हम लोग आपको ले के पाँच..." दलजीत ने बिन्नू भैया को सहारा देकर उठा दिया तो उन्होंने झक मारकर हुक पर लटकी अपनी टी-शर्ट उतार ली।

"चलो भोसड़ी के मानोगे नहीं तुम लोग। गाँड़ फटेगी तो चिल्लाना मत। हम नीचे से लौट आएँगे हमको नींद आ रही है।" बिन्नू भैया ने गेम के रूल एकदम क्लियरकट बता दिए। सबको मंज़ूर था। सब नीचे उतरने लगे।

साइकिल स्टैंड पर अकेले खड़े खंभे में जो पीली लाइट लगी थी वो बॉयज हॉस्टल के लड़कों की जीवंतता के बिलकुल उलट दृश्य प्रस्तुत करती थी। हॉस्टल में एक-दूसरे को छेड़ते, रगेड़ते और ज़िंदा रखते चटख रंगों से अलग ये हलकी पीली रोशनी देखकर किसी सरकारी अस्पताल वाला भारी माहौल महसूस होता। ये अकेला खंभा हर समय लड़कियों के ख़यालों में खोए रहने वाले किशोर लड़कों की अकेली ज़िंदगी का मेटाफर था। लगता जैसे दस क़दम आगे जाकर जहाँ इस पीले बल्ब की रोशनी के एकाध छींटे ही पहुँच पाते हैं, कोई बाल खोले औरत किसी का इंतज़ार कर रही होगी। इसी माहौल से गुज़रते हुए किसी दिन किसी प्रबल कल्पनाशक्ति वाले छात्र को ऐसी औरत की कल्पना आई होगी और उसने अपने दोस्त के सामने इसे सच की परत चढ़ाकर सुनाया होगा तो वहाँ से इस कहानी की कई फ्रेंचाइजी सामने आने लगीं और कुछ ही रातों में ये सत्य स्थापित हो गया कि रात के दो बजे एक बाल खोले हुए औरत

भटकती हुई यहाँ-वहाँ गुर्राती रहती है। बिन्नू ने अपने ग्यारहवीं के सीनियरों से सुना था और अपने से जूनियरों तक पहुँचा दिया था, बस औरत को देखने वाले सीनियर भैया की जगह उसने ख़ुद को रख लिया था।

पीली रोशनी को पार करते ही बिन्नू को थोड़ा डर लगने लगा। उसने सोचा वैसे तो भूत-प्रेत सब चूतियापे वाली बातें हैं लेकिन अगर मान लो सच में भूत हुआ तो वो मेरे साथ क्या करेगा। वैसे मैंने उसका कोई पर्सनल नुक़सान तो नहीं किया लेकिन उसको लेकर जो कहानी मैंने सुनाई है उसमें मैंने उसके सामने निडर होकर पेशाब किया है और उससे बिना डरे लौट आया हूँ। अगर उसने इस कहानी से अपमानित महसूस किया हो और मुझसे ये पूछने के लिए ही सामने आ जाए कि 'क्या तुम मेरे सामने निडर हो के पेशाब कर सकते हो?' तो मेरा पेशाब निकल जाएगा। क़ुदरत की बनावट कहें या एनाटॉमी का व्याकरण कि उसी समय बिन्नू को ज़ोर की पेशाब आ गई। वह पलट गया।

"अब तुम लोग जाओ भूत खोजो गाँड़ मराओ, हमको प्रेशर आ रहा है, हम ऊपर जा रहे।" बिन्नू को वैसे आया तो पेशाब था लेकिन वे उसको रोकने की ज़िद न करें, इसलिए राउंड फ़िगर में उसने टट्टी जाने की इच्छा को अपने ऊपर जाने की वजह बताया। उन सबने उसे जाने का इशारा किया और ख़ुद टूटी इमारत की ओर बढ़ने लगे। बिन्नू ने एक नज़र उन्हें देखा तो उसे ख़याल आया कि अगर काली अकेला आया होता तो दारू कम न पड़ती। अभी तो चलने पर लगता है जैसे एक पेग कम पड़ गया।

कताई-बुनाई की कक्षा जहाँ चलती थी वहाँ घुप्प अँधेरा था। अमरनाथ ने माचिस जलाई और वहाँ से टूटी इमारत के पिछले हिस्से की तरफ़ बढ़ने लगा जहाँ हज़ारों एक समय दीवार में चुनी ईंटें आवारा बिखरी थीं। वे दीवार के दूसरी तरफ़ पहुँचे तो वहाँ घुप्प अँधेरा था। उन्होंने अंदाज़े से एक-दूसरे के हाथ टटोलकर आस-पास मौजूद होने की तस्दीक़ की। दो-चार क़दम आगे बढ़ने के साथ ही उन्हें टूटे हुए हॉल के कोने में कोई साया नज़र आया। चतुर की हालत ख़राब हो गई। उसने दोस्तों के नाम फुसफुसाए।

"अमरनाथ... अबे काली..."

काली की पास से ही फुसफुसाती आवाज़ आई। "यहीं हैं बे। दिख रहा है तुमको भी न?" उसकी आवाज़ में डर था।

"अरे यार बहुत बड़ी परछाईं है।" चतुर की आवाज़ में भी दहशत थी।

अमरनाथ की सहमी हुई आवाज़ आई, "चला जाए क्या वापस?"

"चुपचाप चलते हैं, अंदर नहीं जाएँगे। हॉल के दरवाज़े के पास जाकर माचिस जलाएँगे। चेहरा दिख गया तो पलट के भागेंगे।"

दलजीत की आवाज़ में ही थोड़ा आत्मविश्वास सुनाई दिया, चेहरे पर था या नहीं पता नहीं चला क्योंकि माचिस बुझ चुकी थी। दलजीत की आवाज़ सुन के बाक़ियों को भी हौसला मिला, वे भी अपना बिखरा आत्मविश्वास इकट्ठा करने लगे। इसी आत्मविश्वास को आपस में बाँटने के क्रम में अँधेरे में ही अमरनाथ ने माचिस दलजीत के हाथ में थमा दी जिसे उसने ज़िम्मेदारी की तरह थामा।

"अगर चेहरा सुंदर हुआ तो रुक जाएँगे एकाध राउंड मार के आएँगे चुड़ैलिया के साथ।" काली की आवाज़ का आत्मविश्वास वापस आ गया था। अमरनाथ और चतुर अब भी डरे हुए थे लेकिन हॉल के दरवाज़े की तरफ़ बढ़ने लगे क्योंकि लौटने का विकल्प था ही नहीं। भूत देखकर डर से शायद न भी मरें, अगले दिन से दोस्तों में बेइज़्ज़ती के मारे तो मर ही जाना था।

हवा में अजीब-सी ठंडक थी। चतुर ने बूढ़े-बुज़ुर्गों से सुन रखा था कि जहाँ चुड़ैलें होती हैं वहाँ एक ख़ास तरह की गंध होती है। नाक से जैसे ही गंध टकराई, उसके रोम खड़े हो गए। उसने हाथ बढ़ाकर जो हाथ पकड़ा वो अमरनाथ का है, ये उसके खड़े रोंगटे महसूस करके चतुर समझ गया। उसने अमरनाथ से इस बारे में बात करनी चाही तो अचानक उन्हीं बड़े-बुज़ुर्गों की कही दूसरी बात याद आई कि उस गंध के बारे में या कुछ भी अजीब दिखाई दे तो उसे टोकना नहीं चाहिए। हॉल के नज़दीक पहुँचते ही किसी स्त्री स्वर की गुर्राहट माहौल को भयानक बनाने लगी। अँधेरे में ही

एक-दूसरे को महसूस करते हुए सब इतने क़रीब आ गए कि एक-दूसरे की धड़कन सुनाई देने लगी। वे आपस में फुसफुसाने लगे।

"वापस चला जाए, देखो हिल रही है परछाईं।" अमरनाथ ने डरी आवाज़ में कहा।

"अबे चुप रहो, भूत बिना हिले सब काम कर लेता है, ये हिल क्यों रहा है! माचिस जलाओ।" काली की आवाज़ में खनकता आत्मविश्वास था और कुछ नया देखने की प्यास। थोड़ी देर तक सब एक-दूसरे की धड़कन सुनते रहे। काली ने दुबारा बोला, इस बार आवाज़ में झल्लाहट थी।

"जलाओ बे, और थोड़ा आगे बढ़ा जाए दरवाज़े की तरफ़।"

"अरे घिस तो रहे, सीला हो गया माचिस।" दलजीत की आवाज़ आई।

काली दरवाज़े के काफ़ी क़रीब चला गया था। सब उसके साथ वहीं खिसक आए। गुर्राहट की आवाज़ बढ़ती जा रही थी। सबकी धड़कनें भी उसी अनुपात में बढ़ी हुई थीं। सामने की परछाईं जितनी डरावनी निकलेगी, इसी पर निर्भर था कि वे अगले पल जीवित रहेंगे या नहीं। सब दम साधे दलजीत के हाथ में माचिस घिसने की फिस्स-फिस्स सुन रहे थे।

अचानक गुर्राहट की आवाज़ थम गई जैसे वो अपने आस-पास का जायज़ा ले रही हो। उसके साथ आ रही तेज़ साँसों की आवाज़ माहौल को और रहस्यमय बना रही थी कि अचानक दलजीत के हाथ में भक्क से माचिस जल गई। वो ऐसी डिफेक्टेड तीली थी जिसमें चार-पाँच तीलियों का मसाला ग़लती से लग जाया करता है और यह भक्क-भक्क करते तीन-चार बार में जलती है।

सबने देखा ज़मीन पर एक दरी बिछी हुई थी और नीचे अख़लाक़ सर लेटे थे। उनके ऊपर खुले बालों में रानी सवार थी और दोनों के शरीर पर कोई कपड़ा नहीं था। थोड़ी दूरी पर दोनों के कपड़े पड़े थे। पहली झलक के साथ सब चीख़ने को तैयार बैठे थे इसलिए माचिस जलते ही सबसे पहले अमरनाथ चिल्लाया। चतुर ने चीख़ते हुए उसका साथ दिया, फिर

अपने सामने चार परछाइयों को चिल्लाता देख अख़लाक़ सर और रानी भी चिल्लाए थे।

सब अगले पाँच-सात सेकंड्स तक चिल्लाते ही रहे, फिर अचानक तीली भी बुझ गई और सबका चिल्लाना भी।

जितना भयानक शोर कुछ पल पहले माहौल में था, अब उससे भी भयानक शांति फैल गई।

शांति फैली तो देर तक फैली ही रही।

प्रेम समान ना कोय

सनसनी कमोबेश सभी दोस्तों में छा गई थी लेकिन चतुर तो ऐसी अवस्था में चला गया था जिसे लड़कों के बीच सन्नाटे में चले जाना कहते थे। लड़कियों को लेकर दोस्तों में हल्की-फुल्की चुटकियाँ ली जाती थीं और उनकी दुनिया के बारे में जितना ज्ञान था उसी अनुसार चुटकुले-कहानियाँ साझा की जाती थीं। एकाध लड़कियाँ उसके मोहल्ले में थीं जिन्हें उसने कभी नज़र भरकर देखा भी था लेकिन इसके आगे का कोई क़दम उसकी कल्पना में नहीं आया था। हालाँकि कालिदास ने उन्हें अपने मोहल्ले में रहने वाली एक लड़की को चूमने की बात बताई थी तो सभी दोस्तों के भीतर गर्माहट फैल गई थी।

चतुर के मन में वो दृश्य अटक गया था जहाँ रानी, जिसे उसने दो दिन पहले पूरे कपड़े पहने अपनी पान की दुकान में भृकुटियाँ ताने देखा था, बिना किसी वस्त्र के एक पुरुष देह पर झूम रही थी। उसने तीली बुझने के पाँच से सात सेकंड के अंतराल में जो देखा था वो दुनिया में अब तक के देखे गए सभी करतबों से अलग, अनोखा और सम्मोहक था। रानी के सीने पर उभरी मांसल कलाकृतियों के सामने अब तक के सभी दृश्य बचकाने थे। उसकी आँखों में जो भाव था उसे डिकोड करने के लिए अब बाक़ी की ज़िंदगी पढ़ाई वग़ैरह जैसे वाहियात काम छोड़कर इन पर शोध किए जाने की ज़रूरत थी। उसके खुले बालों में कैसा ख़तरनाक आमंत्रण था जिसमें कहीं और नज़र जा ही नहीं पाती थी। अगर अख़लाक़ सर चिल्लाए न होते तो उसकी नज़र नीचे लेटे एक अधेड़ शरीर पर गई ही नहीं होती। और उफ़ उसके होंठ! उसके होंठों से सीटी की तरह छनकर जो आवाज़

बाहर आ रही थी उस आवाज़ में अपने आप में इतना नशा था कि आँखें बंद हो जाएँ। चतुर दो दिन जब अपने कमरे में बंद रहा तो पहले उसके माँ-बाप को चिंता हुई। माँ ने पूछा कि वो स्कूल क्यों नहीं जा रहा तो उसने पेट ख़राब होने का बहाना बनाया। दूसरे दिन शाम को वो जब कबीर मठ जाने के लिए निकला तो उसे अपने दोस्तों की याद आई। उसे लगा काश! उसके पास एक साइकिल होती तो वो दस मिनट में काली या दलजीत के घर चला जाता। उसने माँ से कहा उसे साइकिल चाहिए। माँ ने कहा कि वो पापा को इस प्रस्ताव पर तैयार करेंगी कि अगर वो क्लास में फ़र्स्ट आया तो उसे साइकिल ले देंगे। चतुर मठ की ओर चल पड़ा।

इस दृश्य को देखने वाले तीनों दोस्तों से चतुर की जो बातें हुई थीं उनमें अस्सी प्रतिशत हिस्सा एक मर्द और औरत के संबंध ने घेरा था लेकिन बाक़ी के बीस प्रतिशत में एक मुस्लिम आदमी और एक हिंदू औरत के बीच के अवैध संबंध के नज़रिये से भी इसे देखा गया था। अमरनाथ ने अपने घर में बचपन से दीवारों और दरवाज़ों पर 'गर्व से कहो हम हिंदू हैं' वाले स्टीकर चिपके देखे थे इसलिए उसने ये दृष्टिकोण चर्चा में डालना ज़रूरी समझा था जिस पर उसके बचकाने दोस्त ध्यान नहीं दे रहे थे। चतुर संशय में आ गया कि उसकी क्या प्रतिक्रिया होनी चाहिए जबकि कालिदास और दलजीत का कहना था कि हाँ अमरनाथ की बात सही है, ये हुआ तो ग़लत है। कालिदास ने इस मौक़े पर मोहल्ले की एक भाभी से क़ायम हुए अपने शारीरिक संबंध के बारे में राज़ खोलने वाले अंदाज़ में बताया और छा गया। इकलौता वही था जो इस दृश्य को देखने से पहले से स्त्री के कुछ 'गोपन रहस्य' जानता था वरना बाक़ी तो बकौल काली, बबुए ही थे। देर तक हुई चर्चा में यह तय हुआ कि एक-दो दिन सोच लेते हैं, फिर देखते हैं इस सर्वथा नवीन जानकारी का उपयोग कैसे करना है। दलजीत का कहना था कि अख़लाक़ सर को प्रैक्टिकल में अच्छे नंबरों के लिए ब्लैकमेल किया जाए तो अमरनाथ उनसे पड़े किसी पुराने झापड़ की वजह से उनकी शिकायत प्रिंसिपल से करने के पक्ष में था। काली

की नज़र रानी पर थी और अपने अनुभव के मद्देनज़र उसे सबसे अच्छा विकल्प लग रहा था की रानी के पास चलकर उससे निवेदन किया जाय कि उसके साथ कुछ वैसा ही क्वालिटी टाइम बिताए और हो सके तो उसके दोस्तों को भी गाइड करे। चतुर अंत तक संशय में रहा। आख़िरकार महफ़िल बिना किसी निष्कर्ष बर्ख़ास्त हुई और चारों सुबह-सुबह हॉस्टल से निकल भागे जब बिन्नू और उसके दोस्त जागे भी नहीं थे।

चतुर जब मठ पहुँचा तो वहाँ मध्य प्रदेश से कबीरवाणी गाने वाले कुछ बंजारे कलाकार आकर रुके थे और वातावरण में कबीर गूँज रहे थे। बिसारिया काका एक ओर बैठकर गा रहे थे और झूम रहे थे। वो भी एक तरफ़ बैठ गया और गाने में स्वर मिलाने लगा। थोड़ी देर गाने के बाद लोग तितर-बितर हुए और रात का खाना बनाने के लिए ईंटें जोड़कर चूल्हे बनाए जाने लगे। बिसारिया काका ने चतुर को बैंगन का चोखा और चने के सत्तू की बाटी खाने का प्रस्ताव दिया जिसे चतुर ने इस शर्त पे माना कि वो सिर्फ़ टेस्ट करेगा ताकि घर जाकर भी रात का खाना खा पाए।

उसने झिझकते हुए बिसारिया काका को अख़लाक़ सर और रानी का क़िस्सा सुनाया। उसने उन्हें ये भी बताया इस पर उसके दोस्तों का क्या सोचना है। बिसारिया काका थोड़ी देर तक हँसते रहे, फिर गाने लगे।

'सबै रसायन हम किया, प्रेम समान ना कोय

रंचक तन में संचरै, सब तन कंचन होय... कबीरा सब तन कंचन होय...'

"समझे?" उन्होंने मुस्कराते हुए चतुर से पूछा और चतुर ने नहीं में सिर हिलाया। उन्होंने भुना हुआ बैंगन थाली में निकालकर एक साथी को दिया और चतुर का हाथ पकड़कर उठ गए। दोनों तालाब के पास जाकर टहलने लगे। चतुर इंतज़ार कर रहा था कि बिसारिया काका कुछ बोलें। बिसारिया काका ने थोड़ी देर टहलने के बाद उसकी ओर देखा।

"दो लोगों के बीच में जो प्रेम होता है वो सिर्फ़ उन दो लोगों का होता है। उसमें देवता, दानव, गंधर्व, यक्ष, किन्नर किसी को भी कुछ बोलने का

अधिकार नहीं है तो मनुष्य की तो बिसात ही क्या। एक स्त्री और पुरुष जब अपने एकांत के क्षणों में एक-दूसरे से प्रेम कर रहे होते हैं तो वे उतने ही केंद्रित और निर्दोष होते हैं जितना एक गर्भस्थ शिशु, जैसे हम उसके लिए वात्सल्य के भाव से भरे होते हैं वैसे ही हमें उन दो प्रेम करने वालों के लिए भी होना चाहिए। उनके एकांत पर अतिक्रमण करना जघन्य पाप है।"

बिसारिया काका की बात सुनकर चतुर के दिमाग़ में लगे जले एकदम से साफ़ हो गए। काका चलते हुए तालाब के आख़िरी किनारे पर पहुँचे जहाँ चतुर से उम्र में एकाध साल बड़ा एक लड़का पानी में पैर और मछली पकड़ने वाली बंशी डाल के बैठा था। बिसारिया काका को देखते ही वो उठ गया और उनके पास आ गया। बिसारिया काका ने चतुर से उसका परिचय करवाया।

"ये फ़ैज़ान है। इसके दिमाग़ में भी बहुत सवाल उठते हैं तुम्हारी ही तरह। हमारे एक पुराने दोस्त हैं उनका लड़का है। यहाँ कोई काम-धाम करेगा ताकि चार पैसा कमा सके। ग्वालियर से आया है।" फ़ैज़ान और चतुर का आपस में परिचय हुआ। चतुर को अजीब लग रहा था कि लगभग उसकी ही उम्र का लड़का इतनी दूर से एक अनजान शहर में कमाने आया है।

"क्या काम करोगे?" चतुर ने उत्सुकतावश पूछ लिया।

"जो मिल जाए भैया जी, रिक्शा चलाने से लेकर मज़दूरी तक सब किए हैं हम कुछ-कुछ महीना।" अपने से बड़े लड़के के मुँह से भैया जी सुनना चतुर को अजीब लगा। उसे फ़ैज़ान की आँखें बहुत अच्छी लगी थीं, एकदम पारदर्शी जैसे उसकी आँखों में देखने से पता चल सकता था कि वो अगले पल में क्या बोलने वाला है लेकिन उसके बोलने के लहजे का उसकी आँखों से कोई मेल नहीं था। उसने जाने की भूमिका बनाई लेकिन बिसारिया काका ने रोक लिया। वो उसे चूल्हों की तरफ़ लेकर जाने लगे जिधर बाटी-चोखा तैयार हो रहा था।

दो बाटी खाकर जब वो घर पहुँचा तो दूर से ही दिखाई दे दिया कि

उसके पिता और माँ दोनों घर के बाहर थे। मोहल्ले के कुछ लोग अपनी बालकनी से नीचे झाँक रहे थे। उसका मन किसी अनहोनी की आशंका से काँपने लगा और वो तेज़ क़दमों से घर की ओर भागा। घर तक पहुँचते न पहुँचते उसकी आशंका फ़िज़ूल सिद्ध हुई और उसे गली में हलचल की वजह भी पता चल गई।

मकान में एक नया किरायेदार आया था। कहानी में एक नया किरदार आया था।

एक संक्रामक हँसी के सान्निध्य में

नए किरायेदार चतुर के बग़ल वाले कमरे में आए थे। दो कमरों का ये सेट पहले चतुर की माँ को पसंद आया था लेकिन इसका किराया कुछ ज़्यादा था क्योंकि इसमें दो कमरों के बाद किचन अलग से था। नीचे वाले फ़्लोर के लिए जो शौचालय था वो पिछले हिस्से में था जहाँ जाने के लिए श्रीवास्तव जी के तीन बिस्से की ख़ाली ज़मीन, जिसमें वो सब्ज़ियाँ उगाते थे, को पार कर जाना होता था।

नए किरायेदार यानी पति-पत्नी, उनकी सत्रह साल की बेटी और पाँच साल का बेटा। बेटी और बेटे में काफ़ी अंतर था इसलिए छोटे भाई की देखभाल की पूरी ज़िम्मेदारी लड़की पर थी जिसका नाम रिंकी था और वो अक्सर हँसती रहती थी।

अगले कुछ महीनों तक चतुर और रिंकी का एक-दूसरे को यहाँ-वहाँ देखना चलता रहा। कभी बाहर से आते, कभी बाहर जाते, कभी स्कूल यूनिफ़ॉर्म में तो कभी नहाकर गीले बालों में निकलती रिंकी अलग-अलग अवतारों में चतुर को दिखाई देती। वो अब उसे देखकर मुस्कराने लगा था जिसका जवाब वह भी मुस्कराकर दिया करती थी। इसके बाद उसे क्या करना चाहिए, उसे सूझता नहीं था। वो अपने दोस्तों से पूछना चाहता था लेकिन तब जब कालिदास आस-पास न हो। काली के अनुसार किसी भी लड़की के साथ एक ही व्यवहार किया जाना लाज़िमी था और एक ही मक़सद के तहत उसके साथ वक़्त बिताने का कुछ मतलब था। चतुर इस मामले में उसकी राय से इत्तेफ़ाक़ नहीं रखता था। इस लड़की का तो उसके सामने ज़िक्र भी नहीं करना चाहता था कि वो ग़लती से भी उसके लिए कोई ग़लत बात मुँह से न निकाल दे।

आठवीं के रिज़ल्ट आ गए, चतुर क्लास में तीसरे स्थान पर आया लेकिन अपने पिता को ये बोल के साइकिल ख़रीदने पर कन्विंस कर लिया कि उससे ज़्यादा नंबर पाने वाले दोनों लड़के कम-से-कम तीन-चार विषयों की ट्यूशन सर लोगों से पढ़ते हैं जिन्हें परीक्षा से पहले इम्पॉर्टेंट बता दिया जाता है। अगर ख़ुद से पढ़ाई करके वो टॉप थ्री में आ सका है तो इसे फ़र्स्ट आना ही समझा जाना चाहिए। वैसे तो वो तीन-चार स्थान और नीचे रहता लेकिन कताई-बुनाई में उसको और उसके तीनों दोस्तों को बीस में बीस मिले थे जबकि रिकॉर्ड था कि हर साल अच्छे से अच्छा विद्यार्थी बीस में बारह से ज़्यादा नहीं ला पाता था।

नवीं में जाने की तैयारियाँ दोस्तों में होने लगी थीं और सबके बीच एक क़िस्सा आम था कि नवीं में जाते ही लड़का बड़ा हो जाता है क्योंकि बोर्ड एक्ज़ाम की आहट सुनाई देने लगती है। जितना मज़ा लेने का वक़्त है इसी कक्षा तक है क्योंकि इसके बाद बच्चे बड़े हो जाएँगे, पढ़ाई में ज़्यादा ध्यान देना पड़ेगा और टाइम कम मिला करेगा। ये सब अफ़वाहें सब मज़े पर ज़्यादा ज़ोर देने के लिए पैदा किया करते थे। ऐसे ही एक दिन चतुर पिछवाड़े वाले लैट्रिन में दोपहर में निपट रहा था। सुबह एक बार वो जाकर नाकाम लौट आया था और नाश्ता वग़ैरह कर लेने के बाद दुबारा क़िस्मत आज़माने आ गया था। अचानक बाहर से ज़ोर से लैट्रिन का दरवाज़ा खटखटाया गया। एक बार तो उसने इग्नोर किया और सोचा जो काम करने आया है, भले उसमें पूर्ण सफलता की गारंटी नहीं है, पूरा करके ही निकलेगा लेकिन फिर दुबारा खटखटाया गया और एक आवाज़ भी आई।

"कौन है जल्दी निकलिए, चीकू को जाना है।"

रिंकी की आवाज़ सुनते ही चतुर ने मामले को वहीं रफ़ा-दफ़ा कर देने के इरादे से अब तक की सारी मेहनत पर पानी फेर दिया और उठ खड़ा हुआ। उसने जल्दी से अपने हाथ पिछवाड़े में पोंछकर बाल ठीक करने चाहे लेकिन कोई कुछ भी कर ले, लैट्रिन से निकलते हुए आख़िर कितना हैंडसम दिख लेगा।

उसके निकलते ही रिंकी ने अपने पाँच साल के भाई को लैट्रिन में

बिठा दिया और बैठकर वो जितने आराम से इधर-उधर देखता हुआ हवा छोड़ने लगा, चतुर को लगा उसे थोड़ा और वक़्त लगाना चाहिए था। ख़ैर, फ़ालतू बातें सोचने का मौक़ा नहीं था, आज पहली बार बात शुरू करने के लिए मुफ़ीद मौक़ा था। तीन बिस्से तक कोई नहीं था और मौसम छह दिन की मेहनत के बाद मिले रविवार जैसा सुहाना था।

चतुर थोड़ी दूरी पर बने हैंडपंप पर जाकर मिट्टी से हाथ धोने लगा। रिंकी उसे देखती रही। वो हैंडपंप के हत्थे को अपनी काँख में दबाकर नीचे की ओर जाकर खींचता, फिर जल्दी से मुँह की ओर जाकर हाथ धोता। रिंकी ने आकर हत्था पकड़ लिया और पानी चलाने लगी। चतुर ने हाथ धो लिया तो चेहरा भी धोया और बालों को स्टाइल से सँवारने की कोशिश की। उसने सोच लिया था कि आज बातों का सिलसिला शुरू कर देना है।

"रिज़ल्ट आ गया तुम्हारा?" उसने पढ़ाई से शुरुआत की। समाज में इसे अच्छा माना जाता था और इसमें सुरक्षा भी थी।

"हम हमेशा क्लास में फ़र्स्ट आते हैं।" रिंकी ने इस सवाल की प्रासंगिकता से हटते हुए जो बात कही उसमें दो बातें शामिल थीं। एक तो जवाब कि हाँ, मेरा रिज़ल्ट आ गया, और अगर तुम इसके बाद दूसरे सवाल की भूमिका बनाओगे जैसे मेरे घर में आए मेहमान बनाते हैं तो उसका जवाब एडवांस में। चतुर को इतनी गहराई वाले जवाब की उम्मीद नहीं थी। वो चुप हो गया। उसके दिमाग़ में एक बात आई लेकिन अब फ़र्स्ट आने वाले के सामने ये बताने का कोई अर्थ नहीं था कि सामने वाला बिना टीचर से ट्यूशन पढ़े क्लास में तीसरी पोज़ीशन पर आया है। लिहाज़ा वो चुप रहा। थोड़ी देर चुप्पी छाई रही जिसको भंग करने के लिए रिंकी के छोटे भाई ने हवा में आवाज़ करके गैस छोड़ी। गैस काफ़ी ज़हरीली थी। उसने हवा के माध्यम से दोनों व्यक्तियों के भीतर प्रवेश किया। रिंकी के लिए तो ये परिचित मामला था तो उसने ज़्यादा ध्यान नहीं दिया। चतुर के भीतर घुस उसने वैराग्य उत्पन्न किया। उसे लगा फ़ालतू में वो इस लड़की से बातें करने के चक्कर में पड़ा रहा। ये सब जो शारीरिक आकर्षण है चार दिन

की चाँदनी है। आख़िर में सब राख हो जाना है। क्या मतलब इस लड़की से दोस्ती बना के जिसे वो उसके छोटे भाई को शौचालय ले जाने से पहचानता है। ये किसी को याद करने के लिए सबसे ख़राब दृश्य है। उसने उस वीभत्स दुर्गंध के दायरे से निकलने का फ़ैसला किया और जाने के लिए पलटा।

"तुम अपनी क्लास में थर्ड आए हो न?" रिंकी की आवाज़ आई। उसे पलटना पड़ा। दुर्गंध थोड़ी कम हो गई थी। उसके चेहरे पर मुस्कान आ गई। तब उसने रिंकी की मुस्कान पर ग़ौर किया। एकदम साफ़ और अधिकतम। इससे ज़्यादा मुस्कराने पर उसको निश्चित तौर पर हँसी की श्रेणी में रखना पड़ता। वो देखता रहा। शायद वो हँसे भी।

"तुमको कैसे पता?" वो इतना ही पूछ पाया।

"तुम्हारे पापा बता रहे थे पापा से।" वाह! ये सुनकर उसको मज़ा ही आ गया। पापा मतलब लड़के की तारीफ़ करते हैं। लेकिन बाहर। ख़ैर। उसने इसे बड़ी बात मानने से इनकार करके अपनी थोड़ी तारीफ़ सुनने की कोशिश की।

"एक पेपर बिगड़ गया था नहीं तो..."

"अरे कोई बात नहीं, नेक्स्ट टाइम।" उसने मुस्कराते हुए कहा। ऐसी सुंदर मुस्कराहट तो कहीं नहीं देखी जिससे आँखें हटाने का मन ही नहीं करता। वो खोया ही था कि रिंकी ने दूसरा सवाल दाग़ दिया।

"हमको तो बड़े होकर प्रोफ़ेसर बनना है इसलिए मार्क्स अच्छे चाहिए ही चाहिए। तुम्हें क्या बनना है?" रिंकी के सवाल पर चतुर ने थोड़ा वक़्त लिया। ये उसके क़रीब होने का क्वॉलिफ़ाइंग सवाल है या सामान्य, उसने सोचा। ज़्यादा वक़्त नहीं था इसलिए उसने सच बोलने का विकल्प चुना।

"अभी तो सोचे नहीं, कुछ अच्छा ही बनेंगे।" उसने ईमानदारी से जवाब दिया। जैसा कि दस्तूर है लेकिन लोगों की कल्पना से दूर है, ईमानदारी हमेशा छाप छोड़ती है। रिंकी हँसने लगी। वो भी मुस्कराया। मुस्कराने के साथ उसे ये भी सोचना था कि बातों के सिलसिले की पतंग इतनी जल्दी न कटे।

"तुम्हारा फ़ेवरेट हीरो कौन है?" रिंकी ने अगला सवाल पूछकर उसके लिए मामले को आसान बना दिया। अभी वो जवाब देने वाला था

कि छोटे भाई ने आवाज़ करते हुए काम को आख़िरी स्ट्रोक दिया।

"धो दो दीदी।" बच्चे की आवाज़ पर चतुर ने ग़लती से उधर देख लिया और दूर जा रहा वैराग्य फिर से वापस आकर छाती पर बैठने लगा। उसकी नज़रें रिंकी से मिलीं तो उसे पता चला कि वो भी इस स्थिति को ठीक नहीं मान रही है और इसका समाधान निकालने के लिए तेज़ी से सोच रही है। तब तक छोटे भाई ने फिर से हाँक लगाई, इस बार उसकी आवाज़ में पितृसत्ता की धमक भी थी।

"दीदी... जल्दी धोवो... पैर दर्द हो रहा है... आओ धोवो..."

चतुर अजीब स्थिति में आ गया। आज ही उससे आमने-सामने पहली मुलाक़ात हुई है और आज ही वो उसके सामने कुछ ऐसा दृश्य उत्पन्न कर दे जिसकी वजह से बाद के दृश्यों के धुँधले पड़ने की संभावना हो तो ये ठीक स्थिति नहीं। नहीं, उसे ऐसा नहीं करना चाहिए। प्रेम को लेकर जितने फूल मन के बग़ीचे में खिला करते हैं वहाँ ये अगला क़दम हमेशा के लिए प्रेम से वैराग्य उत्पन्न करवा सकता है। चतुर बग़लें झाँकने लगा और मन में उसने सोचा कि भले इसमें उसकी कोई ग़लती नहीं लेकिन रिंकी अगर उस क्रिया के लिए छोटे भाई की ओर बढ़ेगी तो वो पलट जाएगा और सीधा जाकर अपने कमरे में रुकेगा।

रिंकी ने दिमाग़ में भी विचारों के चक्रवात चल रहे थे, उसने फ़ैसला कर लिया था, तुनककर भाई की तरफ़ पलटी और नया नियम तुरंत पास कर तुरंत लागू करना चाहा, "ख़ुद से धोवो... कितने दिन से मम्मी बोल रही हैं ख़ुद से सीखो... चलो ख़ुद से धुलो।"

बच्चा चाहे तो धो सकता था लेकिन इस ज़ालिम दुनिया में एक बार अपना काम अपने कंधों पर ले लो तो कोई ज़िम्मेदारी में हाथ बँटाने नहीं आता, ये सोचकर उसने एक कमज़ोर कोशिश और की।

"दीदी... आज धो दो... कल से धो लेंगे।"

"कल कभी नहीं आता। चलो ख़ुद से करो अपना काम... शाब्बाश!" बच्चे ने आख़िर हार स्वीकार कर ली और दुनिया का एक ज़िम्मेदार

नागरिक होने की दिशा में पहला क़दम रख दिया।

उधर छोटा भाई धो रहा था, इधर रिंकी ने मद्धम पड़ते दृश्य को फिर से जगमग करने के लिए अपने सवाल का जवाब ख़ुद दे दिया।

"मेरा तो फ़ेवरेट शाहरुख़ ख़ान है।" उसने मुस्कराते हुए कहा। चतुर भी मुस्कराया। उसे एक पल में फ़ैसला करना था कि उसे मिथुन चक्रवर्ती से वफ़ादारी निभानी है या फिर अपने जीवन में प्रेम की दस्तक का स्वागत करना है। उसने एक पल से कम का ही समय लिया।

"अरे वाह! मेरा भी शाहरुख़।" वो मुस्कराया तो उसने अपनी मुस्कराहट का आयाम बढ़ा दिया और खुलकर हँसी। हर तरफ़ जलतरंग बज उठे।

"मेरा सुन के तो नहीं बोल रहे?" उसकी हँसी संक्रामक थी। वो भी हँसने लगा। दोनों थोड़ी देर हँसते लेकिन छोटा भाई अब बड़ा हो ही गया था तो बड़े जैसी हरकतें करने में क्यों पीछे रहता! चलता हुआ वो आगे निकल गया और अपनी दीदी की फ्रॉक का सिरा हाथ में पकड़ चला। आगे जाकर जब दीदी नहीं हिली तो वो पीछे पलटा।

"चलोगी कि मम्मी से बता दें कि बात कर रही थी किसी से?" बच्चे की आवाज़ सुनकर चतुर रुक गया। रिंकी पलटकर जाने लगी। जाते हुए उसने बाय का इशारा किया। बीस क़दम की दूरी पर जाकर उसे उसके बग़ल वाले दरवाज़े में घुस जाना था लेकिन उसे बाय करना अच्छा लगा।

"अब कब मिलोगी?" उसने तेज़ क़दमों से उसके बराबर आते हुए ऐसी आवाज़ में पूछा जिसे बच्चा ना सुन सके। वो पलटकर मुस्कराई।

"जब इसको लैट्रिन लगेगी।" अपने जवाब पर वह ख़ुद हँसने लगी और हँसती हुई चली गई। जैसा कि दस्तूर है, हीरोइन के चले जाने के बाद हीरो को कुछ देर वहीं उसके नशे में सुन्न खड़ा रहना चाहिए, चतुर्भुज शास्त्री वल्द विष्णुचंद शास्त्री रोल नंबर 11, राजकीय क्वींस इंटर कॉलेज कुछ देर वहीं खड़ा रहा। दस्तूर के अनुसार पीछे कहीं कोई गीत भी बज रहा था जिसमें ख़ुद को रानी बताने वाली एक ख़ूबसूरत लड़की पहली नज़र में किसी राजा से हो गए पहले प्यार की स्वीकारोक्ति कर रही थी।

हर दुर्गंध के पार्श्व में सुगंध है

हालाँकि किसी प्रेम कथा की शुरुआत के लिए ये ऐसी जगह थी जिसका ज़िक्र दोस्तों को बताते वक़्त नहीं किया जा सकता था लेकिन वो इस शौचालय के लिए मकान मालिक और उन मज़दूरों का शुक्रगुज़ार ज़रूर था जिन्होंने इसे बनाया था। इसी के आस-पास उनकी शुरुआती बातें हुईं, उन्होंने एक-दूसरे की पसंद जानी और एक-दूसरे की आम बातें समझीं। ख़ास बातें जानने के लिए ख़ास जगह की दरकार थी। वो मिलना दूर की कौड़ी थी जब ये आम जगह ही मुश्किल से ऐसी ख़ाली मिलती थी कि दिल की बातें की जा सकें। लेकिन जैसा कि अभाव में आविष्कार होते हैं, उन्होंने बिना ज़्यादा बोले आँखों से एक-दूसरे की बात समझने की आदत डाल ली। अब आँखों-आँखों में बातें हों तो आप राजनीति नहीं डिस्कस कर सकते, आपको दिल और प्यार से संबंधित बातें करनी पड़ेंगी, और इतिहास गवाह है कि प्यार की बातें करने से प्यार बढ़ता है और नफ़रत की भाषा बोलने से नफ़रत का प्रसार होता है। तो जो इस आयु और ऐसे माहौल में मिट्टी में उगे पौधे जैसा क़ुदरती और उत्तम होना चाहिए वो उन दोनों के बीच होने लगा।

रिंकी का जन्मदिन था और चतुर ने दोस्तों के साथ पूरा हथुआ मार्केट घूमकर उसके लिए एक ब्रेसलेट ख़रीदा था जिस पर उसने रिंकी और अपना इनिशियल आर.सी. लिखवाया था।

पूरा दिन निकल गया था और वह रिंकी से एक बार भी नहीं मिल सका था क्योंकि जब-जब वो छोटे भाई को लेकर टॉयलेट की ओर गई, श्रीवास्तव जी के घर का कोई अपने तथाकथित खेत में गुड़ाई-निराई कर

रहा होता। चतुर दूर से रिंकी को देखता उसे बताने को बेचैन रहा कि कल कैसे भी करके उसे खेत में दोपहर में मिलना है जब कायस्थ निवास के सभी किरायेदार दोपहर का भोजन लेकर एक झपकी मार रहे होते हैं। रिंकी ने कहा कि उसके जन्मदिन के लिए दूसरे मोहल्ले से उसके चाचा-चाची और उनके बच्चे भी आए हैं तो मिलना शायद ही हो पाए।

"तुम्हारे लिए गिफ़्ट लाए हैं, वो कल देना है हमको।" उसने शाम को रिंकी के साथ चलते हुए कहा जब वो पिछवाड़े से सूखे कपड़े बटोरने आई थी। छोटा भाई पढ़ाई के साथ-साथ अपनी माँ-बहन की सुरक्षा के भी कॉन्सेप्ट को क़ायदे से समझ गया था और माँ को रिपोर्ट देने के लिए थोड़ी देर बहन के न दिखाई देने पर उसकी टोह लेने बाहर आ जाता था।

"सुबह दे देना अगर कोई न रहे तो या फिर वहीं दीवार के पीछे टाँग देना।" रिंकी ने समाधान दिया। चतुर शौचालय की ओर गया। इतना ख़ूबसूरत ब्रेसलेट उसे शौचालय की पिछली दीवार पर मकड़ी के जालों के पास टाँगना अच्छा नहीं लगा और वो पहली बार साइकिल लेकर शहर में निकला।

जिन रास्तों पर वो ऑटो से होकर गुज़रता था, उन पर साइकिल चलाकर जाने से उसके आत्मविश्वास में कमाल का इज़ाफ़ा हुआ था और दलजीत के घर पहुँचते-पहुँचते उसने कमर कस ली थी कि अपने पहले प्यार का पहला उपहार वो लैट्रिन की दीवार पर नहीं टाँगेगा, अपनी महबूबा के हाथ में देकर आएगा। बस इसके लिए उसे कोई उपाय नहीं सूझ रहा था।

उपाय दलजीत ने बताया। हालाँकि ये उस छोटे बच्चे के साथ क़तई अच्छा व्यवहार नहीं माना जा सकता लेकिन दलजीत ने ज़ोर दिया कि एक दिन की अपनी ख़ुशी के लिए ये कोई ऐसा भी अपराध नहीं जिसके बारे में बहुत सोचा जाए।

चतुर को ठीक नहीं लग रहा था लेकिन दलजीत ने उसे सामान्य से लेकर वाहियात तक दलीलें दीं जब तक कि वो मान नहीं गया।

घर जाते हुए उसने दो कप वाली आइसक्रीम ख़रीदी और थोड़ा-सा जमालगोटा। आइसक्रीम लेकर उसने फ्रिज में रखकर तब तक इंतज़ार किया जब तक रिंकी का छोटा भाई बाहर गेंद लेकर खेलने नहीं आ गया। उसके आते ही वो अपनी आइसक्रीम के नीचे दूसरा डिब्बा रख टहलता हुआ खाने लगा। बच्चे ने बालसुलभ उत्सुकता से उसकी ओर देखा। चतुर ने इशारे से पूछा, "लेगा?" बच्चे ने हाँ में सिर हिलाया। चतुर ने हाथ आगे बढ़ाया लेकिन उसे अच्छा नहीं लगा। अपने स्वार्थ के लिए इतने छोटे बच्चे के साथ ये जघन्य काम करना उसे अच्छा नहीं लगा। उसने हाथ वापस खींच लिया। उसने ईश्वर को धन्यवाद दिया कि सही समय पर उसके दिमाग़ में चेतना जगाकर उन्होंने उसको बचा लिया। उसने बच्चे को नहीं का इशारा किया। बच्चा आइसक्रीम खाने का मन बना चुका था और मन पूरा न होता देख रोने की मुद्रा बनाने लगा। चतुर घबरा गया। वो इधर-उधर ख़ासकर रिंकी के दरवाज़े की तरफ़ देखने लगा कि कहीं उसके घर से कोई निकल न आए। उसकी मम्मी लड़ते वक़्त बहुत तेज़ आवाज़ में चिल्लाती थीं और चतुर को उनसे डर लगता था। वो दरवाज़े की तरफ़ देख ही रहा था कि अपनी उम्र से तेज़ बच्चे ने पैंतरा बदलकर उसके हाथ से आइसक्रीम छीन ली और हाथ में आते ही अविलंब चाटने लगा। चतुर ने इधर-उधर देखते हुए छीनने की कोशिश की तो वह फुर्ती से एक ओर छिटक गया और दुगनी तेज़ी से आइसक्रीम खाने लगा। चतुर उसे ममता भरी नज़रों से देखता रहा। उसकी हथेली जेब में रखे ब्रेसलेट से टकराई जिसे उसने गिफ़्ट शॉप से सुंदर-सी पैकिंग में क़ैद करवा रखा था।

अगले दिन सुबह से रिंकी खेतों की तरफ़ ही रही। बारह बजते-बजते वो अपने भाई को पाँच बार लैट्रिन की तरफ़ लेकर आई थी लेकिन कोई न कोई किरायेदार या मकान मालिक के घर का उधर कुछ-न-कुछ पेंच फँसाए हुए था जिसकी वजह से दूर से देख रहे चतुर को पास जाने का मौक़ा नहीं मिल पा रहा था। भरी दुपहरी में जब वो अपने भाई को लेकर छठी या फिर सातवीं बार आई तो मैदान ख़ाली था। चतुर लपककर उसके

पास गया। छोटा भाई अब ख़ुद धो लेता था तो उसे बराबर देखते रहने की ज़रूरत नहीं थी। रिंकी थोड़ा साइड में आ गई थी।

"देखो कल चोट लग गई।" उसने अपनी हथेली चतुर की तरफ़ उसकी प्रतिक्रिया के लिए उठाई जिसकी एक उँगली में छिलने का निशान था।

चतुर ने उसका हाथ पकड़ा और उँगलियाँ चूम लीं। रिंकी ने जल्दी से पलटकर पीछे देखा, दूर-दूर तक कोई नहीं था।

चतुर ने जेब से ब्रेसलेट निकाला और उसकी हथेली में दिया। उसने खोलकर देखा और ब्रेसलेट को अपने होंठों से चूम लिया। चतुर ने अप्रत्यक्ष रूप से ख़ुद के चूमे जाने का अनुभव किया और क़ुदरत जैसे इन सब मामलों में सब कुछ ख़ुद बता देती है, उसे समझ आया कि अब उसे रिंकी के होंठों को या फिर रिंकी को उसके होंठों को चूमने की पहल करनी चाहिए। पहला क़दम जो भी बढ़ाए लेकिन इन दो प्यासे और एक-दूसरे हो पसंद करने वाले होंठों को क़रीब आकर अपनी घनिष्ठता ज़रूर जाँचनी चाहिए, ऐसे ख़याल एक बार उसके मन में उठे तो फिर बार-बार उठने लगे। रिंकी ने उसे ब्रेसलेट दिया कि वो ख़ुद पहना दे। उसने अपना हाथ आगे किया।

चतुर ने ब्रेसलेट पहनाया और एक क़दम आगे बढ़ाते हुए उसे फिर से हाथों पर चूम लिया। रिंकी ने जल्दी से पलटकर पीछे देखा, दूर-दूर तक कोई नहीं था।

अब उसकी हिम्मत थोड़ी बढ़ी और उसने रिंकी की स्लीवलेस में से दिखती बाँह पर एक चुंबन ले लिया। रिंकी ने जल्दी से पलटकर पीछे देखा, दूर-दूर तक कोई नहीं था।

उसने देखा कि रिंकी इसके लिए तैयार जैसी दिखाई दे रही है तो उसने इस बार रिंकी के गाल पर एक चुंबन ले लिया। रिंकी ने जल्दी से पलटकर पीछे देखा, दूर कोई खड़ा था।

रिंकी की मम्मी कमर पर हाथ रखे किसी योद्धा की तरह दूर से

युद्धक्षेत्र का नज़ारा ले रही थीं। उनके साथ किसी चपल मुख़बिर की तरह रिंकी का छोटा भाई खड़ा था और दस्त के घरेलू इलाज के रूप में आधा छीला हुआ केला खा रहा था। रिंकी की माँ ने चश्मे के अभाव में देखा कि उनकी बेटी के पास एक लड़का खड़ा है जो शायद उसके उतने पास है जितने पास नहीं रहना चाहिए। इतने पास रहने से ही लड़कियों में सपने देखने वाली ग्रंथियाँ जागने लगती हैं, फिर वो इस ग़लतफ़हमी में जीने लगती हैं कि ज़िंदगी उनकी है तो इसे लेकर सारे फ़ैसले भी उनके ही होंगे। उन्हें लगने लगता है कि शादी उनकी होनी है तो उन्हें भी इसे लेकर सपने देखने चाहिए और वो किसी को अपने ख़यालों के राजकुमार के रूप में देखने की शुरुआत कर देती हैं। चूँकि प्रेम की सारी बातें हमने सिर्फ़ किताबों में लिखने के लिए रिज़र्व रख छोड़ी हैं इसलिए राधा-कृष्ण की मूर्ति घर में सजाने वाले घर के बड़ों को पता चलता है तो वो जल्दी से पहले लड़की को बेल्ट से जी-भर के मारते हैं, फिर उसे कमरे में बंद करके उसके लिए लड़का देखने लगते हैं। लड़की को भावनात्मक रूप से तोड़ने के लिए माँ-बाप जीवन भर के ख़र्चे का हिसाब किसी घाघ व्यापारी की तरह जुड़वाने लगते हैं। माँ उसे ज़हर खाने की धमकियाँ देने लगती है और कभी-कभी हल्की मात्रा जीभ पर रख भी लेती है जहाँ वो मौत को छूकर हॉस्पिटल से लौट आती है। लड़की जिसको प्रेम करती है उसे भूलकर किसी ऐसे अनजान आदमी से शादी कर लेती है जिसने अपने दोस्तों से शराब पीते हुए सुहागरात के बारे में बहुत से कमिटमेंट किए होते हैं। शादी के बाद वो उस आदमी की अच्छाइयाँ खोज-खोज के उससे प्यार करने की कोशिश करती है और ऐसा न कर पाने के बावजूद जब उसके बच्चों को पालने लगती है तो धीरे-धीरे चिड़चिड़ी होती जाती है। जो लड़की माँ के ज़हर वाले दाँव से बच जाती है वो माँ-बाप के स्वार्थी सपनों और भाई की मोहल्ले वाली टुच्ची इज़्ज़त को लात मारती हुई उस लड़के के साथ भाग जाती है जिसमें उसने बाप, भाई, दोस्त, पति और आदर्श प्रेमी जैसी कई भूमिकाएँ देखी होती हैं। कुछ समय बाद सिर्फ़ प्रेमी

रह जाता है और आदर्श का समय की चक्की में पिस के भूसा निकल जाता है। लड़की आदर्श निकलने के बावजूद प्रेमी को प्यार करते रहने की पूरी कोशिश करती है लेकिन वक़्त के साथ उसका 'प्रे' भी निकल जाता है और वो सिर्फ़ 'मी' रह जाता है। लड़की को उस लड़के में कई नए-नए रंग दिखने लगते हैं जो आँखों को चुभने वाले होते हैं। उसे दिखाई देता है कि इस सौदे में घाटा सिर्फ़ उसे ही हुआ है, उसका प्रेमी हर तरह से फ़ायदे में ही रहा है। ये बात जब वो अपने बच्चों की पॉटी साफ़ करते हुए सोच रही होती है तो प्रेमी चाय पीता हुआ अख़बार पढ़ रहा होता है और एक बार पलटकर उस लड़की की ओर देखता भी नहीं है जिसने उसकी ही तरह बच्चों की पॉटी साफ़ करने का कहीं से प्रशिक्षण नहीं लिया होता। लड़की को लगता है लड़के की ज़िंदगी में जो अच्छी चीज़ें या अच्छे लोग थे वो अब भी हैं लेकिन उसकी ज़िंदगी से सारा रस इस लड़के की वजह से चला गया है। लगातार ऐसा सोचने की वजह से वो धीरे-धीरे चिड़चिड़ी हो जाती है तो प्रेमी से पति बन चुका लड़का उससे छिटकने लगता है और ज़्यादा तेज़ चिल्लाने पर तुनककर कह भी देता है कि यार तुम आजकल कितना चिल्लाने लगी हो। वो रुक के सोचती है तो समझ नहीं पाती कि वो चिड़चिड़ी हो गई है तो पति ऐसा बोल रहा है या फिर पति ऐसा बोलने लगा है इसलिए वो चिड़चिड़ी हो गई है। वो ऐसा सोचती-सोचती और भी चिड़चिड़ी होती जाती है। अपने चिड़चिड़ेपन का ख़याल आते ही उन्होंने उसी आवाज़ में रिंकी को हाँक लगाई, "रिंकी... अरे रिंकिया..." रिंकी पहले ही उनकी तरफ़ चलना शुरू कर चुकी थी और आवाज़ ख़त्म होते-होते उन तक पहुँच भी गई।

"क्या कर रही थी उधर? चीकू आ गया धो के, पता नहीं चला तुमको?" माँ की आवाज़ में ग़ुस्सा था और अगर वो चश्मा पहनकर आई होती तो अभी के अभी उस लड़के का हिसाब कर देती जो उनके बग़ल वाले कमरे में रहता है। उन्हें अपनी छठी इंद्रिय पर पूरा भरोसा था लेकिन ज्ञानेंद्रियों में कुछेक दिक़्क़तें चलती रहती थीं जिन्हें वो उम्र की माँग

कहकर टाल देती थीं।

"कितना तेज़ चिल्लाती हो मम्मी! आ तो रहे थे, एक साँप निकल गया था वही मारने की कोशिश कर रहे थे, भाग गया।" रिंकी ये बोलती हुई अपने ख़िलाफ़ मुख़बिरी करने वाले बालक का हाथ पकड़ घर में लेती गई। रिंकी की मम्मी वहीं खड़ी रहीं जब तक इधर-उधर देखता हर बात को बेहद मामूली ज़ाहिर करता चतुर उनके सामने निकलकर अपने कमरे की ओर नहीं बढ़ गया। उन्होंने चतुर को सामने से आते और फिर वहाँ से जाते भरपूर घूरकर देखा। उनकी आँखें बड़ी हो गई थीं।

उनकी आँखों को क़रीब से देखा जाता तो उनमें किसी मानव आकृति की जगह एक सरीसृप आकृति लहराती हुई दिखाई देती।

पहले प्यार का पहला ग़म पहली बार हैं आँखें नम

चतुर को लगा अब उसे रिंकी के साथ नहीं दिखाई देना चाहिए वरना उसकी सेहत, जो पहले से ही कुछ ख़ास नहीं थी, के लिए ठीक नहीं होगा। लेकिन ऐसा कैसे हो सकता है! ये सब उसके चाहने से तो हो नहीं रहा है जो चाहने से रुक जाएगा, अच्छा तो यही होगा कोई क़दम उठाया जाए। उसने दिन भर अपने घर में आए फ़िलिप्स के नए टू इन वन में रोमांटिक, फिर विरह के गीत सुने। वह कॉमिक्स के लिए बचाए कुछ पैसों को तिलांजलि देकर अपने लिए कुछ पसंदीदा फ़िल्मों के कैसेट ले आया था। एक-डेढ़ साल से इस इलेक्ट्रॉनिक उपकरण के लिए कई युक्तियों से समझाने, ज़िद करने और बाक़ायदा अनशन करने के बाद उसके पिता पैसों की तंगी के बावजूद इसे ख़रीदकर लाए थे तो उसकी एक वजह ये थी कि वो भी गीतों के शौक़ीन थे। उपकरण घर में आते ही पिता को अपनी जवानी के निश्चिंत दिनों में छलाँग लगाने की इच्छा हुई और उन्होंने चतुर से मोहम्मद रफ़ी के गीतों का कैसेट मँगवाने के लिए उसे पैसे दिए। चतुर ने उनके दिए पैसे से काफ़ी कम पैसे ख़र्च करके 'रफ़ी की यादें' ख़रीदीं और गर्व से लाकर पिता को दिखाया। पिता ने देखे बिना उसे चुपचाप टू इन वन में लगाकर चला देने को कहा। 'चाहूँगा मैं तुझे साँझ सबेरे' के बाद 'तेरी ज़ुल्फ़ों से जुदाई तो नहीं माँगी थी' चलने लगा तो काफ़ी देर से माथा सिकोड़कर नाराज़गी के साथ गाने सुन रहे पिता उठ बैठे।

"ये रफ़ी की आवाज़ नहीं है, किसका कैसेट उठा लाए हो?" पिता ने

नाराज़गी भरे स्वर में पूछा।

"रफ़ी ही तो है। रफ़ी की यादें बोल के माँगे हैं।" चतुर ने उन्हें आश्वस्त करना चाहा।

चतुर पुराने गायकों में किशोर कुमार का प्रशंसक था, रफ़ी के बारे में न उसको ख़ास आइडिया था न उसकी उम्र ही इसमें पड़ने की थी।

रफ़ी और किशोर की वैसे तो कोई तुलना नहीं की जा सकती लेकिन करना ही हो तो उन्हें बचपने और जवानी के खाँचे से समझना चाहिए। किशोर बचपन से लेकर जवानी तक अपनी खिलंदड़ी आवाज़ और योडलेईईई से आपके दिलों पर राज करता है जब आप एक आँधी पर सवार, दुनिया को जीत लेना चाहते हैं। 'ज़िंदगी एक सफ़र है सुहाना' की तर्ज़ पर आप एक रफ़्तार में जीते हैं तो रफ़ी का ठहराव और उसकी सादगी आपको आकर्षित तो करती है लेकिन आपके पास उतना धैर्य नहीं होता। 'ये जवानी है दीवानी, रुक जा ओ रानी' की टेक के साथ जीवन में बहुत-कुछ देखने-सुनने का वक़्त नहीं होता और आप एक ख़ास रफ़्तार से एक ख़ास लक्ष्य के पीछे भागते हुए एक दिन उसे या तो पा लेते हैं या फिर हताश हो जाते हैं। कोई पल होता है जिसमें आप जवानी में होते हुए भी एक ठहराव चाहते हैं, अपने आस-पास की उन चीज़ों की तरफ़ देखते हैं जिन्हें तेज़ भागने में नहीं देख पाए थे। तब आप रफ़ी के पास आते हैं जिसे किसी बात की जल्दी नहीं बल्कि उसे आप तब भी वही गा रहा पाते हैं– 'अभी ना जाओ छोड़कर कि दिल अभी भरा नहीं...' अगर आप उसे आराम से बैठकर अपनी थोड़ी फुरसतें उसे देकर सुनेंगे तो वो अपनी ही दुनिया में मस्त वही बात आपसे कह रहा होगा जो अब आप उससे कहना चाहते हैं– 'तेरे पास आ के मेरा वक़्त गुज़र जाता है, दो घड़ी के लिए ग़म जाने किधर जाता है...'

ग़ौरतलब बात ये है कि चतुर और उसके पिता में एकाध बार रफ़ी और किशोर जैसे मुद्दे पर बहस हुई थी और किशोर के पक्ष में कुछ बचकाने तर्क सुनकर उसके पिता ने रफ़ी के पक्ष में कुछ कहना बेकार समझा था।

हर प्यार की गहराई सबको दिखाने के लिए नहीं होती।

बहरहाल, चतुर ने पिता की ओर शक भरी नज़रों से देखते हुए कैसेट का ख़ाली बॉक्स उठाया और उस पर बड़े-बड़े अल्फ़ाज़ में 'रफ़ी की यादें' लिखा हुआ देखा। उसे लगा पिता नौकरी और परिवार चलाने की जद्दोजहद में बेचारे इतना आगे निकल आए हैं कि अपने प्रिय गायक की आवाज़ भूल चुके हैं। उसे उनके साथ थोड़ी सहानुभूति हो आई।

"रफ़ी का ही है पापा। सुनिए ध्यान से, देखिए गाने के आगे ब्रैकेट में फ़िल्म का भी नाम दिया है। रुकिए आपका फ़ेवरेट लगाते हैं।"

चतुर ने कैसेट की दूसरी साइड लगाई और फ़ॉरवर्ड करके उस गीत तक ले आया जो कभी रंगोली या चित्रहार में आ जाए तो पिता सब काम छोड़कर उसे घूँट-घूँट देखने लगते हैं। 'बहारों फूल बरसाओ मेरा महबूब आया है... मेरा महबूब आया है' गीत में चतुर को आज से पहले कोई ख़ास बात नहीं लगती थी लेकिन अचानक गीत सुनते हुए उसे रिंकी का चेहरा क्षण भर के लिए कौंधा और उसी समय उसके मन में अपने पिता के लिए थोड़ा अतिरिक्त प्रेम उमड़ा। क्या पता उनके दिमाग़ में भी ये गीत सुनते हुए कोई ख़ास चेहरा होता हो। किसका होगा, माँ का या किसी और का? वो सोच ही रहा था तब तक पिता तमककर कुर्सी से खड़े हो गए थे।

"अरे ये सब दूसरे की आवाज़ है, रफ़ी नहीं है। रफ़ी गाते हैं तो सब दिखने लगता है।"

पिता की नाराज़गी से चतुर ने फिर से कैसेट का ख़ाली बॉक्स उठाया और गायक का नाम खोजने की कोशिश करने लगा। रफ़ी की यादें कैसेट का नाम हो तो ज़ाहिर है रफ़ी ने ही गया होगा लेकिन तब तक पिता ने कैसेट उसके हाथ से ले लिया। उन्होंने इधर-उधर पलटा और कोने में एकदम छोटे अक्षरों में लिखी हुई इबारत चतुर के सामने कर दी– 'स्वर-सोनू निगम'। चतुर हैरान रह गया। यादें रफ़ी की हैं तो स्वर सोनू निगम कैसे दे सकता है! ऐसे कैसे कोई किसी के नाम पर धाँधली कर सकता है। ये धाँधली है या कुछ और जिसके बारे में उसे जानकारी नहीं है। वो सोच

ही रहा था कि पिता ने कैसेट उसके हाथ में रखते हुए आदेश दिया, "ये टी-सीरीज का कैसेट वापस करके एचएमवी का ले आओ, ओरिजिनल रफ़ी।"

चतुर ने कैसेट ले लिया। वो समझ गया कि पिता गीत-संगीत के मामले में उससे ज़्यादा जानते हैं और वो फिर आगे से अपने को अधिक स्मार्ट समझने की ग़लती नहीं करेगा।

जब वो दुकान वाले से झिकझिक करके बचे हुए पैसे देकर असली रफ़ी की यादें लेकर मकान में घुस रहा था तो अचानक रिंकी के कमरे का दरवाज़ा खुला। रिंकी धीरे से निकली और एक कैसेट उसके हाथ में थमा दिया। वो हैरानी में था कि ये क्या है और किसलिए।

"अरे रिटर्न गिफ़्ट है मेरे गिफ़्ट के लिए।" रिंकी ने धीरे से कहा। चतुर ने हैरानी से उस कैसेट को देखा, फिर रिंकी को। रिटर्न गिफ़्ट जैसी किसी अवधारणा के बारे में उसे कोई जानकारी नहीं थी। ये तमीज़ आज तक न घर वालों ने सिखाई थी न दोस्तों में कभी इसका ज़िक्र हुआ था। एक लड़की के आने से आदमी इंसान बन जाता है, इस कहावत का मतलब वो अब धीरे-धीरे समझ रहा था। रिंकी के माथे पर बिखरे बालों के नीचे हल्का-सा ताज़ा कटे का निशान था जिसे उसने हाथ लगाकर देखना चाहा तो रिंकी छिटककर खड़ी हुई और अपने दरवाज़े की तरफ़ देखने लगी। ख़तरा कभी भी किसी भी रूप में आ सकता था।

"मम्मी मारीं क्या?" चतुर ने चिंता व्यक्त की तो रिंकी ने एक बेफ़िक्र मुस्कराहट हवा में उछाल दी। वह अपने दरवाज़े की तरफ़ धीरे-धीरे बढ़ रहा था।

"वो मारें, हमको लगता नहीं है।" उसके होंठों पर मुस्कराहट थी। वही होंठ जिनका नंबर गालों के बाद आने वाला था और आते-आते रह गया। चतुर भी मुस्कराया।

"थोड़ा आवाज़ तेज़ कर दिया करो, एकदम क्लियर सुनाई देता है।" रिंकी ने कहा तो चतुर के दिमाग़ में चलने लगा कि उसने कौन-कौन से

गाने बजाए थे और साथ ही ये भी चला कि वो कितनी आसानी से रिंकी तक अपने दिल की बात गीतों के ज़रिये पहुँचा सकता है। तब तक उसके दरवाज़े पर परछाईं दिखी।

"साइड बी का पहला गाना सुनना।"

रिंकी जल्दी से उसके दरवाज़े तक पहुँच के अपने दरवाज़े की तरफ़ मुड़ी और अंदर दिखने वाली परछाईं दरवाज़े तक पहुँचे, वो अंदर घुस गई।

पिताजी ने रफ़ी की असली आवाज़ को आँखें बंद करके सुना और चार-पाँच गाने सुनने के बाद अपने पुराने दिनों में इस क़दर चले गए कि वहाँ से बाहर निकलने के लिए उन्हें घर से बाहर निकलना पड़ा। थोड़ी देर में टहलकर आने को माँ से बोलकर वह निकल गए तो चतुर ने वो कैसेट खोला। 'पापा कहते हैं' नाम उसे अजीब लगा कि किसी फ़िल्म का नाम ये कैसे हो सकता है। ये कितनी ग़ैर-रोमांटिक बात है, उसके पापा तो उसे कुछ कहते ही नहीं सिवाय इसके कि पढ़ाई ही जीवन का सार है और वो इस बात को नहीं समझा तो चपरासी भी नहीं बन पाएगा। कैसेट के कवर पर एक बड़ा-सा कछुआ था जिसकी दोनों तरफ़ एक सुंदर लड़का और लड़की उसकी पीठ पर टेक दिए बैठे मुस्करा रहे थे। फ़िल्म के कवर पे कछुए का होना भी उसे ठीक नहीं लगा। उसने सीधे बी साइड लगाया और आवाज़ थोड़ी ऊँची कर दी।

'पहले प्यार का पहला ग़म, पहली बार हैं आँखें नम, पहला है तन्हाई का ये मौसम।

आ भी जाओ वरना रो देंगे हम...'

गाने के बोल सुनते ही उसने एक सबक़ सीखा कि कभी किसी कवर को देखकर भीतर की चीज़ के बारे में राय नहीं बनानी चाहिए। वो वहीं टू इन वन के पास बैठ गया और एक दूसरी दुनिया में प्रवेश करने लगा जिसका दरवाज़ा इस गीत की चाबी से खुल रहा था।

'तुम जो नहीं तो दुनिया हमको अच्छी नहीं लगती

तुम जो नहीं तो बात कोई हो सच्ची नहीं लगती
हमने दिल को समझाया... सौ बातों से बहलाया
लेकिन दिल का दर्द नहीं होता कम
आ भी जाओ वरना रो देंगे हम...'

उसने पूरा कैसेट कल पर सुनने के लिए टाल दिया और इस एक गाने को पचासों बार रिवाइंड करके सुनता रहा। हर बार उसे रिंकी का कोई छिपा हुआ संदेश ख़ुद तक पहुँचता महसूस होता। हर बार वो उसके थोड़ा और क़रीब होता। उसने कवर को उठा लिया था और प्यार से उसे देखते हुए गाने को पचास-साठ बार सुनता रहा जब तक रात के खाने के लिए माँ ने खटपट शुरू नहीं कर दी।

कितना सुंदर कवर था जिस पर एक कछुआ बना हुआ था और दोनों तरफ़ एक लड़का और लड़की बैठे मुस्करा रहे थे मानो कह रहे हों कि दुनिया की ख़रगोश गति में हमारा प्रेम भले ही कछुए की गति से चले लेकिन हमारी मुस्कराहट एक-दूसरे के साथ हमेशा है। हीरोइन का चेहरा उसे रिंकी से एकदम मिलता-जुलता लगा। हीरो के सुंदर चेहरे को देखकर यही बात वो अपने बारे में नहीं सोच सका लेकिन अब इस कैसेट को देने के रिंकी के मक़सद को उसने डिकोड कर लिया था। हमारा रिश्ता कछुए की तरह कितना भी धीरे चले, आख़िर में जीतेगा वही।

ये याद आते ही उसे ये भी याद आया कि कछुए की उम्र सबसे ज़्यादा होती है।

दिलवाले दुल्हनिया ले जाएँगे लेकिन बाबूजी से पूछकर

टकसाल में 'दिलवाले दुल्हनिया ले जाएँगे' चलते एक साल हो गया था। पचासवाँ हफ़्ता जैसा कुछ। दुनिया नए सिरे से प्रेम करना सीख रही थी जिसमें बाप की सत्ता को चुनौती न देते हुए उसका दिल जीतने की कोशिश की जाती है। ऐसा नहीं कि शम्मी कपूर के ज़माने से चले आ रहे हीरो की हरकतों से चिढ़ रही हीरोइन को ज़बरदस्ती आगे-पीछे घूमकर नाच-गाकर रिझाने के अलावा इसमें कुछ था। लेकिन भूमंडलीकरण के रुझान आने शुरू हो गए थे और कुछ पीढ़ियों पहले विदेशों में जाकर बस गए भारतीय वहाँ काफ़ी नाम और दाम कमा चुकने के बाद अब अपनी धरती को बेहद शिद्दत से याद कर रहे थे। याद तो वो दस साल पहले से कर रहे थे जब संजय दत्त कुछ कमाने-धमाने भारत से गया था और वहाँ जाकर ऐसा फँस गया था कि उसे वापस अपने वतन की मिट्टी सूँघने को भी नहीं मिली थी। 'आजा उम्र बहुत है छोटी, अपने देश में भी है रोटी' सुनकर वो वहीं बैठकर दो आँसू बहा लेता था और फिर से पैसे कमाने में व्यस्त हो जाता था। लेकिन इस फ़िल्म ने विदेशी भारतीयों के मन में फिर से एक बार भारतीय संस्कृति का ग्यारह हज़ार वोल्ट का झटका दिया था। विदेश से आया एक लड़का जो चाहता तो अपनी बेटियों को अपनी जायदाद समझने और अपने पुराने दोस्त के बेटे के गले से जानवर की तरह बाँधने वाले बाबूजी को कौड़ी भर भाव न देता और हीरोइन को लेकर कोर्ट चला जाता, लेकिन वो अलग था। विदेश में रहने के बावजूद वो अपनी संस्कृति नहीं भूला था। तीन घंटे की फ़िल्म में एक घंटे में हीरोइन का दिल जीतने

के बाद अगले दो घंटे वो बाबूजी का दिल जीतने की कोशिश करता था। न सिर्फ़ भारतीय बल्कि विदेशी दर्शकों के दिल भी पिघल गए और वे फ़िल्म को बार-बार देखने लगे ताकि हमेशा ये याद रखा जा सके कि भले अपनी झूठी शान के लिए, बिरादरी की इज़्ज़त के लिए या बचपन में दोस्त से किए वादे के लिए अपनी बेटी की ज़िंदगी क़ुर्बान करनी पड़े, उससे पूछना और उसकी मर्ज़ी की परवाह करना पाश्चात्य संस्कृति की ग़लतियाँ हैं जो आगे हमें नहीं करनी।

ये हवा बंबई से चली थी। प्यार-व्यार अपनी जगह है ठीक है सेनोरिटा लेकिन बाबूजी मान जाएँ तो हमारी शादी को चार चाँद लग जाएँ। लेकिन राज, मैं तुम्हें चाहती हूँ तुम मुझे चाहते हो, बाबूजी से एक बार बात कर ली, वो नहीं मानते तो एनर्जी वेस्ट करने की ज़रूरत क्या है! मुझे बाप का आशीर्वाद चाहिए पगली। मैंने बचपन में ही सोच लिया था कि मैं बड़ा होकर बड़ों का आशीर्वाद लूँगा। मुझे सुबह खाने को न मिले, पीने को पानी न मिले, मुझे बड़ों का आशीर्वाद मिलता रहेगा मैं ज़िंदा रहूँगा। मेरा चेहरा जूतों के पास रहने की वजह से एक दिन जूते जैसा हो जाएगा। आशीर्वाद के चक्कर में हमेशा भागता रहूँगा भले मेरे चेहरे से चेरी ब्लॉसम की महक आने लगे। दुनिया के हर सुख के बिना रह लूँगा लेकिन आशीर्वाद के बिना नहीं। तो सुन ले कान खोलकर, मुझे तू चाहिए हरामज़ादी लेकिन पहले तेरे बाप का आशीर्वाद चाहिए। तो एक अदद प्रेम के लिए तरस रही जनता को प्रेम कहानी में ज़बरदस्ती की घुसेड़ में जैसा कि हमेशा मज़ा आता है, वो उत्साहित हो गई। उसने रुककर पूछा कि वाक़ई बात में दम है क्या? पता चला हाँ भाई बिलकुल, बाप है कोई बृहन्न मुंबई नगर पालिका का कचरे का ट्रक थोड़ी है। लड़की को शादी करने से पहले बाप का आशीर्वाद माँगता ही माँगता है। उसके बिना ज़ायक़ा नहीं आता। लड़कियों को बाप का मजबूर आशीर्वाद या फिर धारदार कुल्हाड़ी मिलने लगी और मामला हल होता आगे बढ़ता रहा।

इन सबसे फ़िल्म को कोई फ़र्क़ पड़ने वाला नहीं था। फ़िल्म ने जनता

को दो भागों में बाँट दिया था। एक थे जिन्होंने डीडीएलजे देखी थी, दूसरे जो देखने की योजना बनाते रह गए थे। देखने वालों में भी कई श्रेणी के थे, सबसे दीवाने वो लोग थे जिन्होंने पिछले एक साल में पचासों बार ये फ़िल्म देखी थी और कुछ थे जिन्होंने एक-दो बार देखी थी लेकिन ये उनकी जानकारी में इतना लंबा चलने वाली पहली फ़िल्म थी तो दुबारा भी इसे देखना चाहते थे। नहीं देखने वालों की श्रेणी में ज़ाहिर तौर पर सबसे महत्त्वपूर्ण वही लोग थे जिन्होंने चयन के साथ वो फ़िल्म छोड़ी थी क्योंकि उनके पास फ़िल्म के विरोध में तर्क थे। ज़्यादातर प्रेम जैसी किसी भावना के विरोधी लोग थे जिनके जीवन में न कभी प्रेम आया था न कभी आने की उम्मीद थी तो ये लोग सनी देओल की 'घायल' या 'दामिनी' जैसी फ़िल्में देखते और पसंद करते थे। इनके जीवन में अगर कोई सुंदर, तक़दीर की मारी लड़की आ भी जाए तो ये सनी देओल की तरह उसका केस जीत के उसे वापस उसके घर भेज देने के हिमायती थे। प्रेम से संबंधित कोई भी क़दम उठाने पर इन्हें किसी नियम, किसी व्रत के खंडित हो जाने का भय होता था। ऐसे ही लोगों के बल पर एक्शन फ़िल्मों का बाज़ार चलता था।

चतुर को भी शाहरुख़ बिलकुल पसंद नहीं आता था और एक्शन पसंद होने की वजह से मिथुन और सनी देओल से उम्मीद लगाए रहता था। रिंकी के सान्निध्य में उसने शाहरुख़ ख़ान को पसंद करना शुरू किया और वहाँ से उसे किरदारों को पढ़ने में मज़ा आने लगा। उसने रिंकी के साथ एक ऐसे किरदार के फ़िल्म देखने जाने के बारे में कल्पना की जो सनी का फ़ैन है लेकिन 'दिलवाले दुल्हनिया ले जाएँगे' के दृश्यों पर ताली बजा रहा है जिससे उसकी और उसकी प्रेमिका की पसंद एक साबित हो सके। उसे अपने किरदार पर तरस आया, फिर थोड़ा ग़ुस्सा।

ये ग़ुस्सा उसे दृश्य के पहले और बाद में आया। उस समय तो वह रिंकी के साथ उसका हाथ पकड़कर ऐसे बैठा था जैसे राज को सिमरन मिले न मिले, उसे उसकी रिंकी ज़रूर मिलनी चाहिए।

वैसे वो इसी साल एक बार दोस्तों के साथ जाकर सिनेमा हॉल में

फ़िल्म देख आया था जो पापा-मम्मी के साथ महीने भर की प्लानिंग होने के बाद जाकर देखने वाले सिनेमा से एकदम अलग अनुभव था। दोस्तों के साथ उसने सनी देओल की जीत देखी थी जिसमें ज़िंदगी का एक कड़वा सबक़ शामिल था कि आप जिस लड़की से प्यार करते हैं उसे कोई सूट-बूट पहनने वाला तमीज़दार लड़का उसके बाप की मर्ज़ी से अपना बना लेता है। लड़की के जीवन से चले जाने के बाद सनी देओल की फिर वैसी ही हालत हो जाती है जैसे फ़िल्म की शुरुआत में थी। कुछ गानों के लिए उसके जीवन में प्यार की बहार आई थी जिसमें उसने बड़ी मेहनत से तीन-चार गाने गाए थे और प्यार छिनने की बात पर कैमरे की तरफ़ हाथ बढ़ाकर पूरी ताक़त से 'ऐएएए...' चिल्लाया था। सबको फ़िल्म अच्छी लगी थी लेकिन चतुर इसे देखकर डर गया था। अगर रिंकी उसकी ज़िंदगी से चली गई तो क्या होगा! उसने तभी सोचा कि रिंकी को किसी तरह फ़िल्म देखने चलने के लिए राज़ी करेगा और यही फ़िल्म दिखाने लाएगा।

रिंकी इस प्रस्ताव पर हैरान हुई कि बिना घर पर पता चले इतना बड़ा क़दम कैसे उठाया जा सकता है! चतुर ने उसे आश्वस्त किया कि वो कोई रास्ता निकालेगा। चतुर रिंकी के स्कूल जीजीआईसी के दोस्तों के साथ तफ़रीह मारने गया था तो अंदर जाकर पता किया कि निकट भविष्य में कोई सांस्कृतिक कार्यक्रम होने वाला है या नहीं। पता चला कि अगले हफ़्ते निबंध और वाद-विवाद प्रतियोगिता होने वाली है जिसका रिंकी को अंदाज़ा नहीं था क्योंकि ये सिर्फ़ इंटरमीडिएट वाली लड़कियों के लिए था। वो ख़ुशी-ख़ुशी वहाँ से समाधान लेकर लौट आया।

रिंकी को आइडिया पसंद आया क्योंकि पापा एक्स्ट्रा करिकुलर एक्टिविटीज़ में हमेशा हिस्सा लेने को प्रोत्साहित करते थे। दोनों ने शो का टाइम फ़िक्स किया लेकिन आख़िरी मौक़े में रिंकी ने फ़िल्म का नाम कन्फ़र्म किया और चतुर को जानकर हैरानी हुई कि उसे सिर्फ़ और सिर्फ़ 'दिलवाले दुल्हनिया ले जाएँगे' ही देखनी थी। थोड़ी देर दोनों में इसे लेकर चर्चा हुई जिसे रिंकी ने नाराज़गी से बहस कहा और ये शब्द इस्तेमाल

करते ही चतुर ने बहस रोक दी। अक्सर अपने दोस्तों में इस फ़िल्म और इसके बहाने एक लड़की के पीछे तीन घंटा भागने वाले नायकों की भर्त्सना करने वाला चतुर अब टकसाल सिनेमा हॉल में बैठा डीडीएलजे का आनंद उठा रहा था। रिंकी मुग्ध भाव से शाहरुख़ को देख रही थी जैसे उसके आकर्षण में जान दे देगी। उसकी प्रतिक्रियाएँ नायक के लिए इस क़दर निसार होने वाली थीं कि चतुर को उस नायक से ईर्ष्या होने लगी। ख़ैर, फ़िल्म ख़त्म होते-होते दोनों प्यार से एकदम सिर से पाँव तक नहा चुके थे। चतुर को सब अच्छा लगा था, सिर्फ़ उसे एक डर था कि इस फ़िल्म का कोई असर उसकी प्रेमिका पर न हो क्योंकि फ़िल्म के नायक ने प्रेमियों के लिए मानकों को बहुत ऊपर उठा दिया था। वहाँ से निकलने के बाद चतुर ने रिंकी को एक जगह चाट और गोलगप्पे खिलाए और दोनों पीछे के शार्टकट से कैंट होते हुए पैदल अपने मोहल्ले तक पहुँचे। 'न जाने मेरे दिल को क्या हो गया, अभी तो यहीं था अभी खो गया' वाली पंक्ति अगर रिंकी गाती तो चतुर अगली पंक्ति उठा लेता, 'हो गया है तुझको तो प्यार सजना, लाख कर ले तू इनकार सजना'।

दोनों जब सिनेमा हॉल में घुसे थे और तीन घंटे बाद जब निकले थे, उनके भीतर के रसायनों में ज़मीन-आसमान का फ़र्क़ आ गया था। रिंकी को कभी-कभी चतुर के ऊपर ग़ुस्सा आता था क्योंकि वो उसे इरिटेट करने वाली हरकतें कर देता था लेकिन वो फिर भी राज से कम इरिटेटिंग था। चतुर रिंकी की इस बात से नाराज़ रहता था कि वो हर बात में पापा का नाम सामने कर उसके रोमांटिक अंदाज़ पर पानी फेर देती है लेकिन फिर भी वो सिमरन से ज़्यादा हिम्मती थी। सिर्फ़ तीन घंटे की इस फ़िल्म को साथ देखने से वे प्रगाढ़ता की सड़क पर कई महीनों तक एक-दूसरे का हाथ पकड़कर पैदल चल चुके थे।

दोनों चलते हुए अपने मोहल्ले के क़रीब लहरतारा पुल तक पहुँच रहे थे। आगे से दोनों को एक-दूसरे की हथेली दबाते हुए दाएँ-बाएँ देखकर जल्दी से हथेली को चूमकर अलविदा कहना था और थोड़ा गैप लेकर

बारी-बारी मोहल्ले में घुसना था। रिंकी ने अचानक चतुर की ओर देखा।

"तुमको अगर मेरे पापा को मनाना पड़े तो क्या करोगे?" चतुर इस सवाल के लिए तैयार नहीं था। दरअसल अभी वो किसी भी सवाल के लिए तैयार नहीं था।

"मना लेंगे जब ज़रूरत पड़ेगी।" उसने बात को सकारात्मक रुख़ देकर ख़त्म करना चाहा।

"कैसे?" रिंकी का सवाल अपनी जगह दृढ़ था और दुबारा पूछने के उसके अंदाज़ से चतुर समझ गया था कि ये आम सवाल नहीं है, ये उन विशेष सवालों की श्रेणी वाला सवाल है जिसका संतोषजनक उत्तर न मिलने के बाद रिंकी के पास एक पंक्ति का जवाब होता है जो जवाब कम खाल छीलती टिप्पणी अधिक होती है। वो चौकन्ना हो गया और शब्दों का चयन सावधानी से करने लगा।

"उनकी सेवा करके, अपने प्यार की ताक़त समझा के। बाबूजी मान जाएँगे।" आख़िरी पंक्ति उसने राज स्टाइल बोली थी जिस पर रिंकी ने बिलकुल ध्यान नहीं दिया।

"और अगर नहीं माने तो? मेरी शादी अपने किसी पुराने दोस्त के बेटे से तय कर दी तो?" रिंकी ने ज्वलंत सवाल उठाया जिसका क़ायदे का जवाब तो कोई हो नहीं सकता था सिवाय इसके कि बेटा, अभी कई साल पढ़ने की उम्र है, पहले इतना अच्छे से पढ़ ले कि बाबूजी कोई ऐसी हरकत करें तो तू ख़ुद ताल ठोककर उनके ख़िलाफ़ खड़ी हो जाए। लेकिन फ़िल्म देखने के बाद ये निष्कर्ष या आवेग दर्शक तक नहीं पहुँचता था और जो पहुँचता था वो रिंकी तक पहुँच चुका था। चतुर उसके सवाल में फँस चुका था।

"मानेंगे कैसे नहीं? लड़के को चौराहे पर पकड़ के दो-चार हाथ लगाएँगे ऊ खुदे जा के बोलेगा हमको उस लड़की से शादी नहीं करनी।"

चतुर ने अपनी समझ से बहुत ब्रिलियंट नहीं तो मौजूदा चलन के हिसाब से ठीकठाक ही जवाब दिया था लेकिन रिंकी इस जवाब पर

अचानक रुक गई। उसने ग़ुस्से से चतुर की ओर देखा। चतुर अगल-बग़ल देखने लगा।

"क्या हुआ?" उसकी आवाज़ में आशंका थी कि शायद उसने ठीक जवाब नहीं दिया है। रिंकी उसे घूर रही थी।

"मतलब शादी हो जाए चाहे जैसे, मेरी इज़्ज़त की कोई परवाह नहीं तुमको?" रिंकी की आवाज़ में ग़ुस्सा था।

"अरे यार तुम्हारी इज़्ज़त मतलब हमारी..." चतुर बोल रहा था तब तक रिंकी पलट गई। चतुर ने उसकी हथेली थामनी चाही तो उसने हथेली झटक दी। वह ग़ुस्से से तमककर तेज़ क़दमों से आगे-आगे चलने लगी।

चतुर वहीं खड़ा रह गया। उसे कुछ समझ नहीं आया वो क्या करे। उसने फ़िल्म और उसे पसंद करने वालों को एक गंदी गाली दी और ज़मीन पर थूक दिया। उसे किसी कहानी का एक किरदार दिखाई दिया जिसने अपनी प्रेमिका की पसंद को अपनी पसंद बनाने के लिए तीन घंटे वैसी फ़िल्म देखी जैसी उसे पसंद नहीं थी लेकिन फिर भी उसकी प्रेमिका उससे रूठकर चली गई। उसने सोचा उसकी पहली कहानी छपे पाँच साल से ज़्यादा का समय हो चुका है, यही वक़्त है जब उसे एक नई कहानी लिखना शुरू करना चाहिए।

उसे अचानक महसूस हुआ कि वो कोई कहानी लिखने की कोशिश करे तो बहुत मुश्किल है कि आख़िर में सब कुछ अच्छा हो जाए। उसकी ज़िंदगी हमेशा से ऐसी ही रही है कि जब सब कुछ अच्छा होता दिखता है, अचानक से कुछ-न-कुछ गड़बड़ी हो जाती है।

वह कितने भी व्यवस्थित रूप से कहानी को ख़त्म करना चाहेगा, वो अचानक कोई ख़राब-सा दुखद मोड़ लेकर बीच में ही ख़त्म हो जाएगी।

चुंबन एक आत्मा से दूसरे को बाँधने की रस्सी है

समय के साथ चतुर का देवरानी-जेठानी वाला रिश्ता हो गया था। उसने बहुत-कुछ सीखा भी, कुढ़ा भी और रोया भी। कबीर मठ में उसने जो शब्द सबसे ज़्यादा सुना था 'प्रेम', उसके कई आयामों के बारे में उसे अगले दो सालों में पता चला। वह हाई स्कूल बोर्ड में सत्तर प्रतिशत अंकों के साथ उत्तीर्ण हुआ जो वैसे तो बहुत ज़्यादा नहीं था लेकिन दोस्तों से लेकर स्कूल के अध्यापकों तक में चर्चा की वजह बना क्योंकि एक लड़का बिना किसी ट्यूशन के सिर्फ़ अपने दिमाग़ की वजह से इतने सम्मानजनक अंक ले आया था। दिमाग़ का ज़िक्र सब इसलिए करते थे क्योंकि ज़्यादातर समय तो वो अपने दोस्तों के साथ फ़िल्में देखने और तफ़रीह करने में ही बिताता था, फिर भी ज़्यादातर दोस्त जहाँ द्वितीय श्रेणी में पास हुए वहीं उसने तीन विषयों में डिस्टिंक्शन भी हासिल किया था।

उसका जीवन उसके घर वालों और दुनिया के हिसाब से सही जा रहा था। मामला सिर्फ़ उसके प्रेम में अटका था जो वैसे तो उसके हिसाब से ठीक ही जा रहा था लेकिन क्या करें इन दोस्तों का जो प्रेम को भी वीडियो गेम समझते हैं और जब मिलो तब नेक्स्ट लेवल नेक्स्ट लेवल पूछते रहते हैं।

बोर्ड की परीक्षा का रिज़ल्ट आ चुका था और गर्मी की छुट्टियाँ ख़त्म होने के कगार पर थीं। रिंकी के साथ उसका प्यार अब फ़िल्मों, चिट्ठियों, उपहारों से होता एक अदद चुंबन के लिए ठिठका था। गालों, उँगलियों और बाँहों तक के चुंबन हो चुके थे लेकिन इतने में ही दोनों में

इतनी प्रगाढ़ता हो चुकी थी मानो अब सब कुछ हो चुका है और किसी अन्य क्रिया की ज़रूरत नहीं है। उनके बीच की घनिष्ठता और नोकझोंक देखकर उनके दस साल से शादीशुदा होने का भ्रम भी हो सकता था लेकिन उनकी कच्ची उम्र इसे रोकती थी। गर्मी की छुट्टियों में उनके मिलने का एक स्वर्णिम पैटर्न बना था जो उनके और उनके दोस्तों की सम्मिलित कोशिश का परिणाम था। दोस्तों ने पूरे मनोयोग से योजना इसलिए बनाई-बनवाई थी कि चुंबन होते ही चतुर दोस्तों को बताएगा और एक हफ़्ते तक इसका सेलिब्रेशन किया जाएगा। कालिदास का कहना था कि जब चुंबन हो जाएगा तभी तो नेक्स्ट लेवल पर मामला जाएगा जिसके संपन्न होने के बाद महीने भर तक उसका जश्न मनाया जा सके।

रिंकी ने अपने घर में अपने मम्मी-पापा को अपनी सेहत के मद्देनज़र इस बात पर कन्विंस कर लिया था कि सुबह की जॉगिंग बहुत ज़रूरी है लेकिन कितनी भी ज़रूरी बात हो, किसी लड़की को करने को तब ही मिल सकती है जब मोहल्ले की कुछ और लड़कियाँ वैसा कर रही हों।

छोटे शहरों की सबसे बड़ी ख़ासियत यही होती है कि यहाँ वैसे तो लड़के-लड़की दोनों की प्रतिभाओं का क़ब्रस्तान होता है लेकिन ये लड़की के लिए ख़ास तौर पर एक डरावने क़िले जैसा होता है जिससे निकलने के लिए उसे शादी करनी पड़ती है। शादी के बाद पता चलता है कि उसे सिर्फ़ क़िले के एक कोने से दूसरे कोने तक जाने का मौक़ा मिला है। कई बार कोई लड़की कुछ करने की हिम्मत करना भी चाहती है तो ज़िंदगी के किसी अँधेरे मोड़ पर पहुँचकर उसे पता चलता है कि इतने साल उस डरावने अँधेरे क़िले में रहने के बाद अब वो क़िला उसके भीतर रहने लगा है। पूरी ज़िंदगी लड़कियाँ उस क़िले और उसके अँधेरे से लड़ने में निकाल देती हैं। यहाँ माँ-बाप को लड़कियों के सपनों से ज़्यादा अपनी बिरादरी की चिंता होती है और उनकी ख़ुशी से ज़्यादा उन्हें अपनी नाक की लंबाई से प्रेम होता है। रिंकी का मोहल्ला तिस पर रेड अलर्ट पर था क्योंकि कुछ पाँच-सात साल पहले यहाँ से एक लड़की दूसरे मोहल्ले के किसी लड़के

के साथ भाग गई थी। अब जवान होती लड़कियों के माँ-बापों को लड़की के बाहर निकलने पर उसके किसी लड़के के साथ भाग जाने की आशंका घेरे रखती थी। उन्हें अपनी बेटियों पर विश्वास नहीं होता था। उन्हें नहीं पता था ये लड़कियाँ अब तक नहीं भागी थीं तो इसलिए कि वे भागना नहीं चाहती थीं वरना हर मोहल्ले में उन्हें लेकर भागने के लिए कोई न कोई लड़का हमेशा तैयार बैठा रहता था। इस डर को भगाने के लिए वो अपनी बेटी को ऐसे ही काम करने देना चाहते थे जो मोहल्ले की कुछ और लड़कियों ने पहले किए हों। अगर उस छोटे-से मोहल्ले से कोई एस्ट्रोनॉट निकलना चाहती तो वो तभी निकल सकती थी जब पहले से उस मोहल्ले में एकाध कल्पना चावला या सुनीता विलियम्स निकल चुकी हों। रिंकी अपने माँ-बाप के इस डर के एवज़ में मोहल्ले की दो सहेलियों के साथ मॉर्निंग वॉक पर जाती थी। इधर चतुर उससे पहले अपने दोस्तों के साथ रेलवे के स्टेडियम में क्रिकेट खेलने निकल जाया करता था।

एक मैच खेलने तक रिंकी अपनी सहेलियों के साथ कबीर मठ वाले तालाब के पास टहलने आती थी और उसके बाद क्रिकेट छोड़कर चतुर वहाँ पहुँच जाता था। उसके साथ आई दोनों सहेलियाँ उसे स्पेस देकर दूर-दूर टहलतीं और वे दोनों अपनी भावी ज़िंदगी के बारे में बोलते-बतियाते मठ के आस-पास घूमा करते। कभी बिसारिया काका की नज़र उन पर पड़ जाती तो वो दूर से हाथ हिलाते। उनके चेहरे पर संतुष्टि और आत्मीयता की छाया घिर आती और वे मुस्कराने लगते।

ऐसे में एक सुबह चतुर और रिंकी तालाब के किनारे टहल रहे थे।

"समय काटने के लिए करती क्या हो दिनवा भर?" चतुर ने बातों-बातों में रिंकी से पूछा जब वो अपने छोटे भाई के बारे में बता रही थी जो आजकल बड़ी शैतानियाँ करने लगा है।

"क्या करेंगे इतना गर्मी है। लूडो खेलते हैं कभी व्यापारी, कभी रसना बनाते हैं कभी टीवी देखते हैं, मम्मी डाँटती हैं तो एकाध घंटा चीकू के साथ सो लेते हैं।" रिंकी ने अपनी साधारण-सी दिनचर्या बताई जिसके आख़िर में

चतुर के लिए चतुराई दिखाने का मौक़ा था जो वैसे थी तो छिछोरई लेकिन दोस्तों के बीच इसे स्मार्टनेस कहा जाता था।

"हम तरसते ही रह गए दो साल से, हमारे साथ कब सोओगी?" चतुर ने हिम्मत जुटाकर कह डाला, हालाँकि वो इस तरह के मज़ाक़ रिंकी से नहीं ही करता था लेकिन गर्मी के उस माहौल में फ़िलवक़्त सुहानी हवा चल रही थी जो तालाब के ठंडे पानी से टकराकर चेहरे पर ठंडी सिहरन दे रही थी। रिंकी अचानक रुक गई। उसके चेहरे पर हल्का तनाव था जिसकी वजह चतुर स्पष्ट समझ गया, वो मामले को सँभालने के विकल्पों पर सोचने लगा। रिंकी तेज़ क़दमों से मठ की बड़ी दीवार के पीछे की तरफ़ जाने लगी। चतुर भी तेज़ क़दमों से उसके पीछे चला।

"क्या हुआ? बुरा मान गई क्या? अरे मज़ाक़ कर रहे थे यार। सुनो तो..."

दीवार के पीछे जाकर रिंकी अचानक रुक गई। चतुर उसके ठीक सामने था। रिंकी ने किसी गली के गुंडे की तरह उसका कॉलर पकड़ लिया। चतुर हड़बड़ा गया और तुरंत इधर-उधर देखने लगा।

"तुमको नहीं लगता कुछ ज़्यादा बोलने लगे हो?" रिंकी की आवाज़ में ग़ुस्सा था लेकिन चतुर समझ नहीं पाया कि ग़ुस्से के साथ उसकी आँखों में एक नशा भी क्यों मिला हुआ है। चतुर ने सोच लिया कि ग़ुस्से पर नहीं नशे पर ध्यान देना है।

"बिलकुल नहीं। जब हमारी शादी होगी तो तुमको लगेगा कि अच्छा, मेरा पति पहले से ही हमको गर्लफ्रेंड नहीं वाइफ़ मानता था।" चतुर की आँखों में कुछ जल्दी ही पा लेने का भाव था और उसके लिए जितने भी संभव उपाय थे वो अपनाने को तैयार था।

"शादी जब होगी तब होगी, अभी से तुम्हारी वाइफ़ बन के रहने लगें क्या?" रिंकी ने बोला तो नॉर्मल टॉन्ट था लेकिन वाइफ़ बोलने या उसका चित्र मन में बनने में न जाने क्या जादू था कि उसकी आँखें भारी हो गईं और शरीर में कुछ नटखट प्रतिक्रियाएँ होने लगीं।

"हर्ज क्या है जब कल बनना ही है?" चतुर ने उसके गाल को अचानक चूम लिया। उसकी आँखें और भारी होने लगीं और साँसें अनियंत्रित गति से चलने लगीं।

"देखो तो कोई आ तो नहीं रहा।" रिंकी ने कहा तो चतुर को समझ में नहीं आया लेकिन फिर भी दीवार की ओट से उसने बाहर देखा। उसकी दोनों सहेलियाँ टहलती हुई उधर ही आ रही थीं।

"कोई नहीं है।" चतुर ने फिर से कहा और दूसरे गाल को चूम लिया। अचानक रिंकी ने दोनों हाथों से उसका चेहरा पकड़ा और उसके होंठों पर अपने होंठ रख दिए। चतुर चौंक गया। वो उसके होंठों को पूरे साठ सेकंड्स तक चूमती रही। जब उसने चतुर को छोड़ा तो वो क्रिया 'प्रगाढ़' विशेषण के साथ संपन्न हो चुकी थी जिसके लिए दो संज्ञाएँ साल भर से इंतज़ार कर रही थीं लेकिन सर्वनाम के अधिक उपयोग के कारण ये नहीं हो पा रहा था।

चतुर छूटने के बाद उसे हैरानी से देख रहा था। रिंकी अपने होंठों पर जीभ फिराती उसे शैतानी से देख रही थी। वह साथ सोने-जागने वाली बात भूल चुका था। अचानक रिंकी ने दीवार से झाँककर फिर से सहेलियों की स्थिति जाँची। अब वे दस क़दम की दूरी पर थीं।

"सुनो! जो बोल रहे हैं ध्यान से सुनना..." रिंकी ने चतुर से जो कहा। चतुर को उसके कंटेंट से मतलब नहीं था, वो सिर्फ़ उसकी तासीर में ही खोने लगा।

"समझ गए?" रिंकी ने पूछा। चतुर ने हाँ में हाँ मिलाई। उसने उतावली में रिंकी का चेहरा पकड़ा और उसके होंठों को अपने होंठों में भरकर चूसने लगा। ये दूसरा प्रगाढ़ चुंबन था। तभी दोनों सहेलियाँ वहाँ आ गईं। उनकी नज़र इस इंटेंस दृश्य पर पड़ी और वे दोनों बग़लें झाँकने लगीं। रिंकी ने जब अपना चुंबन जी भर के अपनी सहेलियों को दिखा लिया, फिर आँखें खोलीं और इस चुंबन से भरपूर संतुष्टि के भाव चेहरे पर लाई।

"अरे तुम लोग? बज गया क्या आठ?" रिंकी ने चौंकने का अभिनय

किया और चतुर ने झेंपने का। हालाँकि वो दोनों की वजह समझ नहीं पाया था।

"क्वार्टर पास्ट एट, हिंदी में सवा आठ बज गए।" प्रीति ने अपनी कलाई रिंकी के चेहरे के सामने कर दी।

रिंकी ने चतुर को हाथ हिलाया और सहेलियों को लेकर घर की ओर चल पड़ी। चतुर उसे जाता देखता रहा। जब वो मठ के गेट तक पहुँच गई तो उसने चतुर को हाथ हिलाया और एक फ़्लाइंग किस भी फेंका। चतुर ने किस को सँभालकर दिल के पास सुरक्षित किया और अलविदा का हाथ हिलाया। वो वहाँ से निकलकर मठ के सामने की तरफ़ आया तो बिसारिया काका नहाने के बाद रस्सी पर अपने गीले कपड़े पसार रहे थे और ऊँची आवाज़ में गा रहे थे।

'पोथी पढ़-पढ़ जग मुआ पंडित भया न कोय... कबीरा पंडित भया न कोय

ढाई आखर प्रेम के पढ़े सो पंडित होय कबीरा... पढ़े सो पंडित होय'

चतुर उनके सामने पहुँचकर खड़ा हो गया। उसके चेहरे पर एक अलौकिक मुस्कान और अभूतपूर्व शांति थी। वो चतुर को देखकर मुस्कराए। चतुर उन्हें देखकर खिलखिलाया। उसे लगा वो बिसारिया काका को बता दे कि अभी-अभी उसके साथ क्या हुआ है लेकिन उसने ख़ुद को नियंत्रित किया। बिसारिया काका ने आँखों के इशारे से पूछा कि क्या बात है। चतुर ने आँखों से इशारा किया कि सब बढ़िया है। वो उसी बुद्ध मुद्रा में मुस्कराता वापस जाने के लिए पलट गया। वो दस क़दम चला होगा कि बिसारिया काका की पीछे से आवाज़ आई।

"चुंबन एक आत्मा से दूसरे को बाँधने की रस्सी है भगत। बँधे रहो। शाम को आना जामुन खिलाऊँगा।" चतुर ने हैरानी से पलटकर देखा। बिसारिया काका कपड़े पसारकर वापस अंदर जा रहे थे। चतुर को अचानक लगा बिसारिया काका बहुत कमाल के किरदार हैं, उन पर अगर वो कोई कहानी लिखे तो सब पढ़ना चाहेंगे। आख़िर उन्हें कैसे पता चला

कि आज मेरी ज़िंदगी का इतना बड़ा दिन है। अपने विचारों में उलझा वह जी.टी. रोड तक आ गया और धीमे क़दमों से घर की ओर चलने लगा। उसके क़दम हलके लग रहे थे और सड़क पर आते-जाते लोग, कुत्ते, ट्रक बसें और आवारा सूअर सब अपने-से लग रहे थे।

उसका मन अब ज़रा भी नहीं हो रहा था कि इस चुंबन के बारे में दोस्तों को बताए। ये अपने आप में इतनी मुकम्मल घटना थी कि इसमें कहीं किसी तीसरे की कोई भूमिका न थी न हो सकती थी। उसे सिर्फ़ एक बात नहीं समझ आई थी कि जिस बात को सहेलियों से छिपाना चाहिए वो बात रिंकी ने इतनी प्रमुखता से सहेलियों के सामने क्यों रखी।

प्यार के मौसम में गोलियाँ चलें बम बनें ये अच्छी बात नहीं है

चुंबन चतुर के दिल-ओ-दिमाग़ पर छाया तो फिर छाया ही रहा। हर दिन उसे लगता ये कल की ही बात है। उसने दोस्तों को बताने की तो नहीं सोची थी लेकिन उसके चेहरे पर छाया नूर ही कुछ ऐसा था कि दोस्तों को पहले शक हुआ, फिर यक़ीन और फिर उन्होंने पक्के दोस्तों की तरह उसके हलक में हाथ डालकर सब कुछ उगलवा लिया। ऐसे ही एक दिन क्रिकेट खेलने और रिंकी से मिलने के बाद चतुर जब अपनी गली में पहुँचा तो ढेर सारे आदमियों को बातें करता देख घबरा गया। उसे लगा पिछले हफ़्ते हुए रिंकी और उसके किस की बात उसकी सहेलियों ने खोल दी होगी और अब सभी उसका इंतज़ार कर रहे हैं। रिंकी की मम्मी पूरे मोहल्ले में उसके और उसके घर वालों के बारे में चिल्ला-चिल्लाकर गंदी बातें बक रही होंगी। वह धीमे-धीमे चलता हुआ पहुँचा और किसी ने उस पर तवज्जो नहीं दी तो अपने घर में पहुँचकर उसने राहत की साँस ली। उसके पिता बाहर से एक प्लेट में कुछ मिठाइयाँ लेकर मुस्कराते हुए आए। उन्होंने चतुर की तरफ़ प्लेट बढ़ाई। उसने एक मिठाई ली फिर माँ ने एक उठाई। चतुर ने राहत की साँस के साथ मिठाई पेट में डाली और ख़ुशख़बरी जाननी चाही।

"अरे मिश्राजी पूरे मोहल्ले में बाँट रहे हैं। बाजपेयी जी ने पोखरन में परमाणु परीक्षण किया है। इंडिया न्यूक्लियर पॉवर बन गया है।" उसने पिता की आवाज़ में ख़ुशी की चमक महसूस की लेकिन उसने न कभी पोखरन का नाम सुना था और ना ही उसे परमाणु परीक्षण जैसे पद के बारे

में कोई जानकारी थी। अणु-परमाणु के बारे में उसे थोड़ी जानकारी थी लेकिन वो विज्ञान की क्लास तक ही सीमित थी। सबकी ख़ुशी और मिठाई के दिव्य स्वाद को देखते हुए उसने अंदाज़ा लगा लिया कि ये ज़रूर कोई बहुत ख़ुशी वाली बात होगी।

रिंकी के पापा और उसके पापा बरामदे में बातें करने लगे। उसे कुछेक पंक्तियाँ सुनाई दीं।

"अटल जी के राज में ही हो सकता था ये, नगीना मिला है देश को। आप ख़ुश नहीं लग रहे भाई साहब?" चतुर के पिता ने उत्साह भरी आवाज़ में रिंकी के पापा से पूछा था।

"हमको भाई साहब, अटल जी की पार्टी की बातों से समस्या है, अटल जी तो ठीक आदमी हैं।" रिंकी के पापा की आवाज़ आई थी।

"अटल जी आदमी नहीं हैं प्रधानमंत्री हैं। देश चमका के मानेंगे देखिएगा।"

"पता नहीं, हमको अंदर से ई सब बम-बारूद की बात पर ख़ुशी नहीं हो पाता ज़्यादा।" रिंकी के पापा की आवाज़ थोड़ी खोई हुई-सी लगी।

"अरे मिठाई तो जमा के खाए हैं आप।" पिताजी हँसे थे।

"हाँ तो, अटल जी की पार्टी के विरोधी हैं, मिठाई के थोड़ी।" रिंकी के पापा भी हँसे।

"चलिए विरोधी के साथ मिठाई खाना इस घर में अलाऊ रहेगा।" बोलकर पिताजी फिर से हँसने लगे और इस बार रिंकी के पापा उनसे तेज़ हँसने लगे थे।

रिंकी के पापा उसे ठीक आदमी लगते थे जो उसकी मम्मी की चिल्लाकर कही गई बातों का भी जवाब बेहद शांति से देते थे। थोड़ी देर बातें करने के बाद उन दोनों का ध्यान चतुर की तरफ़ गया। उसके पिता 'चलो पढ़ाई करो' वाली धुन बजाते हुए भीतर चले गए। जब रिंकी के पापा भी अंदर जाने लगे तो चतुर ने उनसे पूछा कि इसका मतलब क्या है और हम क्यों इतने ख़ुश हैं कि मिठाइयाँ खा रहे हैं। रिंकी के पापा मुस्कराए।

"परमाणु परीक्षण मतलब परमाणु बम बनाने का परीक्षण..." इतना ही सुनकर चतुर की आँखें आश्चर्य से चौड़ी हो गईं। वो तो कुछ विज्ञान से संबंधित समझ रहा था, बम तो कुछ लड़ाई-झगड़े से संबंधित होगा।

"बम किसलिए?" उसने चौंककर पूछा। उन्होंने उसे बम और उसकी ज़रूरतों के बारे में कुछ बातें बताईं जो उसे बेहद कम समझ में आईं।

"कैसे लगते हैं बाजपेयी जी तुमको?" रिंकी के पापा के इस सवाल से वो थोड़ा चौंक गया। उसे बाजपेयी की मुद्रा और भाषण अच्छा लगता था क्योंकि वो उसके पापा के पसंदीदा नेता थे। पापा के थे तो मम्मी के भी थे और उनका कोई भाषण घर में छोड़ा नहीं जाता था। सभी नेताओं के नाम लेकर बात की जाती थी लेकिन उसने देखा था बाजपेयी के साथ हमेशा जी लगाया जाता है। वैसे तो वो बहुत रुक-रुककर छोटे-छोटे वाक्य बोलते थे लेकिन उसके पिता जैसे मुस्कराकर मुग्ध भाव से उन्हें सुना करते थे, चतुर ने मान लिया था कि वो जब बड़ा होगा तब शायद उनके भाषण की ख़ूबसूरती उसे समझ में आएगी। उतने में भी उसे बाजपेयी जी का अक्सर आँखें मिचकाते हुए 'ये अच्छी बात नहीं है' बोलना बहुत अच्छा लगता था। कोई नेता कैसे उसके घर में 'ललुआ' या 'मुलयमा' कहा जाता है और कोई 'अटल जी', इस बात पर उसने अभी ग़ौर नहीं किया था। समाज के जाति व्यवस्था वाले सिस्टम में वो ऊपर कहीं बैठा था और अभी जाति की जकड़न को समझने और डिकोड करने में लेखक चतुर्भुज को काफ़ी वक़्त बाक़ी था।

"अच्छे लगते हैं। वो अच्छे न लगें, ये अच्छी बात नहीं है।" उसने बाजपेयी की नक़ल उतारने की कोशिश की। रिंकी के पापा मुस्कराए और अपने घर में घुस गए।

चतुर को अच्छा महसूस हुआ। कितनी बड़ी बात है कि हमारा भी देश मज़बूत हो गया। फिर वो ये सोचकर चिंतित हो गया कि और भी कई देशों के पास परमाणु बम है। अगर किसी ने किसी रात जब सब सोए हों, बम पटक दिया तो क्या होगा! ये ध्यान आते ही उसे रिंकी का ध्यान आया

और फिर अगला ख़याल ये आया कि रिंकी की मम्मी भले उसे पसंद न करें उसके पापा उसे ज़रूर पसंद करते हैं। इस ख़याल से उसके चेहरे पर हलकी-सी मुस्कराहट आ गई जिसका फ़िलहाल कोई उपयोग नहीं था।

अगली शाम को सभी दोस्त काली के घर इकट्ठा हुए थे। काली के पिता कमलापति त्रिपाठी इंटर कॉलेज में संस्कृत के प्रवक्ता थे और निहायत शरीफ़ इंसान थे। ये शराफ़त काली को छोड़ उसके पूरे परिवार में इतनी कूट-कूटकर भरी थी कि उनसे बात करने से पहले सोचना होता था कि इस बात को कैसे बोला जाए कि उनके बराबर विनम्र लगे। काली के पिताजी, अम्मा, बड़ा भाई और बड़ी दीदी सभी एकदम शुद्ध हिंदी में बातें करते थे जो दोस्तों के लिए मनोरंजन का विषय था। पहले तो काली उन्हें अपने घर नहीं बुलाता था लेकिन एक दिन जब पढ़ाई के किसी काम से सभी दोस्त उसके घर पर इकट्ठा हुए तो हैरान हो गए। काली अपने घर में ऐसा दिखता था जैसे किसी फ़रार मुजरिम ने पुलिस से बचने के लिए किसी शरीफ़ परिवार में पनाह ले रखी हो। उसके पिता हमेशा पढ़ते हुए दिखाई देते। ड्राइंगरूम में एक भारी अलमारी थी जो मोटी-मोटी किताबों से भरी हुई थी। चतुर को किताबों का आकर्षण बचपन से था लेकिन अलमारी के पास जाने पर पता चला सारी किताबें संस्कृत में थीं। अभिज्ञानशाकुंतलम्, मेघदूतम्, ऋतुसंहार, कुमारसंभवम् और मालविकाग्निमित्रम् आदि कठिन नामों वाली किताबें थीं। चतुर के मन में काली के पूरे परिवार के लिए बहुत सम्मान की भावना पैदा हुई और साथ ही ये सवाल कि ऐसे परिवार में वो अकेला एकदम अलग कैसे पैदा हो गया! उसका बड़ा भाई इंजीनियरिंग के आख़िरी साल में था और दीदी बीएचयू से संस्कृत में पीएचडी कर रही थीं। अमरनाथ और दलजीत काली के बुलाने पर ऊपर चले गए थे और चतुर मुग्ध भाव से किताबों को देख रहा था कि वहाँ काली की दीदी आ गईं। चतुर ने उन्हें मुस्कराकर नमस्ते की। वो भी मुस्कराईं।

“काली का कोई मित्र पुस्तकों को देखकर भी आकर्षित होता है, यह देखकर हर्ष हुआ।” दीदी ने मुस्कराते हुए कहा। चतुर को एकाध पलों

बाद समझ आया कि हर्ष हुआ मतलब कोई टेंशन की बात नहीं है, दीदी को अच्छा लगा है।

"तुम कोई पुस्तक मनन के लिए ले जाना चाहो तो ले जा सकते हो।" एक तरफ़ से काली के पिताजी आते हुए बोले और सोफ़े पर बैठकर एक पत्रिका पलटने लगे। चतुर ऊपर जाने वाली सीढ़ियों की तरफ़ देखने लगा। उसे थोड़ी घबराहट हुई थी क्योंकि काली हमेशा अपने पापा को कोसा और गालियाँ दिया करता था। उसे तो हालाँकि वो पौराणिक धारावाहिकों में दिखाए गए देवता का धोती-कुरता अवतार ही लग रहे थे लेकिन उसकी छठी इंद्रिय कह रही थी कि उसे ज़्यादा देर तक यहाँ खड़ा नहीं रहना चाहिए। उसने मनन का अर्थ थोड़ी देर सोचा फिर उनकी ओर मुस्कराकर देखा।

"पिताजी कहते हैं पुस्तकें केवल अध्ययन के लिए नहीं मनन के लिए होती हैं।" दीदी ने मुस्कराते हुए कहा और अलमारी खोलकर कोई किताब निकालने लगीं।

"सही बात है।" उसने मुस्कराते हुए कहा। तब तक दीदी ने उसकी तरफ़ एक मोटी किताब बढ़ा दी थी। उसने थामने के लिए हाथ भी बढ़ाया लेकिन कहने से ख़ुद को नहीं रोक पाया।

"संस्कृत तो आता नहीं हमको।" किताब की मोटाई देखकर वो सशंकित था।

"संस्कृत के नीचे हिंदी में अर्थ दिया हुआ है। तुम पूरा मनन करके वापस करना।" इस बार पिताजी ने कहा। उसने किताब रख ली। वह सहमति में सिर हिलाता हुआ सीढ़ियों की ओर बढ़ा। पीछे से पिताजी की आवाज़ आई।

"तुम्हारी ही कथा प्रकाशित हुई थी न समाचारपत्र में?" अब उसकी बुद्धि का बल्ब रोशन हो गया। उसने गर्व भाव से पीछे देखा और सहमति में सिर हिलाया। पिताजी के चेहरे पर ख़ुशी थी।

"अति उत्तम, काली को भी कुछ सिखाया करो। बहुत उन्नति करो

जीवन में।" चतुर मुस्कराकर पलटा और तेज़ क़दमों से ऊपर चला आया। काली के कमरे में तीनों दोस्त किसी चीज़ पर झुके देख रहे थे और कमरे में नाख़ून बजने पर सुनाई देने वाला सन्नाटा था। चतुर के आने की आहट पर तीनों एक साथ पलटे और काली कुछ छिपाने लगा। चतुर को उत्सुकता हुई। वह काली की तरफ़ बढ़ा। काली उसके हाथ में किताब देखकर हँसने लगा।

"अबे तुम अभिज्ञानशाकुंतलम् पढ़ोगे? पगला गए हो? बुढ़ऊ के चक्कर में आ गए क्या? बहुत बकचोद हैं हमारे बाऊ। सबको एकही लाठी से हाँकते हैं।" काली की हँसी रुक नहीं रही थी। चतुर को बुरा लगा।

"तुम कैसे उनके बेटे हो गए। हर समय गरियाते रहते हो... वो तो देवता टाइप आदमी हैं एकदम..." चतुर ने हल्के ग़ुस्से में कहा। काली के चेहरे के भाव बदल गए।

"भोसड़ी के, मेरे बाप का तरफ़दारी करने से पहले सोच के बताओ कभी किसी देवता को कोई ढंग का काम करते देखे-सुने हो? जितना सीरियल देखे, सबमें देवता क्या करते हैं? दारू पीते हैं, नाच देखते हैं, स्वर्गलोक भाड़ में जाए। ये धरती के देवता हैं तो किताब पढ़ते हैं और स्टेज से भाषण छौंकते हैं, परिवार जाए गाँड़ मराने..." काली की आवाज़ में ग़ुस्सा आ गया था। चतुर ने हल्का-सा प्रतिवाद किया।

"अबे बाप हैं तुम्हारे।"

"अबे तुम नहीं जानते हमारे बाप के बारे में न, तो बोलो मत... छठी में इन्हीं के चूतियापे में फेल हुए थे हम... हटाओ मूड की ऐसी-तैसी मत करो।" काली नाराज़ कम उदास ज़्यादा हो गया और चुपके से कमरे में रखी किसी गुप्त जगह से एक सिगरेट निकालकर जला ली। चतुर को एहसास हुआ कि उसे पूरी बात नहीं मालूम तो दोस्त को ज़्यादा बोलना नहीं चाहिए। दो कश के बाद चतुर ने हाथ बढ़ाया और काली ने सिगरेट उसको दे दी। दलजीत चतुर के हाथ से किताब लेकर देखने लगा था।

"पूरा पढ़ लोगे?" उसने चतुर की ओर देखा।

"इंट्रेस्टिंग होगा तो क्यों नहीं पढ़ लेंगे, बोरिंग होगा तो छोड़ देंगे।" चतुर ने अपना निश्चय सुनाया।

"ये सब हमारी असली संस्कृति है, बोरिंग नहीं होगा, पढ़ के देना हम भी पढ़ेंगे।" अमरनाथ के चेहरे पर किताब के लिए आकर्षण भले न हो, भाषा के लिए श्रद्धा स्पष्ट दिखाई दे रही थी।

चतुर को अचानक याद आया उसके आने से पहले कुछ चल रहा था।

"क्या देख रहे थे तुम लोग हमको भी दिखाओ।" उसने बारी-बारी तीनों दोस्तों की ओर देखा। सब चुपचाप उसकी ओर देख रहे थे।

"क्या था, दिखाओ बे।" चतुर वहाँ बेड पर कुछ खोजने लगा जहाँ काली ने उसके आने पर कुछ छिपाया था। काली ने उसके हाथ पकड़कर उसे रोकना चाहा लेकिन वो बिस्तर की एक किनारी से गद्दा उठा चुका था।

वहाँ एक रिवॉल्वर पड़ी थी। चतुर की आँखें आश्चर्य से फैल गईं।

"ये क्या बे? किसका है? किसलिए?" उसने एक साथ कई सवाल पूछ डाले जो शायद दोनों दोस्तों ने पहले पूछ लिए थे।

"अबे उधारी का है। एक दोस्त है मेरा मोहल्ले का, उसका एक परिचित उससे छह महीने पहले बीस हज़ार रुपया लिया था अब लौटा नहीं रहा। वो हमसे बोला कि दिलवा दो तो पाँच हज़ार तुम्हारा। तो एक पुराने सीनियर हैं उनसे माँग के लाए हैं तीन-चार दिन के लिए।" काली ने सनसनाती आवाज़ में अपनी योजना बताई। चतुर अभी भी आश्वस्त नहीं था।

"अबे ये ठीक नहीं है, किसी को पता चला गया तो?"

"किसी को नहीं पता चलेगा। पाँच हज़ार मेरे अकेले में थोड़ी ख़र्च होगा यार, साथ पार्टी करेंगे कई हफ़्ते तक लगातार..." काली की आवाज़ में उत्साह था।

"देखना गोली न चल जाए, कुछ गड़बड़ न हो जाए।" चतुर की आवाज़ में संदेह था।

"अबे यहाँ इंडिया परमाणु बम बना रहा है तुम झाँट भर की पिस्तौल देख के डरे हुए हो! कैसे चलेगा?" काली बोलकर हँसने लगा। चतुर बिना मन के हल्का-सा मुस्करा भर दिया। एक तरफ़ आज का अख़बार रखा था जिसमें पहले पेज की सबसे बड़ी हेडिंग 'भारत ने किया परमाणु परीक्षण' थी तो वहीं नीचे एक छोटी-सी ख़बर थी कि एक सातवीं के छात्र ने दिल्ली के एक पब्लिक स्कूल में अपनी कक्षा में पिता के सर्विस रिवॉल्वर से ताबड़तोड़ गोलियाँ चलाईं जिसमें कक्षा के पाँच बच्चों की मौत हो गई और बारह घायल हैं। दूसरी तरफ़ काली के पिता की दी हुई किताब रखी थी।

चतुर ने हाथ बढ़ाकर किताब को उठा लिया और तीनों दोस्तों को वहीं छोड़कर चुपचाप कमरे से बाहर निकल गया। सब एक-दूसरे को हैरानी से देखते रहे।

पुष्पबाण विलासम्

रिंकी की दो सहेलियाँ जिनके साथ वह सुबह टहलने जाती थी, उनमें से एक प्रीति उसके साथ पाँचवीं तक एक ही स्कूल में पढ़ी थी। जब छठी में रिंकी का एडमिशन हुआ तो प्रीति प्रवेश परीक्षा में पास नहीं हो पाई। उसके पापा सरकारी मुलाज़िम थे और चाहते तो प्रीति का एडमिशन किसी-न-किसी जुगाड़ से वहाँ करवा ही देते लेकिन वो नहीं चाहते थे कि उनकी बेटी घर से उतनी दूर पढ़ने जाए। उन्होंने कैंट स्थित कमलापति में उसका एडमिशन करवा दिया जिसके बारे में माना जाता था कि वहाँ छिछोरेबाज़ी अधिक और पढ़ाई कम होती है। प्रीति रोती रही कि जहाँ उसकी बेस्ट फ्रेंड का एडमिशन हुआ है उसे भी उसी स्कूल में पढ़ना है लेकिन किसी को फ़र्क़ नहीं पड़ा। उसने एक दिन रिंकी से भी कहा कि अपने पापा से कहे कि वो कमलापति में पढ़ना चाहती है। रिंकी ने कहा भी लेकिन पापा ने उसे समझाया कि जीजीआईसी बनारस का सबसे अच्छा गवर्नमेंट स्कूल है जहाँ प्राइवेट से भी अच्छी पढ़ाई होती है। प्रीति के अंदर ये छोटी-सी ख़लिश धीरे-धीरे बढ़ती रही। उसने सोच लिया कि ये स्कूल जिन कामों के लिए प्रसिद्ध है, वो सब करने की कोशिश करेगी।

हाई स्कूल पास करने तक प्रीति के अलग-अलग अवधि के लिए तीन बॉयफ्रेंड रह चुके थे और वो ऐसे मामलों को लेकर अब ज़्यादातर फ़ालतू बातों से ऊपर उठ चुकी थी। उसको सिर्फ़ इतना बचाना होता था कि उसके पापा उसको किसी लड़के के साथ न देखें बस, बाक़ी डरों को धीरे-धीरे उसने जीत लिया था। पहले और दूसरे प्रेम तो थोड़े कच्चेपन में हुए और जल्दी समाप्त हो गए लेकिन नवीं क्लास से चलता हुआ उसका तीसरा प्रेम

अब इंटर में आ गया था और इसे लेकर वह बेहद ख़ुश, आश्वस्त और उत्साहित रहती थी। उसने जिस दिन रिंकी को अपने बॉयफ्रेंड से मिलाया था, रिंकी उसी समय से काफ़ी उद्विग्न रहती थी क्योंकि प्रीति बहाने से उसकी चुटकी लेती रहती थी। उसने छूटते ही रिंकी से उसके बॉयफ्रेंड के बारे में पूछा था और नकारात्मक जवाब आने के बाद देर तक हँसी थी। रिंकी अपनी बचपन की सहेली को हैरानी से देखती रही थी।

"अरे हम तो भूल ही गए थे, तुम्हारे स्कूल में तो सिर्फ़ पढ़ाई होती है। ज़िंदगी का मज़ा लेने का क्लास बस हमारे स्कूल में चलता है। चलो कोई बात नहीं, रितेश का एक दोस्त है बहुत स्मार्ट, तुमको मिलवा देंगे उससे। स्मार्ट समझती हो न?"

"हाँ, हिंदी में लौंडियाबाज़।" रिंकी ने प्रीति का आत्मविश्वास कम करना चाहा लेकिन जितनी ऊँचाई पर प्रीति का आत्मविश्वास था, रिंकी के हाथ वहाँ तक नहीं पहुँचे।

"नहीं, हिंदी में अंगूर खट्टा है।" प्रीति ठठाकर हँसी और देर तक हँसती रही।

प्रीति की हँसी ने रिंकी को रात भर सोने नहीं दिया। बचपन में कई बार ऐसा होता था कि कोई खिलौना रिंकी को पसंद आ जाए तो प्रीति उसे अपना खिलौना दे दिया करती थी। रिंकी ने अपनी एक फ़ेवरेट फ्रॉक पसंद आने पर प्रीति को दे दी थी। लेकिन ये बचपन नहीं था। रिंकी ने उसी दिन से अपनी बँधी हुई इच्छाओं को थोड़ी-सी छूट दे दी थी और कुछ दिनों बाद उसकी चतुर्भुज से मुलाक़ात हुई जब वो इसी मोहल्ले में छोटा घर छोड़कर इस कायस्थ निवास में आई। चतुर्भुज उसे पहली नज़र में अच्छा लगा था। देखने में भी ठीक था और बातें बहुत अच्छी करता था।

एक दिन प्रीति उसके घर आई और उसका हाथ पकड़कर पीछे की तरफ़ ले गई। वो हाँफ रही थी और उसने काँपते होंठों और भागती धड़कनों के साथ रिंकी को अपने पहले चुंबन के बारे में बताया तो उसके वर्णन में इतना विस्तार था कि कुछ हिस्सा तो उस तक भी पहुँच गया।

प्रीति सिर्फ़ एक चुंबन के बाद ही बदली हुई लग रही थी और उसके चेहरे की सुंदरता बढ़ गई थी। रिंकी को उस पर प्यार आया और उसके ही अगले पल में उससे ईर्ष्या भी हुई।

इस चुंबन के बाद से प्रीति बदल गई थी। वो पहले से ज़्यादा चहकती और खिलखिलाकर हँसती जिसके बारे में कई बार तो रिंकी की माँ उसे टोक चुकी थी, "प्रीति, ज़रा आराम से हँसा कर बेटा, अच्छे घर की कौन लड़की ऐसे रावण की तरह हँसती है!" ये सुनकर प्रीति और ज़ोर से हँसने लगती। गर्मी की छुट्टियों में जब प्रीति और रिंकी मोहल्ले की एक और सहेली तनु के साथ सुबह जॉगिंग पर जाने लगीं तो प्रीति रोज़ उससे पूछती कि चतुर ने उसे चूमा या नहीं। एक दिन आजिज़ आकर रिंकी ने कह दिया कि हाँ, उन दोनों के बीच चुंबन हो चुका है, तो प्रीति सोच में पड़ गई।

"लेकिन तुम दोनों को बात करते देख के लगता नहीं है कि किस-विस हुआ है कभी। किस मतलब लिप टू लिप, समझ रही हो न? गाल वाले को तो नहीं जोड़ रही तुम?" और प्रीति ज़ोर से हँसने लगी थी। रिंकी ने निश्चय कर लिया था कि चतुर्भुज की इस कोशिश को वो बेकार नहीं जाने देगी। दरअसल चतुर्भुज की पिछली तीन बार की चुंबन की कोशिशों को उसने पहले बहाने से, फिर ज़बरदस्ती डाँटकर निष्फल कर दिया था और अब चतुर्भुज ने पिछले कई महीने से इसकी कोशिश ही नहीं की थी। रिंकी को बेचैनी होने लगी थी।

वे रोज़ सुबह मठ में मिलते थे और क़रीब आधा-पौना घंटा साथ बिताते थे लेकिन आख़िरी बार डाँटने के बाद चतुर इतने शरीफ़ बच्चे की तरह पेश आता था कि उसे कोफ़्त होने लगी थी। वे दोनों टहलते हुए तालाब के किनारे चक्कर लगाते। सामने से प्रीति और तनु आती दिखाई देतीं तो प्रीति रिंकी को दिखाकर होंठ बिचकाती और नकारात्मक मुद्रा में सिर हिलाती जिसका अर्थ था कि नहीं मेरी जान, मेरी बचपन की सहेली, मैं तुम्हारे एक्स्प्रेशन से समझ सकती हूँ कि अभी तुम्हारे होंठों पर तुम्हारे प्यार की मोहर नहीं लगी है। प्रीति क्रॉस हो जाती तो रिंकी चतुर के साथ

कुछ रोमांटिक बातें उठाने की कोशिश करती लेकिन चतुर उसकी बातों में फँसने के कई मौक़े गँवा देता।

जिस दिन चतुर ने उसे किस किया, प्रीति अचानक ही वहाँ पहुँच गई थी और उसने देख लिया था कि चतुर इतनी तल्लीनता से उसके होंठ चूमने में खोया था कि उसे अपने प्रेमी पर ग़ुस्सा आने लगा था। वो इतने अनाड़ीपन से चूमता था कि अक्सर उसे खाँसी आ जाती थी।

प्रीति ने उस दिन रिंकी को गले लगाकर बधाइयाँ दीं और ख़ूब हँसी लेकिन उसके अंदर कोई रोशनी थोड़ी-सी मद्धम हो गई थी। उसे लगने लगा था जैसे रिंकी पढ़ाई में भी हमेशा उससे अव्वल रही है और उसका बॉयफ्रेंड भी उससे अच्छा है।

रिंकी चुंबन के बाद थोड़ी तो बदल गई थी। उसे अपनी ख़ूबसूरती का एहसास होने के साथ-साथ अपने सुख का भी एहसास हुआ था कि उसे ये चुंबन लेने में इतना वक़्त नहीं लगाना चाहिए था। इसे लेकर जितनी आशंकाएँ और डर उसके मन में थे सब सिर्फ़ उसके मन में ही थे, दूसरे, चतुर ने उसे बहुत अच्छे से चूमा था। उसके चूमने में थोड़ी प्यास थी, थोड़ा अपनापन और थोड़ी उत्सुकता। ये कुछ ऐसी क्रिया थी जिसके बाद, भले चतुर ने बहुत अच्छे से चूमा था, वो कह सकती थी कि उसकी ही तरह ये चतुर का भी पहला चुंबन था। अब रिंकी अपने घर में बैठे-बैठे अचानक मुस्करा उठती थी, कभी चीकू को पढ़ाती हुई शीशा उठाकर अपने होंठों को देखने लगती। कितने ख़ुशनसीब हैं उसके होंठ जिन्होंने उसे बड़ा करने की दिशा में पहला क़दम इतनी ख़ूबसूरती से रखा है।

एक दिन जब उसकी माँ नहाने गई थी, उसने माँ की लिपस्टिक उठाई और लगाने लगी। माँ की ड्रेसिंग टेबल के सामने बैठकर लिपस्टिक लगाने भर में उसे ऐसा महसूस हुआ जैसा चतुर उसका पीछे के पलंग पर बैठा इंतज़ार कर रहा हो और वो उसके लिए सज रही हो। लिपस्टिक लगाने के बाद उसने आईने में होंठों को कई आकार में मोड़ के देखा और ख़ुद पर मुग्ध हुई। अचानक उसकी मम्मी बालों में तौलिया लगाकर झाड़ती

हुई अंदर घुसीं और आईने के सामने रिंकी को लिपस्टिक लगाता देख अचानक ठिठक गईं। रिंकी भी उन्हें जल्दी लौटा देख चौंक गई और हाथ की लिपस्टिक धीरे से नीचे रख दी। रिंकी को लगा उसकी ग़ुस्सैल माँ उसे ऐसे देखकर उसके ऊपर तुरंत चिल्लाना शुरू कर देंगी लेकिन वो चुप रहीं। दोनों वैसे ही ठिठकी थोड़ी देर एक-दूसरे को देखती रहीं, फिर उसकी माँ अपने बाल झटकारते हुए दूसरे कमरे में चली गईं। रिंकी ने जल्दी से अपनी लिपस्टिक पोंछ ली।

रिंकी के मन में चतुर के लिए आने वाले भाव अब और प्रगाढ़ और अंतरंग हो गए थे और उसे ये देखकर ख़ुशी हुई थी कि चतुर के साथ भी ऐसा ही हुआ था। पहले भी वो बातों-बातों में अक्सर उसकी कलाई पकड़ लेता या उसकी कमर में हाथ डालकर क़रीब खींच लेता तो रिंकी को अच्छा लगता था भले वो उसके उतावलेपन के लिए हल्की डाँट ज़रूर पिलाती थी, अब तो वो दो क़दम आगे बढ़ गया था वो भी बड़े मेच्योर तरीक़े से। अब वो बिना रिंकी को छुए भी या हल्के से छूकर उसके रोंगटे खड़े कर देता था। वो ऐसी-ऐसी बातें उसके कान में फुसफुसाकर धीरे से बोलता कि रिंकी की ऊपर की साँस ऊपर और नीचे की साँस नीचे रह जाती, भले बात उसकी पूरी तरह से समझ में नहीं आती।

"तुम्हारे दोनों होंठ लता की कोपलों जैसे हैं (होंठ पर उँगलियाँ फिराते हुए) और दोनों बाँहें कोमल शाखाओं जैसी (दोनों बाँहों पर पंजे सरकाते हुए) तुम्हारे अंग-प्रत्यंग में (अपना चेहरा रिंकी के चेहरे से सटाते हुए आँखें आधी बंद कर अपनी हथेली से उसके पूरे शरीर को सहलाते हुए) एक नए खिले हुए फूल के समान सुगंध और चमक है।"

ये क्षण ऐसा क्षण था जब चतुर किसी पौराणिक नायक की तरह एकदम शांत भाव से रिंकी को छू रहा था और उसके अंगों और सुंदरता की तारीफ़ कर रहा था। उसके अंदर कोई भी उतावली नहीं थी और इस बात ने रिंकी को उस पर बुरी तरह आसक्त कर दिया। वो चाहती थी उसको इस तरह हल्के अंदाज़ से छूने के साथ वो उसे एक बार पूरी ताक़त

से गले लगाकर भींच भी डाले लेकिन उस दिन उसकी तारीफ़ में इतनी गहराई और भाव थे कि उसके पूरे शरीर में न जाने क्या-क्या होने लगा था। वो ख़ुद को रोक नहीं पाई थी और ख़ुद चतुर से कसकर लिपट गई थी और उसके पूरे चेहरे को पागलों की तरह चूमने के बाद उसके होंठों को चूसने और चबाने लगी थी।

"कहाँ से सीख रहे हो ये सब?" उसने चुंबनों के अंतराल में फुसफुसाते हुए पूछा था।

"कालिदास से।" चतुर ने उसके कानों की किनारियों को कुतरते हुए कहा था।

"वो तुम्हारा दोस्त? तुम तो बोले वो बहुत जाहिल है।" रिंकी को उन अंतरंग पलों में भी आश्चर्य हुआ।

"बहुत बड़ा जाहिल। ये दूसरे कालिदास हैं, संस्कृत वाले। पता है रिंकी, हम क्या बनना चाहते हैं?" चतुर ने रिंकी का चेहरा अपनी दोनों हथेलियों में थामते हुए उसकी आँखों में आँखें डालकर पूछा था।

"क्या?" रिंकी फुसफसाई।

"लेखक बनेंगे। ऐसी कहानियाँ लिखेंगे जो पढ़ेगा जाग जाएगा।" चतुर की आवाज़ में सपनों की कुछ ऐसी चमक थी कि लंबे चुंबनों से हाँफ रही रिंकी ने फिर से उसके होंठों पर धावा बोल दिया था।

आँखें भरी होने पर मुस्कराने की कोशिश करता हुआ मनुष्य सुंदर मनुष्य होता है

चतुर ने उसी रात से एक कहानी लिखनी शुरू कर दी थी। रिंकी ने ख़ुद उसे बाँहों में भर कई बार चूमा था और ये उसके लिए छोटी बात क़तई नहीं थी। जब से वो कालिदास वाली किताब लेकर आया था, वैसे ही एक अलग दुनिया में खोया हुआ था। तिस पर रिंकी के अचानक उमड़े इस प्यार ने उसे विश्वास दिला दिया था कि फ़िलहाल वो दुनिया में सबसे ख़ुशक़िस्मत और अनोखा आदमी है जिसके पास सब कुछ है। अभिज्ञानशाकुंतलम् का नाम उसने कुछ साल पहले परीक्षा के लिए लेखक की तीन किताबों में याद किया था और उसने कभी सोचा भी नहीं था कि एक दिन वो संस्कृत की कोई किताब पढ़ रहा होगा और न सिर्फ़ पढ़ रहा होगा बल्कि हर लिखे शब्द, हर वर्णन के साथ उसे अपने भविष्य का ख़ाका स्पष्ट होता जाएगा। हाँ, उसे लेखक ही बनना है। उस दिन पिता के जो मित्र आए थे, उन्होंने उससे तीन-चार सवाल करने के बाद यूँ ही अपने अख़बार के लिए कहानी लिखने को नहीं कहा होगा। उन्होंने उसके भीतर कुछ देखा होगा, कुछ ऐसा जिसे एक दिन पूरी दुनिया को देखना चाहिए। वो जितना सोचता जाता, उसका ये विचार दृढ़ होता जाता। उसे किताब ख़त्म करते-करते अचानक ये भी समझ में आ गया कि काली के पिता ने उसका नाम कालिदास क्यों रखा। उनकी अलमारी में कालिदास की सारी किताबें क्यों थीं। क्योंकि वो इस लेखक के उसी तरह दीवाने होंगे जिस तरह सिर्फ़ एक किताब ख़त्म करता-करता वो हो गया है। उसने निश्चय किया कि कल ही जब इस किताब को लौटाने

काली के घर जाएगा तो दूसरी किताब लेकर आएगा और धीरे-धीरे सारी किताबें पढ़ डालेगा।

जैसा कि चढ़ती जवानी में कई सारी योजनाएँ सिर्फ़ बनती रह जाती हैं और उनके दिन रखे रह जाते हैं, चतुर कालिदास की बाक़ी किताबें तो नहीं पढ़ सका लेकिन ये किताब और इससे उत्पन्न प्रेरणा ने चतुर के भीतर गहरे तक घर बना लिया।

एक कहानी, जिसे चतुर अपनी समझदारी पकना शुरू होने के बाद की पहली कहानी कह सकता था, लिखी जा चुकी थी। इसे लिखने वाला लेखक अभी सिर्फ़ इंटर में पढ़ता था जिसने साहित्य के नाम पर अख़बारी कहानियाँ और प्रेमचंद जैसे क्लासिक लेखकों की कुछ प्रसिद्ध कहानियाँ पढ़ी थीं। पाँचवीं क्लास में पढ़ते हुए उसकी एक कहानी एक साप्ताहिक अख़बार में प्रकाशित हुई थी और कुछ साल पहले ही उसने पहले बाल पत्रिकाएँ, फिर कॉमिक्स पढ़ना बंद किया था।

कहानी लिखने को तो लिख दी लेकिन इसका करना क्या है, उसे पता नहीं था। बहुत डरता-डरता वह अपने हाई स्कूल के हिंदी टीचर पद्माकर द्विवेदी से पूछने और उनसे इस कहानी पर राय लेने गया। इंटर के हिंदी टीचर से वो कोई उम्मीद नहीं रख सकता था क्योंकि इंटर में उसके क्लास अटेंड करने की आवृत्ति में अफ़सोसनाक गिरावट आई थी जिसकी वजह से न उसने हिंदी के अध्यापक की शक्ल देखी थी न उन्होंने उसकी। वो सिर्फ़ उनके नाम से परिचित था और उसे पूरी उम्मीद थी अध्यापक उसका नाम जानने से भी वंचित होंगे। पद्माकर द्विवेदी पहले तो हैरान हुए, फिर थोड़े नाराज़ कि गणित-विज्ञान पर ध्यान देने की जगह एक उज्ज्वल भविष्य वाला विद्यार्थी हिंदी को इतनी तवज्जो दे रहा है। उनके जल्दी ही मान जाने में उनके जवानी के दिनों की कोई धुन रही होगी कि वापस जा रहे चतुर को उन्होंने दरवाज़े से बुलाया और स्टाफ़ रूम में बैठे-बैठे पूरी कहानी सुन ली। कहानी सुनते हुए उनके चेहरे के भाव बदलते रहे और ख़त्म होते ही उन्होंने चतुर को अपने गले से लगा लिया।

"तूं बड़का कहानीकार बनबा पंडित जी! हमारा असीरवाद है तुम्हारे साथ!"

चतुर भाव-विह्वल हो गया और पद्माकर सर के पैर छू लिए। उसे कहानी की तारीफ़ सुनकर अच्छा लगा था और उसका आत्मविश्वास बढ़ा था लेकिन सर का पंडित जी कहना उसे खटक रहा था। उस समय वो सिर्फ़ लेखक था और सर उसे उसके नाम से बुलाते तो उसे बहुत ख़ुशी होती लेकिन उस समय उत्साह की मात्रा इतनी ज़्यादा थी कि ये ख़लिश जल्दी ही तिरोहित हो गई। सर ने उसे कुछ साहित्यिक पत्रिकाओं के नाम बताए और बाहर के बुक स्टॉल से उनके नए अंक ख़रीदने को कहा। दो पुरानी पत्रिकाएँ तो उनकी दराज़ में ही पड़ी थीं जो उन्होंने चतुर को दे दीं। चतुर एक सम्मोहन में बँधा घर वापस लौटा। जिस अध्यापक ने तीन साल पहले तक उसे हड़काया और एकाध बार पीटा भी था, उसके साथ बराबरी में बैठकर अपनी कहानी पर बात करना और शाबाशी पाना ऐसी घटना थी जिसने चतुर को अतिरिक्त रूप से गंभीर और उत्साहित कर दिया था। दो दिनों तक वो उसी उत्साह में कहानी की नोक-पलक दुरुस्त करता रहा और पत्रिकाओं में छपी कहानियाँ पढ़ता रहा। उसे हर कहानी पढ़ने के साथ विश्वास होता गया कि उसकी कहानी अच्छी है और जल्दी ही इनमें से किसी पत्रिका में छपेगी। उसने पत्रिका के पते पर कहानी संपादक के निर्देशानुसार जवाबी लिफ़ाफ़ा डालकर डाक से भेज दी और इंतज़ार करने लगा। हर दिन वो सुबह से अपने रोज़मर्रा के काम निपटाता हुआ आने वाली डाक का भी इंतज़ार करता रहता कि संपादक की चिट्ठी उसके नाम आएगी जिसमें उसकी कहानी की बहुत तारीफ़ होगी। संपादक ने लिखा होगा कि समाज को देखने की जो दृष्टि आपने इस कहानी में दिखाई है वो अतुलनीय है और आपकी कहानी पत्रिका के अगले अंक में मेरी टिप्पणी के साथ प्रकाशित हो रही है। एक हफ़्ते फिर दो हफ़्ते फिर चार हफ़्ते बीते तो पत्रिका का अगला अंक आने का वक़्त हो गया। चतुर बुक स्टॉल पर गया और नए अंक को पहले विषय सूची से देखकर फिर

पहले से आख़िरी पन्ने तक पलट गया। कहीं उसका नाम नहीं था। पत्रिका में नवांकुर नाम से एक स्तंभ था जिसमें किसी युवा लेखक की पहली रचना छापी जाती थी। उसमें छपे 24 साल के लेखक की तस्वीर को वो ध्यान से देखता रहा। उसे लगा उसकी कहानी शायद इतनी अच्छी थी कि उसकी कम उम्र को देखते हुए संपादक मंडल को विश्वास ही नहीं हुआ होगा कि ये उसकी मौलिक कहानी है। उन्हें लगा होगा कि ये कहानी और इसका प्लॉट कहीं से मारा हुआ है इसलिए उन लोगों ने उसे तवज्जो नहीं दी होगी। लेकिन उन्हें कम-से-कम ख़बर तो करनी चाहिए। संपादक ने जवाबी लिफ़ाफ़ा इसीलिए मँगवाया था कि रचना पसंद न होने की स्थिति में वापस भेजी जा सके लेकिन इतनी भी औपचारिकता नहीं दिखाई गई। इसकी एक वजह ये हो सकती है कि अभी कहानी पर विचार चल रहा होगा। हो सकता है अगले महीने कहानी छपे। ये सोचते ही चतुर उत्साहित हो गया क्योंकि एक पत्रिका में संपादकीय में लिखी बात उसे याद आ गई कि कहानी पर फ़ैसला लेने में संपादक मंडल को तीन से चार महीने का समय लगता है इसलिए इस विषय में पत्रव्यवहार ना करें। ये बात याद आते ही उसने अपने माथे पर अपने ही हाथ से टपली मारी। कितना भुलक्कड़ हूँ मैं! ज़ाहिर है अंक को छपने और बाइंडिंग होने में दस से पंद्रह दिन लगता होगा यानी ये कहानी पिछले या फिर उसके पिछले महीने स्वीकृत हुई होगी। वो तेज़ क़दमों से घर की ओर चल पड़ा। उसे अब विश्वास हो गया था कि चिंता की कोई बात नहीं है क्योंकि इस महीने नहीं तो अगले या फिर उसके अगले महीने कहानी पत्रिका में ज़रूर छपेगी।

घर पहुँचते ही सारे सकारात्मक विचार एक झटके में हवा हो गए जब उसने टेबल पर एक लिफ़ाफ़ा देखा। उसे देखते ही वो पहचान गया जिस पर उसकी ही हैंडराइटिंग में अपने घर का पता लिखा था। उसने लिफ़ाफ़े को उठा लिया और घर के पीछे के छोटे खेत की तरफ़ निकल गया।

ख़ाली जगह में बैंगन, टमाटर और मिर्च के पौधे लगे थे, थोड़ी दूर में चना बोया गया था। वो पौधों को पैरों से कुचलने से बचाता हुआ शौचालय

से थोड़ी दूरी पर रखे बड़े कनस्तर और कबाड़ ड्रमों की ओट में जाकर खड़ा हो गया। उसने धीरे से लिफ़ाफ़ा फाड़ा। उसमें उसकी कहानी थी और संपादक का एक पत्र। अपनी जतन से अक्षर-अक्षर सँवारकर लिखी कहानी को यूँ वापस आया देखकर उसकी आँखें भर आईं। उसने संपादक का पत्र खोला और शुरू से अंत तक एक साँस में पढ़ गया।

'प्रिय चतुर्भुज, आपकी पहली कहानी का हम स्वागत करते हैं और भविष्य के लिए शुभकामनाएँ व्यक्त करते हैं। हम नई प्रतिभाओं को सामने लाने और उन्हें पल्लवित करने के लिए हमेशा कृतसंकल्प हैं लेकिन इस कहानी को लेकर मैं आपको मित्रवत सलाह देना चाहूँगा कि अभी आपको और परिश्रम की आवश्यकता है। कहानी में जो मुद्दा आपने उठाया है और समाज में घटती जा रही संवदेनशीलता पर जो प्रहार किया है, वह बहुत ज़रूरी और मारक विषय है लेकिन ये कहानी बन नहीं पाई है। कहानी की पहली शर्त कहानीपन होना चाहिए वरना आप ये बात लेख लिखकर भी कह सकते थे। आशा है मेरी सलाह को अन्यथा नहीं लेंगे और कोई ऐसी कहानी लिखेंगे जो सिर्फ़ समाज की किसी बुराई पर कमेंट्री न करते हुए एक अनूठी कहानी भी होगी जिसे शुरू करने पर पाठक को उसके अंत के बारे में उत्सुकता जागेगी। कहानियाँ किसी फ़ोटोग्राफ़र के कैमरे से खींची गई तस्वीर नहीं होतीं जिनका काम जो जैसा है उसे वैसा दिखा देना हो, कहानी किसी पेंटर की कलाकृति होती है जिसमें जो जैसा है के साथ ढेर सारी कल्पना के रंग भी शामिल होते हैं। आपके भविष्य के लिए शुभकामनाएँ!'

अंत तक आते-आते चतुर का दिमाग़ दो हिस्सों में बँट गया। एक कहता था कि संपादक की बात बिलकुल सही है और उसे उसकी सलाहों को ध्यान में रखते हुए फिर से एक कहानी लिखने की कोशिश करनी चाहिए लेकिन दूसरा हिस्सा पत्र के अंत तक आते-आते एकदम निश्चित हो चुका था कि वो कभी कहानियाँ नहीं लिख सकता। वो कहानीकार है ही नहीं और न भविष्य में कोई संभावना है। कुछ सोचना अलग बात है

और उसे क्रियान्वित करने की क्षमता होना अलग बात है। उसे पता नहीं चला कि कब भरी हुई आँखों में आँसुओं की मात्रा आँखों की सँभाल से अधिक हो गई थी। उसने ग़ुस्से में संपादक का पत्र फाड़ा और छोटे छोटे टुकड़े कर कबाड़ के पीछे से गुज़र रही एक पतली नाली में बहाने लगा। आख़िरी हिस्सा बहाने के साथ ही उसे अपने कंधे पर किसी की हथेली महसूस हुई। वह जल्दी से पीछे पलटा।

रिंकी अचानक अपने घर से पेशाब करने के लिए टॉयलेट की ओर आई थी कि उसकी नज़र कबाड़ के पीछे किसी मानव आकृति पर पड़ी। उसे लगा कुछ बदतमीज़ किरायेदार जो शौचालय में पेशाब करने की जगह नाली में करते हैं ताकि पानी न डालना पड़े, उनमें से एक आज पकड़ में आ गया। उसकी माँ अक्सर वहाँ उठने वाली दुर्गंध को लेकर किचाइन करती थीं। उसने क़दम आगे बढ़ाए और शौचालय के क़रीब पहुँचकर उसे एहसास हुआ यह चतुर था जो नाली के पास बैठा हुआ था और वो निश्चित तौर पर पेशाब नहीं कर रहा था। वो उसके एकदम पीछे जाकर खड़ी हुई तो उसने उसे चिंदी-चिंदी करके कोई काग़ज़ उड़ाते देखा। उसे चतुर के सिसकने की आवाज़ का भान हुआ तो वह घबरा गई। उसने उसके कंधे पर हाथ रखा। चतुर ने पलटकर पीछे देखा। उसकी आँखों में जो आँसू बड़ी मुश्किल से किनारे पर आकर रुके हुए थे वो उसके स्पर्श से अब अपनी जगह से पलायन करने लगे। रिंकी घबरा गई। उसने इधर-उधर देखा और जल्दी से चतुर के बग़ल में बैठ गई। चतुर उससे लिपट गया और सिसकने लगा। शायद वह अपनी रुलाई रोकने की कोशिश कर रहा था। रोकने की कोशिश में दबती हुई रुलाई फूट पड़ी और फूटी तो फिर फूटती ही गई।

प्रेम में पड़ी लड़की को अचानक एक दिन पता चलता है कि प्रेम इतना आसान नहीं है जब उसका प्रेमी उसके सामने टूटा हुआ खड़ा होता है। वो लड़की जो कल तक दर्द में ख़ुद को ही बड़ी मुश्किल से सँभाल पाती थी उसे अचानक महसूस होता है कि उसे अपने से मज़बूत और

हर समय आसमान में उड़ने का इरादा दिखाने वाले इस लड़के को भी सँभालना है जो उसकी बाँहों में एक मासूम बच्चे की तरह सिमटा हुआ है। उसी पल में वो प्रेमिका से माँ भी बन जाती है और उसी पल उन दोनों को प्रेम की विराटता का अनुभव भी होता है। लड़के को दर्द के उन पलों में एहसास होता है कि आज तक उसके पास हँसने-खेलने और चीख़ने के लिए चेहरे थे लेकिन आज उसके पास एक चेहरा ऐसा भी है जिसके सामने वो रो भी सकता है और इसमें शर्मिंदगी की बात नहीं। चतुर और कसकर रिंकी से लिपट गया और फूट-फूट कर देर तक रोता रहा। रिंकी उस पल में इतनी समझदार हो गई थी कि उसने उसके लिए सांत्वना का एक शब्द भी नहीं बोला, बस उसके बालों में हल्के-हल्के उँगलियाँ फिराती रही।

जब आँसुओं की प्रारंभिक आपूर्ति ख़त्म होने लगी और चतुर ने ख़ुद को नियंत्रित कर लिया तो रिंकी ने उसका चेहरा ऊपर किया। उसने अपने होंठों से पहले उसके माथे पर एक चुंबन दिया, फिर दोनों गीली आँखों पर जिसमें उसके होंठ भी गीले हो गए। उसने शून्य में देखते हुए उसके आँसुओं का स्वाद लेने की कोशिश की। होंठों पर दो बार जीभ फिराने के बाद वो नटखट अंदाज़ में चतुर की ओर देखने लगी।

"नमक थोड़ा ज़्यादा है लेकिन ठीक है, चलेगा।" चतुर रिंकी के चेहरे पर वो निश्छल शरारत देखकर मुस्कराने लगा। आँखें भरी होने पर मुस्कराने की कोशिश करता हुआ मनुष्य सबसे सुंदर मनुष्य होता है। उसकी आँखों में दुख और होंठों पर प्रेम होता है। चतुर ने उसी पल सोच लिया था वो लेखक बन पाए या नहीं, रिंकी का साथ कभी नहीं छोड़ेगा।

"लेखक नहीं बन सकते यार, मेरे अंदर वो बात ही नहीं है।" चतुर की आवाज़ में जो निराशा थी उसने रिंकी को हिला दिया।

"मैं बताऊँ तुम्हारे अंदर क्या बात है!" रिंकी के चेहरे के भाव चतुर समझ तो नहीं पाया लेकिन वो ये ज़रूर समझ गया कि रिंकी उसके लिए कुछ भी कर सकती है। उसने चेहरे पर प्रश्नवाचक चिह्न लिए उसकी

ओर देखा। रिंकी ने चतुर का चेहरा पकड़कर अपनी छाती से लगा लिया। चतुर कुछ समझ पाता इसके पहले रिंकी ने अपने टॉप के ऊपर के दो बटन खोल दिए और कपड़े को विपरीत दिशाओं में फैला दिया।

चतुर इस पल में अपने सारे दुख और अफ़सोस भूल चुका था। वो दुनिया के नवें अजूबे की तरह रिंकी की छातियों के ऊपरी गौरांग को देख रहा था जिसमें नीचे देखने पर एक छोटी-सी लाल ब्रा का अस्तित्व पता चल रहा था। वो कुछ समझे उसके पहले रिंकी ने उसके सिर को सीधा किया और अपने सीने को थोड़ा उसके होंठों के पास उभार दिया। चतुर ने काँपते होंठों से उसके वक्ष पर एक चुंबन लिया। इस छोटे-से चुंबन में जो आवेग, त्वरा और प्रेम था उसकी तुलना किसी पुराने चुंबन से नहीं की जा सकती थी। रिंकी ने उसका चेहरा अपनी टी-शर्ट में इतना घुसा लिया कि वो बाहरी दुनिया से कट गया था। उसे याद नहीं था कि वो अपने घर के पीछे वाले हिस्से के शौक़िया खेतों की तरफ़ कबाड़ के पीछे बैठा है और जो जगह खुले आसमान के नीचे इतनी ख़तरनाक है कि कोई कभी भी वहाँ आ सकता है। उसे लग रहा था जैसे वो किसी सिमसिम गुफा का सूत्रवाक्य बोलकर अंदर घुसा है जहाँ घुसने वाला वो पहला आदमी है। जहाँ दुनिया भर का वैभव और ऐश्वर्य है और जहाँ से बाहर की दुनिया एकदम फीकी और बेरंग है। उसने अंदर जो देखा, जो महसूस किया और जो सुगंध अपने नथुनों में भरी, उसके आगे उसका कोई भी टुच्चा दुख मायने नहीं रखता था। उसने महसूस किया कि वो कोई नासमझ लड़का नहीं है जिसकी कहानी उसकी उम्र की वजह से कोई ख़ारिज कर दे, वो एक जवान मर्द है जिसने प्रकृति के सभी रहस्यों को जान लिया है। वो उस गुफा में विचरण करता हुआ दूर तक निकल गया था कि जैसे गुफा के बाहर से किसी ने आवाज़ लगाई। उसे बहुत दूर से एक आवाज़ आती हुई सुनाई दी जैसे गुफा में घुसने का कोड किसी को मालूम न हो और वो बाहर से द्वार पीट रहा हो।

"दीदी... दीदी..." ये रिंकी के अनुज की आवाज़ थी। रिंकी ने पीछे

मुड़कर देखा, नन्हा चीकू पौधों की शांति को भंग करता उसकी तरफ़ बढ़ा आ रहा था। रिंकी ने चतुर को देखा जो उसकी छातियों के बीच किसी छोटे बच्चे की तरह दुबका हुआ था। पहले तो उसका मन हुआ वहीं से चिल्लाकर चीकू को भगा दे लेकिन चिल्लाने में किसी किरायेदार का ध्यान उधर आकर्षित हो जाने का ख़तरा था।

रिंकी ने एक नज़र अपनी ओर आते चीकू को देखा, फिर एक नज़र अपनी छातियों में सिमटे चतुर को, उसे उस वक़्त दोनों एक बराबर छोटे, निर्दोष और भोले नज़र आए।

उसकी नज़र चीकू को पीछे से देख रही एक जोड़ी आँखों पर नहीं पड़ी जिनमें कई भावों का कोलाज बन और बिगड़ रहा था।

सत्य का हाथ थामकर जो चले

चतुर का पढ़ना बढ़ गया था जिसके लिए वो डाँट भी सुनने लगा था। माँ को लगता था कि पहले कॉमिक्स में खोया रहता था अब साहित्यिक पत्रिकाएँ पढ़ता रहता है, इसकी पढ़ाई का क्या होगा! उस पर से इंटर का बोर्ड सामने खड़ा है जिस पर लिखा है– 'यहाँ से दुनियादारी का जंगल शुरू होता है।' स्कूल से कॉलेज के सफ़र में लड़के अपनी मासूमियत खोकर और कुछ जगहों पर बाल लेकर निकलते हैं। इसके बाद उन्हें पता चलता है कि अपने अच्छे समय पर चढ़कर वे उचक-उचक आगे के जिस ख़ुशहाल समय की झलक देखने के लिए मर रहे थे वो बड़ा दुखदायी है। इसमें मानव जीवन का ध्येय स्पष्ट होता है कि इसके पहले आपने जितना खेल-कूद, हँस-रो लिया बस हो गया, अब आपको कल से नौकरी खोजनी है। ये काम आपको मरते दम तक करते रहना है और नौकरी मिलने के बाद के सुंदर सपनों के बारे में सपने देखते रहना है। जिस दिन नौकरी लग जाए उस दिन फिर से इंसान होने की चक्करदार भूलभुलैया को महसूस करना है कि जैसे स्कूल में लगता था कि कॉलेज ख़त्म करने के बाद की ज़िंदगी क्या चमकदार होगी उसी तरह ये जो लग रहा था कि नौकरी मिलने के बाद से अच्छे दिन शुरू होंगे, भ्रम था। नौकरी में आप अगर जीभ की थोड़ी अतिरिक्त लंबाई के साथ नहीं आए हैं तो ये ऐसी दुनिया है जो आपके शरीर में वैसे ही पाइप डालकर सारा ख़ून शनैः-शनैः खींच लेती है जैसे एक एनर्जी बूस्टर पेय के विज्ञापन में सूरज बच्चे की देह से पानी खींच लेता है। माँ जब ज़रूरत से ज़्यादा सोच लेतीं तो चतुर के ऊपर चिल्लाने लगतीं। चतुर को पहले की तरह ग़ुस्सा

या झल्लाहट नहीं होती, उल्टा वो सोचने लगता कि माँ इतना चिल्लाती हैं, कल को घर में बहू आ जाए तो उसका सिर खा जाएँगी। अगले ही पल ये सोच के वो ख़ुश हो जाता कि रिंकी की मम्मी तो उसकी मम्मी से भी ज़्यादा चिल्लाती हैं, रिंकी को आदत होगी।

कुछ दिनों तक कहानी वापस आने का अफ़सोस उस पर तारी रहा लेकिन धीरे-धीरे उसका वो मन जाग्रत हो गया जो कह रहा था कि संपादक कोई मूर्ख नहीं है, उसकी बात पर एक बार विचार करने की ज़रूरत है। वह कहानी को लेकर थोड़ा आलोचनात्मक हुआ तो पहली ही नज़र में उसे कुछ कमियाँ दिखाई दीं जिन्हें पहचानकर उसे एक क़दम आगे बढ़ने जितनी ख़ुशी हुई।

चतुर के पिता गाँव से अपने पेड़ के आम बोरी भरकर लाए थे। उसे पता था बिसारिया काका को आम बहुत पसंद हैं। उसने उनके लिए दस-पंद्रह आम एक झोले में भरे और मठ चला गया। बिसारिया काका आम देखकर ख़ुश हुए और तुरंत उन्हें बाल्टी में डुबवा दिया।

बिसारिया काका ने आम खाते हुए चतुर को आम खाने का सही तरीक़ा समझाया। उन्होंने कहा कि आम क़ुदरत की मनुष्यों को सबसे स्वादिष्ट देन है, इसे सिर्फ़ खाना नहीं चाहिए, इसके साथ अच्छा व्यवहार भी करना चाहिए। इसीलिए इसे पहले पानी में देर तक रखते हैं, फिर काटते नहीं चारों तरफ़ से दबाकर इस तरह खाते हैं जैसे उसकी इच्छा से खा रहे हों। चतुर को उनकी बातें बड़ी अच्छी लग रही थीं। कैसे सबसे अलग-थलग लेकिन अपने आप में संतुष्ट लगते हैं बिसारिया काका जैसे जीवन से इन्हें कुछ चाहिए ही नहीं। इस उम्र के तो बहुत सारे लोग उसने अपनी रिश्तेदारी में ही देखे हैं जिनका ध्यान हर समय दूसरे घरों की औरतों के कपड़ों पर रहता है या आदमियों की तनख़्वाह पर। उसने बिसारिया काका को अपने और रिंकी के बारे में बताया कि वो रिंकी को बहुत प्यार करता है और रिंकी उसे बहुत अच्छे से समझती है। बिसारिया काका मुस्कराते हुए उसकी बातें सुनते। बातों-बातों में उन्होंने उसकी कहानी के

बारे में पूछा और उसने पत्रिका से कहानी सखेद वापस आने की बात उन्हें सुना दी। बिसारिया काका हैरान हुए कि उसने कहानी लिख भी दी, भेज भी दी, और तो और वापस भी आ गई लेकिन उन्हें सुनाना तो दूर, उनसे ज़िक्र तक नहीं किया। चतुर को हैरानी हुई।

"आप सुनते? आपको इंटरेस्ट है कहानी में? हमको लगा आपको क्या बोलें..." चतुर की बात पर बिसारिया काका खिलखिलाकर हँसने लगे। उन्होंने चतुर से कहानी के बारे में सब कुछ पूछा और कहानी पास में उपलब्ध न होने के बावजूद उसने 95 प्रतिशत एक्यूरेसी के साथ उन्हें कहानी सुना भी डाली। बिसारिया काका मुग्ध भाव से कहानी को सुनते रहे और कहानी सुनाते हुए चतुर के चेहरे का उत्साह देखते रहे।

"हम चाहते थे ऐसी कहानी लिखें कि किसी को कुछ दिखाई न दे, सब खो जाएँ लेकिन लगता है..." चतुर कुछ बोल ही रहा था कि बिसारिया काका ने मुस्कराते हुए उसकी बात काट दी।

"इसका उल्टा भी तो कर सकते हो!"

बिसारिया काका की बात में कुछ ऐसा रहस्य था कि चतुर की ज़बान कुछ भी बोलते हुए रुक गई और वह उनकी आँखों में ऐसे देखने लगा जैसे वो बिसारिया काका नहीं आसमान से उतरे कोई अलौकिक कथागुरु हों। उनके चेहरे पर हमेशा से थोड़ी अलग मुस्कराहट थी भी जैसे वो कोई राज़ बरसों से अपने सीने में छिपाए घूम रहे थे और आज उसके कहे जाने का वक़्त आया है।

"ऐसी भी कहानी तो लिख सकते हो जिससे सभी को सब कुछ दिखाई देने लगे, जो सोया हो वो जाग जाए, जो खोया हो वो होश में आ जाए। चुनाव तो तुम्हारा है।"

बिसारिया काका बोलकर देर से मसले जा रहे एक आम को चूसने लगे ताकि उनका अलौकिक चेहरा फिर से सामान्य दिखने लगे। चतुर ने अपने अंदर झाँककर देखा और उसे तुरंत इस एक पंक्ति की बात का, जिसके सैकड़ों अर्थ निकल सकते थे, सही और अपने काम लायक़ अर्थ

समझ गया। उसने खोई आवाज़ में कहा, "हम कहानी में झूठ-मूठ का सपना नहीं दिखाना चाहते काका, एकदम नंगा सच दिखाना चाहते हैं।"

बिसारिया काका एक आम उठाकर चतुर को देते हुए थोड़ा आगे आ गए। उन्होंने चतुर की आँखों में देखा–

"एक गाँव की सीमा के बाहर सत्य और कहानी नाम की दो बहुत सुंदर बहनें रहती थीं। एक दिन दोनों में बहस हो गई कि ज़्यादा सुंदर कौन है। बहुत तू-तू मैं-मैं के बाद ये तय हुआ कि दोनों सज-सँवर के आकर्षक रूप बनाकर गाँव में जाएँगी। जिसकी सुंदरता देखने के लिए ज़्यादा गाँव वाले इकट्ठा होंगे वो ज़्यादा सुंदर मानी जाएगी। पहले सत्य की बारी आई। उसने ख़ूब साज-सँवार किया और सोलह शृंगार करके गाँव की ओर चल पड़ी। जैसे ही वो गाँव में घुसी, जो लोग गलियों में, खेतों में, बग़ीचे में घूम-टहल रहे थे, काम कर रहे थे, वे सब अपने-अपने घरों में जाने लगे। सत्य को निराशा हुई, वो थोड़ा और आगे बढ़ी, लोगों ने अपने घरों के दरवाज़े बंद कर लिए। सत्य को दुख हुआ। उसकी सारी सुंदरता बेकार जा रही थी। उसने कुछ सोचा और एक-एक करके अपने कपड़े उतारने लगी। उसने जब अपने सारे कपड़े उतार डाले तो उसने देखा कि जो लोग अब तक अपनी खिड़कियों और छज्जों से देख रहे थे वे, अंदर चले गए। हर तरफ़ सन्नाटा छा गया। सत्य बहुत उदास हुई और वापस चली आई।"

चतुर आँखें फाड़े और मुँह खोले बिसारिया काका की कहानी सुन रहा था। वो समझ गया था आज उसके लिए कोई आम दिन नहीं है। आज उसके साथ कुछ ऐसा होने वाला है कि उसके भीतर के लेखक का पुनर्जन्म हो के रहेगा। उसी समय फ़ैज़ान कहीं से आया और बिसारिया काका के पास आकर बैठ गया। चतुर और फ़ैज़ान ने एक-दूसरे का अभिवादन किया। उसने बताया कि आस-पास के गृहस्थों को निमंत्रण दे आया है। बिसारिया काका ने बताया कि अगले हफ़्ते वो आस-पास के गृहस्थों और ग़रीबों को एक साथ भोज दे रहे हैं। निरंजन जी का कहना है

कि मठ में आने वाली कमाई को जुटाकर हर तीन महीने पर इसका यही उपयोग किया जाएगा। निरंजन जी मठ के संचालक थे।

"तुम भी सुबह ही आ जाना, उस दिन काम बहुत रहेगा। फ़ैज़ान के साथ मिलकर सँभाल लेना तुम दोनों सब व्यवस्था।" बिसारिया काका ने कहा। चतुर ने तुरंत सहमति में सिर हिलाया और उनका ध्यान वापस कहानी की तरफ़ ले आया जो वो सुना रहे थे।

"फिर क्या हुआ?" उसने उत्सुक आवाज़ में पूछा। बिसारिया काका फिर से मुस्कराए। फ़ैज़ान भी कहानी को आधे रास्ते में थामने को उत्सुक हो गया।

"सत्य वापस आ ही रही थी कि उसे सज-सँवरकर आती कहानी दिख गई। कहानी ने पूछा कैसा रहा, सत्य ने मुँह गिरा लिया। कहानी ने उसका हाथ पकड़ा और गाँव में घुसी। उनके गाँव की सीमा में प्रवेश करते ही चमत्कार हो गया। सबकी खिड़कियों के शीशे खुलने लगे। लोग अपने छज्जों पर आने लगे। जो लोग घर में घुस गए थे वे बाहर निकलने लगे। सब सत्य और कहानी के चारों ओर इकट्ठा होने लगे। उनका स्वागत करने के लिए तालियाँ बजाने लगे और फूलों की बरसात करने लगे।"

चतुर मुग्ध भाव से उन्हें देखे जा रहा था और उनकी बात को आकाशवाणी की तरह सुन रहा था।

"क्या समझे?" बिसारिया काका ने मुस्कराकर पूछा। चतुर चौंक गया। उसे लगा अभी अंत में कुछ और भी होगा कहानी में।

"क्या?" उसके मुँह से हैरानी में निकल गया। वो अब तक क्या समझा था ये उसे पता नहीं चला था लेकिन बात उसे दिखाई तो पड़ रही थी। बिसारिया काका ने उसका हाथ पकड़कर उसका चेहरा खींचकर बात की तह में सटा दिया।

"सत्य कोई नहीं देखना चाहता। नंगे सत्य से तो लोग डरते हैं। अगर सत्य को लोगों तक पहुँचना है तो उसे कहानी का हाथ पकड़कर जाना होगा।"

चतुर को महसूस हुआ कि रोमांच से उसकी आँखों, नाक, गाल और पूरे शरीर का आयतन धीरे-धीरे बढ़ रहा है। उसके होंठों पर एक लंबी मुस्कान धीरे-धीरे गंभीरता से फैलने लगी जैसे किसी गूढ़ मंत्र का अर्थ खुल गया हो, जैसे कोई बरसों पुरानी पहेली हल हो गई हो, जैसे कोई खोया हुआ दोस्त मिल गया हो।

वो उठा और बिसारिया काका के गले लग गया। वो उसकी पीठ थपथपाते रहे। उसने काका के पाँव छुए, फ़ैज़ान से हाथ मिलाया और जाने लगा।

"आम बहुत मीठे थे, कितना आया है गाँव से?" बिसारिया काका ने हाथ धोते हुए पूछा।

"यहीं लहरतारा पुल के नीचे से ख़रीदकर आया है। सत्य ये था कि हमको आपसे मिलना था इसलिए गाँव की कहानी का हाथ पकड़कर आए।" चतुर हँसा। बिसारिया काका भी हँसे।

"अरे मुझसे मिलने को तुझे कहानी की क्या ज़रूरत?"

"अब नहीं ज़रूरत, पहले आप भगाने लगते थे न कि जाओ पढ़ाई करो, समय मत बर्बाद करो इसलिए..." चतुर ने जाते-जाते पलटकर कहा।

बिसारिया काका ने आसमान में सिर उठाकर अट्टहास किया और जब सिर नीचे की तरफ़ लाए तो उनके होंठों पर कबीर की रमैनी थी जैसे उन्होंने आसमान से अट्टहास के बदले इसे एक्सचेंज किया हो।

चतुर ने उस दिन बात बनानी सीखी। ऐसे झूठ बोलना लेखक का रोज़ का काम होता है जिनसे किसी को कोई नुक़सान नहीं होता। बात में थोड़ा रस आ जाए तो जीवन जीने लायक़ हो जाता है।

दोस्ती के बंधन में गाँठें कौन लगाता है

रफ़ी के बाद मुकेश पिता के दूसरे पसंदीदा गायक थे और वो रफ़ी की यादें के कई वॉल्यूम सुनने के बाद आजकल मुकेश की यादें भी उसी श्रद्धा से सुन रहे थे। मुकेश के गाने चतुर को कम ही पसंद आते थे क्योंकि एक तो उसकी आवाज़ बहुत दर्द से भरी थी दूसरे ज़्यादातर गाने भी शोक और विलाप करते हुए थे। पिता जैसे ही गाना लगाकर सुनने के बाद शाम की सैर पर बाहर निकलते, वो किसी नई फ़िल्म का कैसेट लगा देता। 'काले-काले बाल गाल गोरे गोरे अरे ओ रे ओ रे अरे ओ रे ओ रे' या 'घूँघटे में चंदा है फिर भी है फैला चारों ओर उजाला' उसके ताज़ा पसंदीदा गीत थे जो वो लूप में बजाया करता था।

माँ ने उसे बग़ल की दुकान से नमक लाने भेजा था। चतुर नमक लेकर लौट रहा था तब तक उसे फ़ैज़ान दिख गया जो एक घर से निकल रहा था।

"अरे इधर?" उसने फ़ैज़ान को हाथ हिलाया। वो मुस्कराता हुआ उसकी तरफ़ आ गया।

"हाँ चंदा काट रहे, तुम्हारे घर भी चलना है।"

"चलो चलो, चंदा घर से दिलवाते हैं, फिर साथ चलते हैं हम भी माँगने।" चतुर मुस्कराया। वो फ़ैज़ान को यहाँ देखकर बहुत ख़ुश हुआ था।

चतुर ने माँ को नमक दे दिया और अपने और अपने दोस्त के लिए पानी देने को कहा। फ़ैज़ान ने उसे चंदे की रसीद बुक दिखाई जिसमें आधे से ज़्यादा रसीदें फट चुकी थीं। उसने बताया कि उसके मोहल्ले से अच्छा

चंदा इकट्ठा हुआ है। चतुर ने उसे अपना टू इन वन और अपने नए कैसेटों का कलेक्शन दिखाया। फ़ैज़ान ने उसे कोई तेज़ डांस वाला गीत चलाने को कहा और उसने अपना पसंदीदा गीत लगा दिया। चतुर मुस्कराता हुआ अपनी भौंहों और गर्दन से बैठा-बैठा डांस करने लगा और फ़ैज़ान उसे देखकर हँसने लगा। तभी माँ पानी लेकर आईं और दोनों को दिया। चतुर ने माँ को बताया कि कबीर मठ पर अगले हफ़्ते भोज है और फ़ैज़ान अकेले सब तैयारी कर रहा है। आज से वो भी फ़ैज़ान के साथ तैयारी में हाथ बँटाएगा। फ़ैज़ान का नाम सुनते ही माँ के चेहरे के भाव बदलने लगे। उन्होंने तुरंत पचास रुपये फ़ैज़ान को दिए और उसके सामने आकर खड़ी हो गईं। फ़ैज़ान ने पानी के एकाध घूँट लिए, फिर उसे महसूस हुआ कि वो किसलिए खड़ी हैं। उसने जल्दी से पचास रुपये की रसीद काटी और उन्हें थमा दी। माँ रसीद लेकर किचन की तरफ़ चली गईं। फ़ैज़ान और चतुर बात कर ही रहे थे कि माँ अचानक झाड़ू लेकर आ गईं। अचानक उनके चेहरे पर भाव आ गया था कि उनके चारों ओर भयानक गंदगी है और उन्होंने अभी साफ़ न किया तो वो साँस भी नहीं ले पाएँगी।

"चलो थोड़ा बाहर चलो बेटा तो..." जहाँ वे दोनों बैठे थे, वहाँ की दीवार और छत के जाले मारती हुई माँ ने कहा। चतुर माँ के इस व्यवहार पर हैरान हो गया। वो अचानक ऐसा क्यों करने लगीं! उसने ऊपर देखा तभी सीलिंग से दीवार में लगे जाले का एक हिस्सा उसके चेहरे पर आ गिरा। वो चिढ़कर खड़ा हो गया।

"अरे मम्मी, रुक जाती थोड़ी देर।" उसने नाराज़गी ज़ाहिर की लेकिन माँ की आँखों में ग़ुस्से की मात्रा बढ़ गई थी।

"चलो निकलो, सफ़ाई करने दो, चलो।" माँ ने लगभग चतुर को बाहर धकेल दिया। उसने गिलास टेबल पर रख दिया था। फ़ैज़ान ने भी बिना पानी ख़त्म किए गिलास टेबल पर रख दिया और दोनों बाहर निकल आए। जैसे ही दोनों बाहर निकले, पिता शाम की सैर करके वापस आ गए थे। चतुर से उन्होंने इशारे में पूछा तो उसने कहा कि वो अभी थोड़ी देर

में आ जाएगा। फ़ैज़ान ने उन्हें नमस्ते की जिसका सिर हिलाकर उन्होंने जवाब दिया।

चतुर माँ के इस व्यवहार से थोड़ा चिढ़ा और थोड़ा परेशान था। आख़िर उसके दोस्त के सामने माँ ने ऐसी हरकत क्यों की। फ़ैज़ान माँ के बारे में क्या सोच रहा होगा? उसे लग रहा होगा उसकी माँ सफ़ाई को लेकर सनक से भरी कोई झगड़ालू महिला है। उसने देखा फ़ैज़ान भी पहले की तुलना में बिलकुल चुप था जैसे माँ के ऐसे व्यवहार की वजह उसे पता हो। उसने फ़ैज़ान से कल का कार्यक्रम फ़िक्स किया। अगले दिन हलवाई से मिलना था और सट्टी जाकर सब्ज़ियों के थोक रेट पता करने थे। फ़ैज़ान बिलकुल बुझा-सा दिख रहा था। उसने कहा कि अब बाक़ी का चंदा वो कल वसूलेगा, उसकी तबियत थोड़ी ढीली लग रही है और फ़िलहाल वो मठ जा रहा है।

"चलोगे?" उसने जैसे बिना मन के पूछा।

"तुम चलो हम कल आते हैं।" चतुर ने उसे आश्वस्त किया। उसने सहमति वाले भाव से सिर हिलाया और जाने को पलटा।

"सब ठीक है न फ़ैज़ान, कोई दिक़्क़त?" उसने आख़िर पूछ ही लिया। फ़ैज़ान एक फीकी मुस्कराहट मुस्कराया जिसे उसकी पारदर्शी आँखों में झलकते पानी ने और फीका बना दिया।

"हमारा सब ठीक है, तुम देखना सब ठीक रहे।" वो पलट गया लेकिन चतुर उसकी बात का मतलब नहीं समझ पाया। वो सोचने लगा आख़िर अभी पिछले पाँच मिनट में उसके सामने हुआ है वो क्या था। पिता ने अंदर गीत बजा दिया था।

'सूरज को धरती तरसे धरती को चंद्रमा... धरती को चंद्रमा
पानी में सीप जैसे प्यासी हर आत्मा... प्यासी हर आत्मा
ओ मितवा रेएएए... पानी में सीप जैसे प्यासी हर आत्मा
बूँद छिपी किस बादल में कोई जाने ना
ओह रे ताल मिले नदी के जल में... नदी मिले सागर में

सागर मिले कौन से जल में कोई जाने ना...'

चतुर थोड़ी देर फ़ैज़ान को जाता देखता रहा। जब वह घर में लौटा तो अजीब नज़ारा था। उसकी माँ ने, जहाँ फ़ैज़ान बैठा था, वहाँ कुछ काग़ज़ और रद्दी रखकर आग जलाई थी। जिस गिलास में फ़ैज़ान ने पानी पिया था उस गिलास को आग में चिमटे से पकड़े ऐसे भून रही थीं जैसे वो स्टील का गिलास न होकर कोई आलू हो जिसका चोखा बनाया जाना हो। एक तरफ़ पिता चेहरे पर चिढ़ का भाव लेकर माँ को देख रहे थे। चतुर ने उनकी तरफ़ देखा तो उनके चेहरे पर ग़ुस्से के भाव बढ़ गए। वो आगे बढ़े और माँ के बग़ल से भुनभुनाते हुए बाहर निकल गए।

"एकदम से भुच्चड़ हो, कौन मानता है आजकल ये सब!" उनके निकलने पर माँ ने उन्हें ग़ुस्से से देखा फिर पलटकर चतुर की तरफ़। चतुर की ओर देखते उनका ग़ुस्सा बढ़ गया। वो अब भी नहीं समझ पाया था मामला क्या है।

"चमारों सियारों के साथ तो दोस्ती थी तुम्हारी, अब मियाँ-मुकड़ी भी साथ उठने-बैठने लगे? एकदम मैला खा लोगे तब मानोगे क्या?" माँ ने तेज़ आवाज़ में चीख़ते हुए कहा। चतुर के अंदर कुछ उबलने लगा। माँ के इस आरोप और चीख़ के जवाब में उसके दिमाग़ में सैकड़ों बातें और जवाब गूँजने लगे लेकिन वो कुछ बोल नहीं पाया। जैसे अचानक किसी शांत सड़क के किसी आम मोड़ से मुड़ते सामने चलता हुआ बुलडोज़र आ जाए तो उससे कुचलने वाला सब कुछ जानते-समझते भी सामने से हटना भूल जाए, चतुर की हालत ऐसी ही थी। उसकी आँखों में आँसू आ गए और चेहरे पर चिढ़। वो बाहर निकलने लगा। माँ ने बिना जवाब दिए उसे जाते देखा तो और तेज़ चीख़ने लगीं।

"जाओ बाथरूम, नहाओ अच्छे से, घुसना नहीं इस तरह घर में। और आइंदा से मियाँ-मुकड़ी के साथ घूमे तो घर में मत आना।" माँ बोल ही रही थीं कि चतुर ने उनकी ओर देखकर उनसे भी तेज़ आवाज़ में कहा, "छीह..." और तेज़ी से बाहर निकल गया।

वह तेज़ क़दमों से बाहर निकलने लगा तो देखा रिंकी अपने छोटे भाई के साथ पीछे की तरफ़ जा रही थी। दोनों की नज़रें मिलीं और चतुर बिना कुछ बोले उसे लगभग इग्नोर करता हुआ तेज़ क़दमों से बाहर की तरफ़ चला गया। रिंकी हैरान खड़ी रही कि चतुर ऐसे क्यों चला गया। चीकू उसकी फ्रॉक पकड़कर खींच रहा था। उसने उसका हाथ झटक दिया, "जाओ ख़ुद करके आओ, देख रहे हैं यहीं से।" चीकू दुखी मन से शौचालय की तरफ़ जाने लगा। उसके नन्हे मन में ये भाव आया कि दीदी के आस-पास जब चतुर भैया होते हैं तो उसका व्यवहार उसके लिए बहुत ख़राब हो जाता है। उसे चतुर पर अचानक बहुत ग़ुस्सा आया। बाथरूम में पेशाब करते हुए बालक में मन में आया कि अगर चतुर भइया यहाँ पॉट पर बैठे होते तो वो उनके ऊपर पेशाब कर देता जो उसकी दीदी को उससे छीनना चाहते हैं। चीकू ने पाँच साल की मासूम उम्र में पहली मर्दानी कल्पना की जिसके रास्ते पर चलते हुए अब उसे धीरे-धीरे अपनी कोमलताओं को नष्ट करना था यानी बड़ा होना था।

प्रेम अपने आस-पास जितना प्रेम पैदा करता है उतनी ही कुंठा भी पैदा होती है।

प्रेम जब पक जाए, गाढ़ा करने के लिए हल्की आँच पर थोड़ी-सी ईर्ष्या मिलाएँ

इसे नफ़रत न भी कहें तो कम-से-कम प्रीति के मन में रिंकी के लिए भयानक चिढ़ पैदा हो गई थी। उसने जो देखा था वो दृश्य वो भुला नहीं पा रही थी। कहाँ वो ख़ुद को रिंकी से एडवांस और फ़ॉरवर्ड समझ रही थी कहाँ रिंकी ने बिना किसी होटल और बंद कमरे की परवाह किए अपने आप को अपने प्रेमी की बाँहों में सौंप दिया था। उसे पछतावा हो रहा था कि उसने आगे कुछ क़दम बढ़ाकर सब कुछ एकदम स्पष्ट क्यों नहीं देख लिया। जितना उसने देखा था वो एकदम निश्चित थी कि भले सौ प्रतिशत न सही, रिंकी ने ख़ुद को पचास प्रतिशत से अधिक तो अपने प्रेमी को सौंप ही दिया था। उसे इस बात की भी चिढ़ हो रही थी कि वो आजकल सुबह टहलने नहीं आती थी और उससे मिलने में भी बहुत उत्साह नहीं दिखाती थी। प्रीति का मानना था जिस तरह उसकी प्रेरणा से रिंकी के जीवन में पहले प्रेम फिर चुंबन आया है, उसे उसकी शुक्रगुज़ार होना चाहिए और आगे भी इस मामले में सलाहें लेते रहना चाहिए।

प्रीति के लिए रिंकी हमेशा से सबसे क़रीबी और इस क़दर अपनी थी कि कोई नया कपड़ा, सैंडिल हो या फिर कोई ख़ुशख़बरी, वो सबसे पहले रिंकी से बाँटना चाहती। ऐसा ही वो रिंकी से भी चाहती थी लेकिन रिंकी शुरू से सभी सहेलियों को बराबर का समझती थी और ये ख़बर प्रीति की जगह तनु को भी दे देती तो उसे फ़र्क़ नहीं पड़ता। प्रीति को याद है उसने पाँचवीं कक्षा में स्कूल छूटते समय सभी सहेलियों से स्लैमबुक भरवाई थी। उसने सभी सहेलियों की स्लैमबुक में 'माय बेस्ट फ्रेंड' वाले

कॉलम में बिना सोचे रिंकी लिखा था लेकिन जब उसे रिंकी की स्लैमबुक में झाँकने का मौक़ा मिला तो उसका माथा ख़राब हो गया। रिंकी ने अपने बेस्ट फ्रेंड में दिव्या, प्रीति, रोशनी और उज्ज्वला इस तरह लिखा था जैसे बेस्ट फ्रेंड का नाम नहीं परिवार के सदस्यों के नाम लिख रही हो। बेस्ट फ्रेंड एक होता है, ये भी इस बेवक़ूफ़ को नहीं मालूम, प्रीति को ग़ुस्सा आया था लेकिन उसने सोचा बाद में कभी मौक़ा देखकर इसके बारे में रिंकी से बात करेगी।

फिर एक के बाद एक बरस बीतते गए थे लेकिन प्रीति को कभी रिंकी से इस विषय पर बात करने का मौक़ा नहीं मिला क्योंकि दोनों का स्कूल बदल गया था और इस एक वजह से उनके बीच बहुत-कुछ बदल गया था। एक ही मोहल्ले में रहते हुए उनका रोज़ का मिलना ही मुश्किल हो चला था तो बातें क्या होतीं। एक लंबा अंतराल कई सालों का रहा जिसमें दोनों के बीच सिर्फ़ त्योहारों पर बातें होती थीं और राह चलते मुस्कराहटों का आदान-प्रदान होता। इंटर में जाने के बाद जब दोनों लड़कियों की स्कूल की टाइमिंग सुबह से हट के दोपहर से हुई तो उनके मिलने-जुलने का सिलसिला फिर से शुरू हुआ और बरसों के इस अंतराल को भरने के लिए ये प्रीति का ही विचार था कि सुबह टहलने चला जाए। इसे चतुर से मुलाक़ात का मौक़ा मानकर रिंकी भी सहर्ष तैयार हो गई थी। प्रीति को सुबह मठ में टहलते हुए किसी-किसी दिन अपने बॉयफ्रेंड से भी मिलना रहता था और उसे ये जानकर बहुत हैरानी हुई कि हमेशा पढ़ाई की बात करने वाली और मम्मी के निर्देशों के अनुसार एक-एक क़दम उठाने वाली रिंकी का भी एक प्रेमी था। और तो और वो उसके घर के बग़ल में ही रहता था। प्रीति को ख़ुशी हुई थी और उसने खोद-खोदकर रिंकी से सारी जानकारी लेने की कोशिश की थी। रिंकी की बातों से उसे लग गया था कि अभी इस संकोची लड़की ने लड़के को किस भी नहीं किया है और प्रीति ने उसी समय सोच लिया था कि रिंकी उसे अपनी बेस्ट फ्रेंड माने या नहीं, वो हमेशा से मानती रही है। वो रिंकी के जीवन की हर वो कमी

पूरी करेगी जो वो अपने संकोच की वजह से पूरा नहीं कर पा रही है। हालाँकि उसे रिंकी ने बता रखा था कि उन दोनों के बीच चुंबन हो चुका है लेकिन वो जानती है उस दिन मठ में पहले दिन जो चुंबन हुआ था उसमें उसके प्रोत्साहित करने का बड़ा योगदान था। इस चुंबन के बाद वो अब रिंकी को उस सुख से परिचित करवाना चाह रही थी जिसके लिए ये सारी क़वायदें की जाती हैं। दो जिस्मों का एक साथ उस सुख का अनुसंधान जिसमें प्रकृति बनने और उसे समझने की अद्‌भुत क्षमता है। जो एक ही पल में आपका तीसरा नेत्र खोल देता है, जो आपको दुनिया देखने की एक नई दृष्टि दे सकता है। जो आपके पुराने सपनों की जगह नए सपनों का बीजारोपण करता है, जो आपके जुनून से आपको परिचित कराता है। जो आपके हर भाव, ख़ुशी, क्रोध और आवेग को अधिकतम पर ले जाने की क्षमता रखता है और जिसके बाद आप दुनिया के सब गोपन रहस्य समझ जाते हैं। जिसके बाद आप अपने माँ-बाप समेत दुनिया के सभी इंसानों को एक नई नज़र से देखने लगते हैं, जिसके बाद आप अपने जीवन को लेकर वास्तविक सपने देखना शुरू करते हैं। जो आपको अपने साथी को समझने की अद्‌भुत समझ देता है।

जब से प्रीति को पता चला था कि उस दिन कबाड़ के पीछे रिंकी ने चतुर को स्वर्ग की सैर कहाँ तक करवाई थी, तब से वो रिंकी के साथ हँसी-मज़ाक़ करती हुई उसे आपस की सारी दीवारें तोड़ने को प्रोत्साहित कर रही थी। प्रीति ने इसके लिए ख़ास अपने घर पर रिंकी को बुलाया था कि आज वो पहली बार पनीर मंचूरियन बनाने जा रही है। जब मोहल्ले में इक्का-दुक्का लोगों ने मंचूरियन का नाम सुना था, वैसे में टीवी पर विधि देखकर प्रीति ने इसे अपने वॉकमैन में रिकॉर्ड कर लिया था और अब दोनों सहेलियाँ बातें करती हुई भीतर और बाहर कुछ-कुछ पका रही थीं।

सारी बातों का सार ये था कि रिंकी चतुर से इस उम्र की हर लड़की की तरह इतना प्रेम करती है कि उसके लिए कुछ भी कर सकती है लेकिन सबसे बड़ी समस्या सुरक्षित जगह की है। चतुर वैसे तो बहुत संतोषी

लड़का है लेकिन उस दिन जब वो उसकी छातियों में मुँह घुसाए संसार के आश्चर्यों का सामना कर रहा था तो उसके हाथ यहाँ-वहाँ अतिक्रमण कर रहे थे। कई ऐसी जगह उसके हाथ वहाँ उस दिन आए जहाँ किसी लड़के के तो क्या ख़ुद चतुर की हथेलियाँ और उँगलियाँ पहली बार पहुँची थीं। दोनों ने एक-दूसरे के प्रति एक गहरी तड़प का अनुभव किया था और अगले कुछ पलों में पता नहीं क्या हो जाता, अच्छा हुआ वहाँ चीकू पहुँच गया था।

"इस तड़प और बेचैनी को बनाए रख, यही प्यार का हासिल है। मैं कुछ करती हूँ।" प्रीति ने उसे आश्वस्त किया तो रिंकी थोड़े संकोच में डूब गई। उसे महसूस हुआ प्रीति हमेशा से उसके लिए ख़ास रही है लेकिन उसने प्रीति को कभी वैसा फ़ील नहीं करवाया। उसका और प्रीति का साथ ऐसा रहा है जहाँ उसे कभी प्रीति को ये बताने की ज़रूरत ही नहीं हुई कि भले उसने कभी कहा न हो, वो सबसे ख़ास सहेली है।

"अब कटी हुई शिमला मिर्च डालें और हल्की आँच पर थोड़ी देर रोस्ट करें।" प्रीति जो पका रही थी उसकी सुगंध अच्छी आ रही थी और परिणाम भी अच्छा आने की उम्मीद थी।

"रोस्ट करें मतलब हिंदी में भूनना न?" प्रीति रिंकी की तरफ़ पलटी। रिंकी मुस्कराई, ये प्रीति और उसके बीच का बचपन का पैटर्न था जहाँ अँग्रेज़ी की टीचर ने प्रीति से किसी शब्द का अर्थ पूछा था और वो बता नहीं पाई थी। उसके मार खाने से पहले ही रिंकी ने उसका अर्थ बता दिया था और बिना पूछे बोलने की वजह से प्रीति की जगह ख़ुद मार खाई थी।

"हाँ, भून डालो तड़ातड़।" रिंकी ने मुस्कराते हुए कहा। बचपन के पैटर्न का उपयोग करने से रिंकी को प्रीति से अपने पुराने साथ की याद आई और उसने सोचा अपनी बचपन की सहेली से खुलकर अपने दिल की बात नहीं मानूँगी तो किससे मानूँगी। रिंकी ने आख़िरकार अपने दिल की बात मान ही ली।

"हम तो ख़ुद चाहते हैं ऐसा एकांत जहाँ उसको जी भर के चूम सकें,

अपना सब कुछ उसके हवाले करके उसके चेहरे से वो संकोच और डर ग़ायब कर दें जो दुनिया को देखकर कभी-कभी आ जाता है।" रिंकी ने कहा तो प्रीति के चेहरे पर मुस्कराहट आ गई। उसने नमक डालकर व्यंजन को ढक दिया।

"अब अंदर थोड़ी देर पकने देते हैं।" उसने कहा और रिंकी का हाथ पकड़कर उसे बालकनी में ले आई।

"मेरी एक सहेली है, जी.टी. रोड पर ही सड़क के उस पार रहती है। उसके मम्मी-पापा दो दिन के लिए गाँव गए हैं। परसों आ जाएँगे। तुम्हारे पास आज और कल का टाइम है। जा सिमरन जी ले अपनी ज़िंदगी।" प्रीति ने हँसते हुए ख़ुशख़बरी दी लेकिन रिंकी कुछ सोचने लगी थी।

"चतुर को क्या बोलेंगे, क्या सोचेगा मेरे बारे में?"

"तुमको सिर्फ़ आंटी की चिंता करनी है। चतुर्भुज को तुम नहीं बोल पाई तो हम बोल देंगे।" प्रीति ने समाधान दिया। रिंकी फिर भी सोच में थी।

"दो दिन सोचने में ही मत निकाल देना जानेमन। अपॉर्चुनिटी नॉक्स द डोर बट वंस।" प्रीति ने आवाज़ को ऐसा बनाने की कोशिश की जिससे ये निकलता था कि उसे इसकी बहुत ज़्यादा चिंता नहीं है, वो तो बतौर दोस्त सिर्फ़ मदद करना चाहती है। रिंकी मुस्करा दी और उसने प्रीति को कसकर ख़ुद से चिपका लिया और पीठ पर एक ज़ोर की धौल मारी जो दोनों सहेलियों का बचपन का रुटीन था।

हम अपनी नज़र में अच्छे हों या बुरे, जीवन में कुछ कमज़ोर पल ऐसे आते हैं जब हम कुछ ऐसा कर बैठते हैं जो हमारे शैतानी दिमाग़ की उपज होता है। मन समझाता रहता है कि ये कुछ ऐसा काम होने जा रहा है जो हमें नहीं करना चाहिए लेकिन अनिश्चित का रोमांच इतना तीव्र होता है कि उसे देखने-जानने की इच्छा कोई न कोई ऐसा क़दम उठवा लेती है जिस पर हम जीवन भर पछताते हैं। जीवन न रिवाइंड हो सकने वाली ब्लैक कॉमेडी फ़िल्म है। दृश्य में हम अक्सर परेशान और इसे ट्रेजेडी समझते हुए जीते हैं लेकिन क्लाइमेक्स में आभास होता है ये सब हमारी

'करतूतों का नतीजा' है जिसे हम हिंदी में 'कर्मों का फल' कहकर ख़ुद को आध्यात्मिक फ़ील देना चाहते हैं। ऐसे क़दम उठाने के पीछे हमारी बेसिक इंस्टिंक्ट होती हैं जिन्हें हिंदी में हम आदिम भावनाएँ कहते हैं और जो इंसान के बेसिकली एक जानवर होने का सबूत होती हैं। प्रीति के मन में जो चल रहा था, उसे लेकर वो आश्वस्त थी कि ये सिर्फ़ उसके मन के एक शैतान कोने में चल भर रहा है, वो ऐसा सचमुच का कुछ नहीं करना चाहती। ये व्यवस्था वो सिर्फ़ अपनी बेस्ट फ्रेंड की ख़ुशी के लिए कर रही है।

चतुर जब प्रीति के बताए मकान पे पहुँचा तो गली सुनसान थी। वो चुपचाप बिना आवाज़ गेट खोलकर ऊपर चढ़ गया और दूसरी मंज़िल पर स्थित एकमात्र दरवाज़े को हल्के से खटखटाया। दरवाज़ा खुलने भर में उसने कई बार सोच लिया कि क्या ये जो होने जा रहा है वो ठीक है। उसने किसी दोस्त को भी नहीं बताया, पास के गली-मोहल्ले का मामला है, अगर कुछ गड़बड़ हो गई तो? उसे कम-से-कम कालिदास को बता के आना चाहिए था। पूरे कॉलेज में उससे लोग डरते हैं और उसके मोहल्ले में भी। उसके पास असलहा है, अगर इधर कोई गड़बड़ होती और अपनी गन लेकर आ जाता तो उसको बचाने के लिए हवा में ही एक फ़ायर बहुत था। उसे लगा वो फिर से जाए और किसी पीसीओ से काली के घर पर फ़ोन कर उसे बुला ले। अचानक दरवाज़ा धीमी आहट के साथ खुला और वो रिंकी के सुंदर चेहरे को देखकर चौंक पड़ा।

रिंकी ने आईलाइनर, लिपस्टिक और काजल लगाने के साथ ऐसे-ऐसे मेकअप किए थे जो देखकर लड़की अलग तो लगती है लेकिन सटीक तौर पर मेकअप की जगह बताना लड़कों के लिए आसान नहीं होता। चतुर जल्दी से अंदर गया और दरवाज़ा बंद कर लिया। अंदर दो कमरे थे। रिंकी चतुर को एक कमरे में धकेलती हुई ले गई और दरवाज़ा लगा दिया। उसने बाहर निकलने की कोशिश तो रिंकी ने दरवाज़ा मज़बूती से बंद किया और चतुर को डाँटती आवाज़ में निर्देश दिया।

"पाँच मिनट यहीं रहो। जब आवाज़ देंगे तब आना।"

चतुर मामला न समझ आने की स्थिति में कमरे में टहलने लगा। उसे लगा किसी तरीक़े से उसे किसी दोस्त को यहाँ हो रही रिस्की मुलाक़ात के बारे में बताना चाहिए था। कमरे के चार चक्कर उसने लगाए थे कि उसे दूसरे कमरे से रिंकी की आवाज़ आई।

"आइए।"

चतुर चौंक गया। 'आइए' तो वो उसे कभी नहीं बोलती। कहीं कमरे में उन दोनों के अलावा कोई और तो नहीं है। प्रीति ने कहा था हम दोनों अकेले होंगे और शाम तक कोई भी उस मकान में नहीं आएगा। रिंकी दो घंटे के लिए अपनी मम्मी से छुट्टी लेकर प्रीति के घर पढ़ाई करने के नाम से निकली थी। चतुर ने धीरे से दरवाज़ा खोला और दूसरे कमरे में गया। अंदर देखते ही वो दरवाज़े पर ठिठक गया। बेड पर एक नई चादर थी और उस पर शादी के लाल जोड़े में दुल्हन जैसी सजी रिंकी बैठी थी। चतुर के चेहरे पर एक साथ ढेरों भाव आने-जाने लगे। कभी उसे लगता वो रिंकी को बाँहों में जकड़ ले और उसे जी भरकर अपनी दुल्हन बनाकर प्यार करे, अगले ही पल उसे डर लगता कि अगर किसी को पता चल गया तो पता नहीं क्या होगा, सोचना भी असंभव है।

"क्या हुआ, खड़े क्यों हैं? अपनी दुल्हन के पास आइए।" चतुर मंत्रमुग्ध भाव से चलता हुआ रिंकी के पास गया और बेड पर बैठ गया। उसकी आवाज़ कहीं दूर खोई थी और आने का रास्ता ढूँढ़ रही थी।

"ये सब क्या!"

"तुम उस दिन कहे थे न कि हमको दुल्हन की तरह देखना चाहते हो जैसा रात को सपना आया था।" रिंकी के लिबास के साथ उसकी आवाज़ भी बदली हुई थी। उसकी आवाज़ में हया और रोमांच का कंपन था जो उसकी हँसी की ही तरह संक्रामक था। चतुर ने काँपते हाथों से रिंकी के चेहरे से घूँघट उठाया।

इधर, प्रीति के क़दम जब रिंकी के घर की ओर चले थे तो भी वो

पूरी तरह आश्वस्त थी कि उसके घर के सामने से से टहलकर वापस चली आएगी। देख लेगी उसकी मम्मी को कोई शक तो नहीं हुआ और वो अपने काम में व्यस्त हैं, फिर चुपचाप वापस चली आएगी। तब तक दो घंटे हो भी जाएँगे और वो सीधे रिंकी को लेने सड़क के उस पार चली जाएगी। फिर वो दोनों आराम से बोलती-बतियाती इस तरह लौट आएँगी जैसे कहीं कुछ हुआ ही न हो। प्रीति रिंकी के घर के बाहर थोड़ी देर टहलती रही। उसने कलाई घड़ी में देखा, दो घंटे की मियाद में एक घंटा से ऊपर हो चुका था। इस समय रिंकी और चतुर क्या कर रहे होंगे, उसने सोचा। शायद दोनों दब्बू अभी तक बातें ही कर रहे होंगे या फिर रिंकी पर उसकी समझाइशों का थोड़ा असर हुआ होगा और उसने ही शुरुआत कर दी होगी। एक बार शुरुआत किधर से भी हो जाए, फिर सिलसिला अपने आप चल पड़ता है जैसा उसके बॉयफ्रेंड ने पहली बार उसके साथ किया था। वो अभी तैयार नहीं थी, अपने मन में वो इस पल के लिए ख़ुद को तैयार कर रही थी लेकिन कुछ महीने और चाहती थी। बॉयफ्रेंड अपनी मनमर्ज़ी करता रहा और उसको बराबर समझाता रहा कि जितनी जल्दी हो जाए उतना अच्छा रहता है। रिश्ता प्रगाढ़ होता है और ख़ुशियों का प्रसार होता है। अचानक पहली मंज़िल की बालकनी से प्रीति को किसी औरत की झलक मिली तो वो जाने को मुड़ गई।

"अरे प्रीति, आ गए क्या तुम लोग? रिंकिया कहाँ है?" ये रिंकी की माँ थीं जो अपने दोपहर के काम-धाम निपटाकर प्रथम तल की पड़ोसन के साथ नींबू की चाय पी रही थीं और मोहल्ले की आवारा लड़कियों के बारे में टीका-टिप्पणी कर रही थीं।

प्रीति की धुकधुकी बढ़ गई। उसका मन हुआ वो दौड़ती हुई जाए और सड़क पार कर सीधे रिंकी को गले लगा ले कि मुझे माफ़ कर दे मेरी दोस्त, मैंने तेरे लिए बुरा सोचा। मैंने सोचा इसमें तेरी भलाई होगी। प्रीति जाने के लिए पलट भी गई और जैसे ही उसने पहला क़दम इस अंदाज़ से बढ़ाया था कि उसने कोई आवाज़ सुनी ही नहीं, रिंकी की मम्मी की

कर्कश आवाज़ फिर से गूँजी।

"रिंकिया कहाँ है, तेरे ही तो घर गई थी। अपने जैसा मत बना देना उसको भी..." रिंकी की मम्मी ने आख़िरी शब्द धीमी आवाज़ में कहे और तेज़ क़दमों से सीढ़ियाँ उतरने लगीं। प्रीति के चेहरे पर घबराहट के भाव आए। वो समझ नहीं पाई कि वहीं खड़ी रहे या निकल जाए लेकिन तीर कमान से निकलने के बाद लक्ष्य पर लगने से पहले ही ज़्यादातर परिणाम का पता चल जाता है कि ये चूक रहा है या फिर सही जगह लगेगा।

रिंकी की मम्मी जब प्रीति से तीन बार शरीफ़ महिला और दोस्त की माँ बनकर पूछ चुकीं और उन्हें कोई जवाब नहीं मिला तो उन्होंने अपना वो रूप एक्टिवेट किया जो वो बाक़ी किरायेदारों से लड़ाई के समय करती थीं। वो रूप जिसे ज़्यादातर समय वो ख़ुद धारण नहीं करना चाहती थीं क्योंकि वह उन्हें ही पसंद नहीं था लेकिन उनके आस-पास जो दुनिया थी वो अक्सर उन्हें बरगलाने की कोशिश करती थी जिसका प्रतिकार करने के लिए उन्हें तेज़ आवाज़ में चीख़ना पड़ता था।

वो एक बार बरगलाई जा चुकी थीं। उन्हें प्रेम ने छला था या फिर उसकी किसी सममित आकृति ने, वो समझ नहीं पातीं। रिंकी की मम्मी के नाम से मोहल्ले में फ़ेमस होने से पहले जब वो अपने घर में दो भाइयों के बीच इकलौती बहन थीं तो उनका नाम मनोरमा था। सबसे छोटी बहन के लिए दिन भर घर में मनु-मनु की हाँक लगी रहती और उनके मुँह से जो निकल जाता वो पूरा करने के लिए बाप और भाइयों में होड़ लग जाया करती थी। बाप का दिल्ली में लकड़ियों का बड़ा व्यापार था। दिल्ली के कितने ही स्कूलों में डेस्क-बेंच-कुर्सियाँ बनवाकर हर साल वो इतने पैसे बनाते थे कि उनके जवान होने तक उनके पिता के दिल्ली में तीन मकान थे लेकिन वो लोग अपने सबसे पुराने घर में गोविंदपुरी की गली नंबर आठ में रहना पसंद करते थे। इस तीन मंज़िला मकान में चारों तरफ़ से चहल-पहल रहती थी और उनका बचपन बहुत जीवंत माहौल में बीता था। जो माँगो वो मिल जाने की वजह से मनोरमा थोड़ी ज़िद्दी और थोड़ी

नकचढ़ी हो गई थी। शुरू के जिन सालों तक वो जिन्हें अपनी ज़िंदगी के सबसे ख़ूबसूरत फिर बाद में सबसे बदसूरत दिन मानती है, वे अचानक आए थे। धंधे में बड़ा फ़ायदा होने के बाद बड़े भैया और पापा ने सावन में काशी विश्वनाथ के दर्शन करने का प्लान बनाया था। अपनी गाड़ी से वे लोग आगरा, मथुरा घूमते हुए बनारस आए और वहीं घाट पर मनोरमा की मुलाक़ात दोस्तों के साथ मस्ती मारते विश्वनाथ से हुई थी जिसने पहले परिचय में ही सबको मोह लिया था।

"हमारा नाम विश्वनाथ है और हम विश्वनाथ गली में रहते हैं, मंदिर के पीछे किसी से भी विश्वनाथ गेस्ट हाउस पूछ लीजिएगा बस उसी के दस क़दम आगे हमारा घर है।" उसने पहली मुलाक़ात में बताया जब दर्शन की दो किलोमीटर लंबी लाइन को उसने पुजारी से कह के पंद्रह मिनट में निपटवा दिया था।

"अरे वाह, गेस्ट हाउस आप ही का है?" बड़े भैया ने उत्साहित होकर पूछा था। वो सिर्फ़ मुस्कराया था। उसकी मुस्कान संक्रामक थी। उसे मुस्कराता देख अपने आप होंठों पर मुस्कराहट आ जाती थी।

"अरे नहीं भाई साहब, किसी और का है। यहाँ गली-गली में विश्वनाथ मिलते हैं क्या कीजिएगा।" वो हँसा था और कम समय में बाबा के दर्शन, वो भी एकदम सामने से, मिलने से उत्साहित परिवार के सभी सदस्य हँसे थे। मनोरमा उसकी मुस्कान में खोई तो फिर खोती ही चली गई। कुछ ही दिनों में ऐसा लगने लगा जैसे कितने बरसों से इस लड़के को जानती है। वो उसके लिए बेचैनी महसूस करने लगी। परिवार गंगा पार जाने के लिए तय नाव पर बैठता और वो विश्वनाथ के साथ मणिकर्णिका पर उसके अड्डे पर बैठी रहती जहाँ बैठकर वो लहरें देखा करता था। उसे ये अच्छा लगता था कि बिजली विभाग में अनुबंध पर काम करने वाले इस लड़के का एटीट्यूड कमाल था। उससे बात करके लगता था उसे कभी किसी बात से कोई समस्या, किसी चीज़ से कोई दिक़्क़त नहीं हो सकती। वो उससे जितना बात करती, उसके प्यार में पागल होती जाती।

छोटे शहरों की कई ख़ासियतें होती हैं लेकिन बनारस में जो एक ख़ासियत थी वो बाक़ी शहरों पर भारी पड़ती थी। हालाँकि किसी ने देखा नहीं था लेकिन कहते थे कि यहाँ से होकर मोक्ष का रास्ता जाता है। प्राचीन काल से लोग यहाँ मरने के लिए आया करते थे। प्राचीनता को पवित्रता से जोड़ना हमारी सबसे गंदी आदत है और इसीलिए बनारस दुनिया के सबसे प्राचीन शहरों में भले रोम के साथ-साथ खड़ा हो, पवित्रता में उसकी टक्कर में कोई नहीं था। इस बात का श्रेय हालाँकि पुराने वांग्मय को जाना चाहिए या फिर जनश्रुतियाँ अगली पीढ़ी तक पहुँचाने वाले लोक को लेकिन हर बनारसी इसका श्रेय या फिर इसका गर्व भाव अपनी छाती पर लटकाए घूमता था। जीवन में जो कुछ भी न कर पाए, उस बनारसी के लिए भी यह कह देना आसान था कि वो भौतिक सुखों को बेकार का शगल मानता है और इस पतित दुनिया में जीने के उसके लक्ष्य इससे काफ़ी बड़े हैं। मृत्यु से न डरने का भाव और इसके बारे में कुछ गूढ़ जानने का अहम् अक्सर चेहरे पर चिपका रहता। नौकरी, धंधा या उपलब्धियों की बात आते ही वे 'जीते लकड़ी मरते लकड़ी देख तमाशा लकड़ी का' बोलकर सारी चर्चा को ही बेअसर कर देते।

इसकी कुछ न समझाई जा सकने जैसी वजहें भी हैं।

मणिकर्णिका में जलती लाशों के साथ एक अग्नि लगातार धधकती रहती है जिसे कहीं और न ले पाने की विवशता से बनारसी उसे अपने हृदय में धारण कर लेता है। वो अग्नि धारण करने के बाद आपको काफ़ी हद तक छोटे-मोटे बंधनों से तो मुक्त करती ही है, एक असीमित ऊर्जा का पुंज भी देती है जिसके प्रभाव में कोई भारतेंदु हरिश्चंद्र अँग्रेज़ों के सामने कूट भाषा में उनकी ही धज्जियाँ उड़ाता है, कोई कबीर सभी धर्मों के एक होने जैसी फ़र्ज़ी बात नहीं कहता बल्कि सिरे से सभी धर्मों के अस्तित्व और उनकी ज़रूरत को नकार देता है, कोई रविदास जैसा कठौती लेकर बैठा संत ब्राह्मण मत पूजिए कह के 'पूजिए चरण चंडाल के जो होवे गुण प्रवीण' जैसी कालातीत बात कह देता है और भाषा के मिटने तक अमर

हो जाता है। ये अग्नि निरंतर उससे जलाती रहती है और इसके असर में वो इतना बेचैन रहता है कि उसे शांत करने के लिए गंगा की गहराई से कम कुछ नहीं चाहिए। एक सच्चा बनारसी सबसे ज़्यादा प्रेम मणिकर्णिका और गंगा से करता है। एक उसके भीतर की अग्नि को ज़िंदा रखती है और दूसरी उस अग्नि से तब उसे बचा सकती है जब वो उसे जलाने जा रही हो। विश्वनाथ भी ऐसा ही था जिससे देर तक बात करने पर सामने वाले के मन में भय की हल्की छाया उभरती थी कि कहीं अगले दिन सोकर उठें तो ये लड़का संन्यास न ले चुका हो। मनु इसी भरम में आ गई। प्रेम छलकने की उम्र में योग्य, अयोग्य जो भी सामने आता है उसके लिए प्रेम छलक ही जाता है फिर विश्वनाथ कम-से-कम प्रेम किए जाने के लिए क़तई अयोग्य नहीं था। मनु की ग़लती ये रही कि उसने उसी से शादी करने की भी घोषणा कर दी।

जैसा कि होता है कुछ मध्यमवर्गीय नाटक हुए, कुछ बेल्ट वग़ैरह टूटे, गाली-गलौज और धमकियों का आदान-प्रदान हुआ और मनोरमा ने घर छोड़कर विश्वनाथ से शादी कर ली। विश्वनाथ ने उससे कोई वादा नहीं किया था, कोई आश्वस्ति नहीं दी थी लेकिन उसे लगता था ये तो उसका स्वभाव ही है, इसमें चिंता क्या करना। इतना चिढ़ने और दिमाग़ फटने की हद तक पागल होने के बाद भी वो विश्वनाथ को कुछ नहीं कह पाती तो इसीलिए कि विश्वनाथ ने उसे समझाने की ही कोशिश की थी कि ये शादी बेमेल है, इसका चलना मुश्किल है। ये सच बात है कि वो भी उससे प्रेम करने लगा है लेकिन इस रिश्ते की सफलता को लेकर वो आश्वस्त नहीं है। मनु ने उसकी नहीं सुनी, मनु को बचपन से सिर्फ़ अपनी सुनवाने की आदत पड़ी थी। विश्वनाथ को भी अपना घर छोड़ना पड़ा क्योंकि उसके बड़े भाई ने एलान कर दिया कि उसने दूसरी बिरादरी की लड़की से शादी की तो जायदाद से बेदख़ल हो जाएगा। पिता की मौत के बाद घर और माँ दोनों की ज़िम्मेदारी भाई पर थी और वे इसे निष्ठा से निभा भी रहे थे। विश्वनाथ और मनु किराये के घर में आ गए और दो साल के भीतर इस

प्रेम कहानी का ऐसा ख़राब हश्र हुआ जो देश की ज़्यादातर प्रेम कहानियों का होता है, जिसके मूल में आर्थिक संकट की भूमिका होती है जिसे न पहचानने की वजह से प्रेमी-प्रेमिका एक-दूसरे को गरियाया और ज़िम्मेदार ठहराया करते हैं।

पुरानी यादों से अपना दामन खींचते हुए जब वे प्रीति पर ज़ोर से चिल्लाईं और फिर लगातार चिल्लाने लगीं तो प्रीति घबरा गई। उन्होंने प्रीति के लिए जब कुछ गंदे शब्दों का प्रयोग किया और उसके चरित्र पर हमला किया तो अब तक सोया हुआ उसके दिमाग़ का वो हिस्सा जाग गया जिसे वो अब तक मज़ाक़ समझकर सुलाने की कोशिश कर रही थी।

"अच्छा, हम छिनाल हैं न? ठीक है आंटी, बहुत इज़्ज़त कर लीं हमारा आप, चल के देख लीजिए आपकी बेटी कितनी शरीफ़ है। चाहते तो पूरे मोहल्ले को बता देते लेकिन हम आपके पास आए। तब से कोशिश कर रहे कि आप शांत हो जाएँ तो आपको बताएँ लेकिन आप ऐसे चिल्ला रही हैं जैसे हम कोई गटर से आए हैं और आप विश्वनाथ मंदिर से शिवलिंग से प्रकट हुई हैं।" प्रीति का चीख़ना उनके चीख़ने से कुछ डेसिबल ज़्यादा ही रहा होगा। वो घबरा गईं। उनके चेहरे पर हवाइयाँ उड़ने लगीं।

"ले के चल हमके।" वो एकदम चुप हो गईं और प्रीति की कलाई पकड़ ली। दोनों ने एक साथ दाएँ-बाएँ देखा कि उन्हें ऐसा करते किसी ने देखा तो नहीं है। आस-पास कोई नहीं था।

चतुर और रिंकी ने जिस सुख का अनुसंधान किया था उसने उन्हें प्रकृति के सम्मुख नतमस्तक होने पर विवश कर दिया था। जो कुछ जिस तरह अपने आप होता जा रहा था वो दोनों के लिए आश्चर्य का विषय था। चतुर रिंकी के नग्न स्तनों से खेल रहा था और जैसे-जैसे वो उसके अलग-अलग स्थानों पर चूम रहा था और होंठों के साथ जीभ का उपयोग कर रहा था, रिंकी को महसूस हो रहा था कि वो कोई द्वीप है जिसके कई अलग-अलग हिस्से हैं लेकिन चिट्ठी आने का केंद्रीय पता एक ही है। उस पते पर कई चिट्ठियों की दस्तक हो रही थी और वहाँ वैसी नमी

इकट्ठा होती जा रही थी जो किसी अपने को देर तक याद करने पर आँखों में इकट्ठा हो जाती है। चतुर जैसे कोई और हो गया था, रिंकी जैसे कोई और हो गई थी और दोनों मिलकर एक साथ एक ऊर्जा लिए हुए कुछ ऐसा खोजने में व्यस्त थे जिसके मूल के बारे में उन्हें भले अधिक पता न हो लेकिन जो उन दोनों की उत्तेजना का कारण था। चतुर के होंठों में उसका एक छोटा-सा हिस्सा जब क़ैद हुआ तो उसे पता चला कि ये उसके शरीर का सिर्फ़ एक अंग नहीं, ये एक ऐसा गुप्त रास्ता है जिससे होकर वो अपने प्रेमी को पूरे ज़माने से छिपाए रख सकती है। उसके मन की उत्तेजना शरीर के छोटे-छोटे रास्तों से प्रकट हो रही थी और चतुर न जाने कितना चतुर था कि उसकी नज़र हर बदलाव पर पड़ रही थी। अकड़न से लेकर जकड़न तक और तनाव से लेकर नमी तक उसकी नज़र थी और वो सही समय पर सही जगहों पर या तो हाथ रख रहा था या फिर जीभ। उसकी जीभ में हिमालय में पाई जाने वाली सभी औषधियों का मिश्रण था जो अंग पर लगते ही या तो राहत पहुँचाता था या फिर रिएक्शन कर राहत छीन लेता था। रिंकी को ख़ुद पर आश्चर्य हुआ जब उसने अपना आख़िरी कपड़ा बिना चतुर के मनुहार किए ही उतार दिया और अपने शरीर से दूर फेंक दिया। उसे अब सिर्फ़ चतुर अपने आवरण के रूप में चाहिए था और चतुर भी इसके लिए पूरी तरह तैयार था। उसे अपने पूरे शरीर का अर्थ अब समझ में आया था कि इससे रिंकी के पूरे शरीर को इस तरह ढक लेना है जिससे उसका हर हिस्सा उसके हर हिस्से से छुप जाए। दोनों एक-दूसरे में समा जाने के लिए इस क़दर व्याकुल थे जैसे दो रंग मिलकर फ़ौरन ही एक आख़िरी रंग में बदल जाना चाहते हों, फिर उन्हें इंद्रधनुष में लगने के लिए जाना हो।

जब रिंकी ने अपनी आँखें बंद कर ली थीं और एक ख़ास पल का इंतज़ार कर रही थी, जब बाहर दूर से कहीं बज रहा एक पुराना गीत 'कोयल बोली, दुनिया डोली, समझो दिल की बोली' तेज़ हो रहा था, जब चतुर की तेज़ साँसों की आवाज़ उसके कानों में पड़ रही थी और जब

चतुर अपने और उसके बीच की दूरी को पाटने के लिए बुरी तरह से आतुर था, अचानक दरवाज़े पर दस्तक हुई।

ये दस्तक वैसी नहीं थी जैसा प्रीति ने कहा था कि पहले एक बार, फिर दो बार बजाना कोड होगा। ये कोई और कोड था। दोनों कुछ पलों के लिए जड़ हो गए। चतुर ने दरवाज़े की तरफ़ कान लगाकर भाँपने की कोशिश की लेकिन दुबारा कोई आवाज़ नहीं आई। जैसे ही दोनों जड़ से फिर लताएँ होकर लिपटने लगे, अचानक दरवाज़े को पीटा जाने लगा। रिंकी जल्दी से अपने कपड़े पहनने लगी। कुछ कपड़े पहनने के बाद जैसे ही उसे ध्यान आया कि इन कपड़ों में देखी जाने के बाद उसके पास सिर्फ़ आख़िरी सफ़ेद कपड़ा पहनने का विकल्प बचेगा, वो तुरंत प्रीति की माँ के वो लाल कपड़े बैग में कसने लगी जो लेकर आई थी। उसने जल्दी से अपनी जींस और टी-शर्ट पहनी और इतनी देर में दरवाज़े पर एक मर्दाना और ज़नाना आवाज़ में बातें सुनाई देने लगीं।

"अरे कौन है अंदर, दरवाज़ा खोलो। पता नहीं किसके घर का दरवाज़ा पिटवा रही हो। तुमको कैसे पता यहाँ आई होगी रिंकी?"

"तुम पीटो न, ताक़त लगाओ, तोड़ दो, फ़ालतू का बात मत करो।"

"खोलो दरवाज़ा कौन है, तोड़ रहे हम। जल्दी से खोलो वरना ठीक नहीं होगा।"

"गरियाओ भी, गाली दो वो हरामी चतुर्भुज है, अंदर हमारी लड़की के साथ।"

"अरे हमको गाली देते कब सुनी हो कि बोल रही हो? और अंदर कौन है खुलेगा तब तो पता चलेगा। दरवाज़ा खोलो।"

"क्यों रे प्रितिया, खोलवा दरवाज़ा।"

इसके बाद प्रीति की आवाज़ आई, "रिंकी, दरवाज़ा खोलो।"

अंदर रिंकी और चतुर ने एक-दूसरे के चेहरे की ओर देखा। चतुर ने कमरे की बड़ी खिड़की की ओर देखा जैसा कि फ़िल्मों में ऐसी स्थिति में आपातकालीन निकास दिखाया जाता था। खिड़की काफ़ी बड़ी थी,

उसमें से होकर निकला जा सकता था अगर छोटे शहरों के असुरक्षित मन-मिज़ाज ने उसमें लोहे की छड़ें नहीं लगवाई होतीं। दरवाज़ा अब पीटा और खटखटाया एक साथ जा रहा था। अब उसमें रिंकी की माँ के रोने और गालियाँ देने की आवाज़ें भी शामिल हो गई थीं जिनमें वो अपनी बेटी और उस लड़के, जिसके साथ वो अंदर बंद थी, दोनों को एक जैसे कीड़े पड़ने की बद्दुआएँ दे रही थीं।

अब कोई रास्ता नहीं था। चतुर और रिंकी के चेहरे फक पड़ चुके थे। दोनों कपड़े पहन चुके थे और बाल वग़ैरह ठीक कर सामान्य दिखने की कोशिश कर रहे थे लेकिन उनके चेहरों से ज़ाहिर था कि वो कुछ देर पहले कुछ ऐसा हासिल करने की कोशिश कर रहे थे जो उनके सँभाल से थोड़े बाहर की चीज़ थी। रिंकी का शरीर डर से काँप रहा था और उसकी आँखें उस कातर हिरनी की तरह भरी हुई थीं जिस पर किसी भी कोने से बाघ छलाँग लगाने वाला था। चतुर ने उसकी आँखों की ओर देखा तो एक पल के लिए उसके दिल से दुनिया का डर ग़ायब हो गया। जो हुआ है दोनों की मर्ज़ी से हुआ है और वे दोनों एक-दूसरे से प्यार करते हैं। चतुर ने जल्दी से रिंकी को बाँहों में भरा और उसकी आँखें पोंछते हुए उसके माथे पर एक हल्का-सा चुंबन लिया।

"आज चाहे जो कुछ होगा बाहर, हम दोनों का अंजाम चाहे जैसा हो, ये बात हमेशा याद रखना। हम तुमसे दुनिया में सबसे ज़्यादा प्यार करते हैं और तुमसे एक वादा चाहते हैं।"

रिंकी ने डबडबाई आँखों से उसकी ओर देखा। दरवाज़ा पीटने की आवृत्ति और गालियों की गति बाहर बढ़ गई थी।

"आज अगर हम बच गए तो हमारी ज़िंदगी तुम्हारे नाम होगी। शादी करेंगे तो तुमसे नहीं तो जब तक ज़िंदा रहेंगे तुमको याद करते रहेंगे। तुम वादा करो आज के बाद तुम्हारे साथ जो भी हो, तुम ज़िंदा रहोगी तो मेरा इंतज़ार करोगी।"

जो कुछ भी होने और ज़िंदा रहने को चतुर ने इतने साधारण अंदाज़

से बोला था कि रिंकी का भयानक डर थोड़ा-सा कम हो गया था और उसके मन में भी एक विचार आया था कि जो होगा देखा जाएगा। अगला विचार चतुर वाला ही उसके भी मन में कौंधा, अगर वो बच गई तो सिर्फ़ चतुर के लिए जिएगी।

चतुर दरवाज़े की तरफ़ बढ़ा। रिंकी भी उसके साथ थी। चतुर ने दरवाज़ा खोल दिया। बाहर रिंकी के पापा, मम्मी, चीकू और प्रीति खड़े थे। दरवाज़ा खुलते ही रिंकी की मम्मी ने एक ज़ोर का तमाचा रिंकी को मारा। चतुर कुछ कहने ही वाला था कि रिंकी के पापा का एक भारी हाथ उसके चेहरे पर पड़ा और वो गिर पड़ा। प्रीति की आँखों में आँसू और चेहरे पर घबराहट थी जैसे वो समझ ही नहीं पा रही हो कि ये सब क्या हो रहा है। चतुर ने उठने की कोशिश की तो रिंकी के पापा का दूसरा हाथ उसके चेहरे पर पड़ा और इस बार उसके होंठ फट गए। वो इस बार ज़्यादा ज़ोर से गिरा। गिरते ही उसकी नज़र दरवाज़े के बाहर पड़ी।

चीकू आइसक्रीम खा रहा था और चतुर को देखते हुए उसके चेहरे पर मुस्कराहट थी।

मेरी मौत को दोस्तों ने टाला इसलिए मैं कभी दोस्तों को नहीं टालता

रातें बहुत लंबी हो गई थीं। चाँद की किरणें विरह के फफोलों पर टीस की तरह पड़ती थीं और सितारे लगातार देखने पर टूटकर गिर जाया करते थे। रात इतनी गाढ़ी होती थी कि चलने में पाँव फँस जाया करते और अकेलापन निगलने की कोशिश में गले में कुछ अटकता था। अक्सर आधी रात को जब सभी गहरी नींद में सोए होते, चतुर उठकर पीछे के खेत में चला आता और पाख़ाने के बग़ल में बैठकर घंटों चाँद देखता और सिगरेट फूँकता रहता। करने को कोई काम नहीं रह गया था, न जाने को कोई जगह बची थी न देखने को कोई सपना। मौत के मुँह से निकल आए रोगी जैसा तन और मौत की इच्छा कर रहे योगी जैसा मन लिए चतुर एक-डेढ़ महीने तक देश-दुनिया तो दूर, ख़ुद से भी कटा रहा।

कोई बड़ा सदमा एक बार में नहीं लगता। वो एक बार लगने के बाद-बाद कई दिनों तक तड़पाता है। अगर आप दिल पर किसी आघात से मर नहीं जाते तो यक़ीन मानिए, आप बार-बार मरते हैं। सोते-जागते, खाते-पीते, चलते-बैठते हर वक़्त सीने में एक दर्द का सोता बहता है जो उसके जाने के ग़म को याद दिलाता है और पूछता रहता है कि तुम ऐसे कैसे खा सकते हो, और खाते-खाते आँख भर आती है, पानी पीते-पीते चेहरा पानी से भर जाता है, चलते-चलते चक्कर आ जाता है। रात-रात भर नींद नहीं आती। जब आती है तो एक झटके से खुल जाती है और आप एक पल को सोचते हैं कि ये जो गुज़रा है वो इतना भयानक है कि इसे सिर्फ़ एक बुरे सपने में घटित होना चाहिए था। लेकिन वो सच में गुज़र चुका होता है और

आपको आश्चर्य होता है कि आप अभी तक ज़िंदा कैसे हैं। अपने जीने में पहली बार कोई राज़ लगता है। पहली बार पता चलता है कि हम अपनी मर्ज़ी से नहीं किसी जैविक घड़ी की वजह से जिए जा रहे हैं। पहली बार पता चलता है कि कल तक जिस जीवन की कल्पना करना भी असंभव था, वो भी जीना पड़ता है। पहली बार पता चलता है कि मृत्यु अपने आप आने वाली कोई मनमर्ज़ी की चीज़ नहीं बल्कि एक नेमत है। पहली बार आप इतना टूटा हुआ महसूस करते हैं और पहली बार आप इतने बड़े हो जाते हैं कि आपको हैरानी की किसी भी बात पर हैरानी नहीं होती।

चतुर को लगा था कि रिंकी की माँ पूरे मोहल्ले में उसे बेइज़्ज़त करेंगी और तमाशा बनेगा लेकिन ऐसा कुछ नहीं हुआ था। अचानक से रिंकी के घर से आवाज़ें आना और उन लोगों का बाहर आना-जाना बिलकुल कम हो गया था। कभी-कभार चीकू गेंद खेलता इधर-उधर कुछ मिनटों के लिए दिखाई देता और रिंकी की मम्मी फिर से उसे अंदर खींच ले जातीं। कोलाहल की जगह एक मुर्दा शांति ने कायस्थ निवास के निचले तल को डरावना बना दिया था क्योंकि रातों को सबके सो जाने के बाद अक्सर एक लड़की की सिसकियाँ गली में सुनाई देती थीं। चतुर को कुछ भी पता नहीं चलता कि उस बंद दरवाज़े के पीछे क्या हो रहा है अगर उसे रास्ते में रोककर प्रीति ने एक दिन बताया न होता कि बोर्ड के आख़िरी पेपर के बाद रिंकी अपने मामा के यहाँ दिल्ली जाने वाली है।

रिंकी ने इंटर का एग्ज़ाम अपने पापा के साथ जाकर दिया और आख़िरी पेपर ख़त्म होते ही वे उसे लेकर काशी विश्वनाथ एक्सप्रेस में बैठ गए। जब ट्रेन कैंट स्टेशन से छूटी तो रिंकी उदास-सी खिड़की पर बैठी बनारस को अपनी आँखों से पीछे छूटता देखती रही। उसे लगा बनारस के साथ उसकी साँस और सपने भी यहीं छूट रहे हैं। उसका सीना जकड़न से भर गया और उसे साँस लेने में तकलीफ़ होने लगी। रिंकी उठ गई। पापा सामने वाली खिड़की पर बैठे थे और वो भी बेहद उदास दिख रहे थे। रिंकी ने बाथरूम जाने का इशारा किया। बेसिन पर लगातार अपने

चेहरे पर पानी के छींटे देर तक मारे। आँखों से बहता पानी धुल लिया और गंदे आईने में अपनी उदास आँखें देखने लगी। आईने पर स्केच पेन से 'मनोज लव्स कल्पना' लिखा हुआ था और उसके नीचे एक मोबाइल नंबर लिखा था जिसके आख़िरी दो अंक मिट गए थे। ट्रेन लोहता स्टेशन पहुँचने वाली थी कि अचानक रिंकी को ट्रेन के दरवाज़े पर कुछ हलचल दिखी। दरवाज़े में लगी बीच वाली खिड़की पर एक चेहरा था जो बाहर से दरवाज़े को खटखटा रहा था। रिंकी दरवाज़े के क़रीब गई और उसने दरवाज़ा खोला। चतुर एक हाथ से दरवाज़े की रॉड पकड़े दूसरे हाथ से बहुत देर से दरवाज़ा पीट रहा था। रिंकी का दिल ट्रेन से भी तेज़ स्पीड में दौड़ने लगा। उसने जल्दी से चतुर का हाथ पकड़कर उसे अंदर खींचा। दोनों दरवाज़े के पास एक-दूसरे से कस के लिपट गए और एक-दूसरे के चेहरों को चुंबनों से भिगोने लगे।

दोनों कुछ देर तक सिर्फ़ एक-दूसरे की बाँहों में खोए रहे, फिर रिंकी को याद आया कि वो कहाँ है और कहाँ जा रही है। वो चतुर से अलग हुई। चतुर ने उसे बाहर देखने को कहा। बाहर कालिदास एक उधारी की बुलेट पर बैठा ट्रेन से रेस लगा रहा था। चतुर ने उससे कहा कि लोहता आने वाला है, ट्रेन जैसे ही धीमी होगी दोनों उतर सकते हैं।

"लेकिन जाएँगे कहाँ? करेंगे क्या? रहेंगे कहाँ? छिपेंगे कैसे?" रिंकी के पास सवालों की अंतहीन श्रृंखला थी जिस पर आख़िरी डेढ़ महीने से वो लगातार सोच रही थी। चतुर के पास किसी सवाल का निश्चित जवाब नहीं था सिवाय इसके कि अभी चलते हैं फिर देखेंगे। रिंकी ने भरी आँखों से कहा कि अब एक ही रास्ता बचा है जो उस दिन चतुर ने कहा था। वो उसका इंतज़ार करेगी और करती रहेगी। चतुर इस जवाब के लिए भी तैयार था, उसने सब कुछ समय पे छोड़ रखा था और सोच लिया था कि आगे से हमेशा से प्लान बी लेकर चलेगा। उसने जेब से एक काग़ज़ निकाला और रिंकी को थमा दिया। उस पर काली के घर का लैंडलाइन नंबर लिखा था।

"फ़ोन करना और अगले दिन फ़ोन करने का टाइम बता देना। हम पहुँच जाएँगे। काली का घर दूर है हमारे घर से तो टाइम रखना।" रिंकी ने काग़ज़ अपने कपड़ों में कहीं छिपा लिया। लोहता स्टेशन आने वाला था। कालिदास जिस सड़क पर था वो लगभग ओझल हो रही थी। ट्रेन की गति हल्की-सी धीमी हुई।

"हम बीएससी ख़त्म होते ही दिल्ली आएँगे। हमारा इंतज़ार करना।" उसने आख़िरी बार रिंकी की हथेली चूमी और दरवाज़े के हैंडल को पकड़ पैर नीचे रखने के लिए ज़मीन खोजने लगा।

"तुम्हारा इंतज़ार करेंगे हम। अपना ध्यान रखना।"

चतुर उतर गया और आगे भागती ट्रेन से पीछे छूटता रहा। रिंकी भरी आँखों से उसे देखती रही। अचानक उसे पीछे किसी की आहट महसूस हुई। वो पलटी तो पापा थे। उन्हें देखकर रिंकी चुपचाप अपनी सीट की तरफ़ चली गई। पापा थोड़ी देर दरवाज़े से बाहर देखने की कोशिश करते रहे, फिर अपनी सीट की तरफ़ चले गए।

दोस्तों ने कई हफ़्तों तक इंतज़ार किया था कि चतुर इस झटके से ख़ुद से उबर आए जिसने अचानक उसने जीवन में आकर उसकी सुंदर चल रही गाड़ी को पंचर कर दिया। जब हफ़्ते महीने की शक्ल में चले गए तो दोस्तों को चिंता हुई। काली ने नेतृत्व सँभाला और शहर के एक अच्छे होटल में कमरा बुक किया गया। दलजीत और अमरनाथ चतुर के घर से उसकी मम्मी से रिक्वेस्ट करके उसे ये बोल के ले आए कि अमरनाथ के घर में बड़े भैया की शादी है और बरात लखनऊ जाएगी। चतुर की माँ वैसे ही बेटे का उतरा हुआ चेहरा देखकर कई हफ़्तों से ठीक से सो नहीं पाई थीं, उन्होंने तुरंत स्वीकृति दे दी।

चतुर उदास था और बाक़ायदा घोषणा करके उदास था। दोस्त भी उसकी उदासी में उदास थे। शहर के एक उम्दा होटल में माहौल जगमग था। अमरनाथ चतुर के घर जाकर उसको सूटेड-बूटेड करवा के ले आया। काली ने दो लड़कियों को बुला रखा था। चतुर ने घर में और रास्ते में भी

अमरनाथ को कन्विंस करने की बहुत कोशिश की कि उसकी ज़रा भी इच्छा नहीं है। आख़िर अमरनाथ ने रास्ते में बाइक इस वादे पर नहीं रोकी कि वो उसको पीने के लिए ज़िद नहीं करेगा।

कमरा हल्की रोशनी में था और दो अच्छे फ़िगर वाली गोरी लड़कियाँ संगीत की धीमी लय पर नाच रही थीं। चतुर अंदर घुसते ही चौंक गया। उसने ऐसे माहौल की कल्पना नहीं की थी। वो लड़कियों को छोटे कपड़ों में नाचता देख सकपका गया। लड़कियाँ नाचती रहीं और उसे देखकर मुस्कराती रहीं।

"जब तक मन करे पियो, जब इच्छा हो एक को ले के अंदर वाले कमरे में चले जाना।" काली ने चतुर की ओर देखते हुए कहा। चतुर एक क़दम पीछे हट गया।

"क्या हुआ बे?"

"ये नहीं पिएगा।" अमरनाथ ने जानकारी दी। काली ने थोड़ी देर ग़ौर से चतुर का चेहरा देखा और हँसने लगा। चतुर इधर-उधर देखने लगा। काली खड़ा हुआ और चतुर का हाथ पकड़कर उसे भी खड़ा कर दिया। उसने पहले चतुर की पैंट खोलनी चाही। चतुर ने विरोध किया तो उसे छोड़ वह अपनी पैंट खोलने लगा। चतुर समझ गया ये किसी पुरानी घटना को याद करने की कोशिश है।

"बोल पियबे कि नाहीं। नाहीं पियबे त आज त डाली देब कुछ-न-कुछ। एक महीना से झेलावत हउवे।" चतुर को काली की बात से याद आया कि उसने हाल-फ़िलहाल दोस्तों की कई पार्टियों में आने से सिर्फ़ इसलिए मना कर दिया था कि उसका मूड ठीक नहीं है। आज का माहौल देखकर उसे लगा अपने मूड की वजह से सबके उत्साह पर पानी फेरना ठीक नहीं है।

"अच्छा सिर्फ़ एक पेग।" चतुर ने हथियार डाले। काली ने मुस्कराते हुए बेल्ट फिर से लगा लिया।

"और इन सब की ज़रूरत नहीं है। तुम लोग जो मन करो, हमको मत

फ़ोर्स करना।" चतुर ने लड़कियों की ओर कनखियों से देखते हुए इशारा किया। एक लड़की नाचती हुई आई और उसके गाल पर किस कर चली गई। वो डिस्टर्ब हो गया। काली को मज़ा आ गया।

"अबे तुम्हारे और मेरे लिए ही दो बुलाए हैं। अमरनथवा को थोड़ी चाहिए।"

"क्यों?" चतुर ने अमरनाथ की ओर देखा। अमरनाथ ने दोनों हाथों से अपने कान पकड़ लिए।

"पागल हो तुम लोग।" चतुर ने धीमी आवाज़ में कहा और चियर्स किया।

दो से तीन पेग तक सुरूर माहौल बनाता रहा लेकिन चौथे में रंगत चेहरों पर और फिर बाहर भी छिटकने लगी। चतुर नशे में आते ही संजीदा हो गया और काली उसके संजीदा होते ही उसकी बैंड बजाने के मूड में आ गया।

"बात हो चुकी है गुरु, ग्रेजुएशन पूरा करोगे, तुरंत दिल्ली निकलोगे, अपने प्यार के पास जाओगे। हम तुम्हारे साथ हैं। लेकिन अभी तीन साल जो बचा है उसकी रोज़-रोज़ गाँड़ मारने से अच्छा है एक रात जी भर के पियो, जी भर के माल पेलो, पूरा भड़ास निकाल लो।" काली का इतना कहना था कि चतुर ने अपना गिलास एक झटके से सामने की दीवार पर दे मारा। वो कुछ कहना भी चाहता था लेकिन सारे विचार एक में एक इस क़दर मिल गए कि वो चुपचाप खड़ा रहा। डांस करती लड़कियों को ब्रेक लग गया। कुछ पल इस सन्नाटे में रहने के बाद वो जाने को मुड़ गया। काली भी थोड़े शॉक में रहा, फिर उसने जाने को मुड़ रहे चतुर का हाथ पकड़ा।

"देखो गुरु, अपनी बात कहने हमको हो सकता है तुम्हारी तरह नहीं आता हो। लेकिन भाई, सही बात यही है कि जो टाइम बिताना है उसको मनहूस बन के बिताओ या नॉर्मल आदमी की तरह, तुम्हारे ऊपर है। हम जान रहे पहले की तरह नहीं रह सकते पर कोशिश करो। गिलास फोड़

लो बोतल फोड़ लो, चाहे तो हमारा कपार फोड़ लो लेकिन कोशिश तो करो।"

काली की बात ने चतुर पर असर किया। वो सिर झुकाए चुपचाप बैठ गया। अमरनाथ ने उसका नया पेग बना दिया। पेग हार्ड था।

"यार आराम से बनाओ।" चतुर ने कहा। अमरनाथ ने पानी बढ़ा दिया।

"अबे पियो, मरोगे नहीं।" काली ने कहा। फिर से चियर्स हुआ।

"पीने से तो नहीं मरेंगे गुरु, हमको वियोग में मरना लिखा है।" चतुर फिर से मजनू अवतार में जाने लगा कि काली ने फिर से किक लगाई।

"अबे मरे-जिए की बात मत कर। हम ये पेग ख़त्म करके बाद वंदना के साथ अंदर जा रहे। तुम प्रिया को ले के चले जाओ।" काली ने एक डांसर लड़की की ओर देखते हुए कहा। चतुर ने काली की ओर देखा और आँखों से ही ऐसा हिंसक इशारा दिया जिसको कोई पुराना दोस्त ही समझ सकता था।

"अच्छा, एकदम मूड नहीं?" उसने चतुर से चुहल की। वो मुस्कराया और न में सिर हिलाया। काली ने अमरनाथ की ओर देखा।

"तुम चले जाओ गुरु, याद रक्खोगे हमको।" काली ने चौड़े में आते हुए कहा। अमरनाथ चौड़े से बाहर रहा।

"हमको माफ़ करो भाई, हमारी संस्कृति के हिसाब से ही चलेंगे हम।" अमरनाथ ने हाथ जोड़ते हुए कहा। ईश्वर के क़रीब होने और जीवन के बारे में कुछ रहस्यमय जानने का घमंड उसके चेहरे पर नाच रहा था।

"तोर कौनो अलग संस्कृति हौ का?" काली ने उसे डपटा। वो सिगरेट जलाने लगा।

"अगर आधे घंटे में दलजीत नहीं आया तो हम दोनों को ले के जाएँगे अंदर।" काली ने एलान किया। दलजीत ने कहीं फँसे होने का बहाना बना दिया था। उसे काली की ये आदत ठीक नहीं लगती थी। चतुर चुपचाप पी रहा था और रिंकी के बारे में सोच रहा था। अपने दोस्तों के बारे में सोच

रहा था। उस दिन के बारे में सोच रहा था जब काली ने अपनी जान पर खेलकर बुलेट को ट्रेन के बराबर में दौड़ाया था। उसके अंदर उदासियों का अंबार था लेकिन वो अपने दोस्तों के लिए ऊपर से मुस्करा रहा था। बस वो चाह रहा था काली जल्दी से लड़कियों को लेकर अंदर चला जाए तो वो आराम से रिंकी की यादों के साथ रह सके।

काली लड़खड़ाता हुआ अंदर जाने लगा। दोनों लड़कियों ने उसे सहारा दिया और अंदर वाले कमरे में चली गईं। दरवाज़ा बंद हो गया। आख़िरी पेग ख़त्म करके अमरनाथ बिस्तर पर एक तरफ़ लेट गया। चतुर ने भी अपना पेग ख़त्म किया और दूसरी तरफ़ लेट गया।

"कहाँ से इतना पैसा?" उसने अमरनाथ की ओर देखा।

"अरे एक जनी का ज़मीन बिकवाया है और एक घर ख़ाली करवाया है। अच्छा माल मिला है। पार्टी चलेगी हर रात।" अमरनाथ ने लेटे हुए सिगरेट जला ली और अय्याशी को महसूस करते हुए धुआँ छोड़ने लगा।

"सो जाया जाए।" चतुर ने कहा।

"हाँ सही मज़ा आ रहा है, घर नहीं जाना था तो औक़ात से ज़्यादा ही पी लिए।" अमरनाथ की आवाज़ लड़खड़ा रही थी।

"आज कलिया को भी कम नहीं पड़ा।" चतुर मुस्कराया।

"ये तो कल सुबह पता चलेगा।" अमरनाथ हँसा। थोड़ी ही देर में नींद ने कमरे में अपनी चादर बिछानी शुरू कर दी। दोनों अपनी दुनिया में खो गए।

रिंकी और दिल्ली, इनसे मिलने में तीन साल बाक़ी थे और उसने उसी रात तय किया कि उसकी ज़िंदगी में अगले तीन साल उसका एकसूत्री कार्यक्रम होगा रिंकी के इंतज़ार में जीवन को तपाकर कुंदन बनाना। सच्चे प्यार की ताक़त जिसके बारे में इतनी फ़िल्मों और किताबों में सुना गया है, उसको जीने-सा सौभाग्य उसको मिला है, वो उसे बेकार नहीं जाने देगा। उसका प्यार सबसे अलग है और वो सबसे दीवाना प्रेमी बनेगा। एक बार रिंकी उसे मिल जाए, फिर वो दुनिया को दिखा देगा कि प्यार

कैसे किया जाता है।

अपने ख़यालों में डूबे उसे नींद आ गई। सपने में उसने देखा कि वो रिंकी के साथ हवा में एक चादर पर बैठा उड़ रहा है। चादर वही है जो उसके घर होली के दिन बिछी थी। दोनों बादलों के बीच से लहराते हुए उड़ते जा रहे हैं। रिंकी के बाल उसके चेहरे पर आ रहे हैं और वो उन्हें उँगलियों से हटा रहा है। अचानक उसका बैलेंस बिगड़ा और वो नीचे गिर गया। रिंकी उसे रोकने के लिए झुकी लेकिन वो तेज़ी से नीचे गिर रहा है।

उसकी आँख चिहुँककर खुल गई। उसने देखा वो होटल के एक कमरे में है। उसने सोने के लिए फिर से आँखें बंद कीं तो उसे लगा उसने कुछ देखा है। उसने आँखें खोल दीं। पहले उसकी नज़र अपने बग़ल में गई। अमरनाथ वहाँ नहीं था। फिर उसने अंदर के कमरे की तरफ़ देखा। काली के बंद कमरे के बाहर अमरनाथ एक स्टूल लगाकर खड़ा था। रोशनदान से उचककर वो अंदर देखने की कोशिश कर रहा था। उसका एक हाथ नीचे की ओर था जो लगातार हरकत में था। अंदर से कराहने की हल्की आवाज़ आ रही थी।

चतुर को ये देखना बहुत अजीब लगा। उसने एक दूसरा निश्चय ये किया कि दोस्तों से मिलना-जुलना भी अब कम करेगा। उसके जीवन में बहुत ऐसी चीज़ें हैं जिन्हें वो निकाल नहीं पाता लेकिन निकालना चाहता है।

उसे उन चीज़ों से डर लगता है जिन्हें वो ज़्यादा एंजॉय करने लगता है। दोस्तों की कंपनी और शराब ऐसी ही चीज़ें हैं।

नाराज़गी व्यक्त करने के तरीक़े से बचपन का पता चलता है

माँ-बाप के झगड़े चतुर के बड़े होने का इंतज़ार कर रहे थे। ग्रेजुएशन पूरा करने के साथ-साथ चतुर ने माँ-बाप को अभयदान भी दे दिया था। अब झगड़े में उनकी आवाज़ उन तक सीमित नहीं रह पाती थी। चतुर अब भी झगड़ा शुरू होने पर बाहर चला जाता था लेकिन निकलते हुए बोलता जाता कि खाना समय पर बन जाए तो बेहतर रहेगा।

ग्रेजुएशन पूरा होने से पहले उसने अपने दिल्ली जाने का जुगाड़ बिन्नू से बार-बार बातें करके पूरा सेट कर लिया था। बिन्नू वहाँ दो साल से नौकरी कर रहा था और अच्छा जमा लिया था। उसने चतुर को आश्वस्त किया था कि वो जब आएगा उसके लिए बैंक में नौकरी तैयार रहेगी। सरकारी बैंक की नौकरी निकालने के लिए लोग सालों-साल तैयारी करते हैं और प्राइवेट बैंक के लिए भी एमबीए लगता है लेकिन बिन्नू का पौवा ऐसा था कि उसने बार-बार दावा किया था कि वो जब चाहे अपना रेज्यूमे और मार्कशीट लेकर दिल्ली आ जाए। आख़िरकार एक दिन माँ-बाप के झगड़े में वो ज़ोर से चीख़ पड़ा। उसके चीख़ने से दोनों शांत पड़ गए। मार्कशीट आ चुकी थी। उसने घर में बता दिया कि वो दिल्ली जाना चाहता है।

चतुर ने जिस टीटी को पैसे देकर साइड लोवर सीट का जुगाड़ किया था वो रात को पूरी ट्रेन के टिकट चेक करने के बाद उसी की सीट पर आ गया। उसके पास एक लिम्का की बोतल थी जिसे वह थोड़ी-थोड़ी देर पर घूँट मारता था और कोट की पॉकेट में रखे भुने चने फाँक लेता था। कुछ लोग मिडिल बर्थ उठाकर सो चुके थे, कुछ अपनी सीट पर बैठे समय

काट रहे थे और उनके चेहरों से साफ़ ज़ाहिर था कि समय उन्हें रास नहीं आ रहा। एक बकर दाढ़ी वाले मौलवी साहब कोई किताब बाईं ओर से पढ़ रहे थे और उनके सामने बैठा एक लड़का मनोहर कहानियाँ में डूबा हुआ था। टीटी के कोट पर 'अनिरुद्ध त्रिपाठी' का बैज लगा था। उसने चतुर को भी ऑफ़र किया। चतुर ने नहीं में सिर हिलाया।

"अरे मार लो दो घूँट, अच्छा लगेगा।" टीटी का मनुहार करना उसे अच्छा लगा लेकिन उसने विनम्रता से मना कर दिया।

"नहीं पीते क्या?"

"पीते हैं लेकिन मन नहीं है।" चतुर कहना चाहता था– 'पीते हैं लेकिन ख़ास दोस्तों के साथ', लेकिन टीटी का दयनीय चेहरा देखकर कह नहीं पाया। टीटी के चेहरे पर दुख के भाव आए। वह दो-चार इंच की दूरी बनाकर बैठ गया और पीने लगा।

"बताओ हमारे टाइम में नौकरी लगने से पहले हम लोग कोई सुख नहीं जाने। रोटी और दाल खा के पढ़े हैं, फिर जो किए अपनी कमाई से।" टीटी जन्म से उदास और नाराज़ लगता था। उसे कोई चाहिए था जो अपनी खुराक चढ़ाने के बाद उसका दुख सुन सके, बाँट सके। चतुर के अपने दुख थे जिनमें वो किसी को शामिल नहीं करना चाहता था। टीटी ने अपनी कोशिश में डिब्बे में आस-पास मौजूद सबको टटोलना चाहा।

"परमाणु बम बन चुका है हिंदुस्तान में भी, अब देखिएगा मज़ा।" उसने मनोहर कहानियाँ वाले व्यक्ति पर नज़र डाली। पत्रिका के कवर पर 'बाप जो बन गया दरिंदा' और 'ममता कुलकर्णी के रंगीन क़िस्से' जैसे शीर्षक थे जिसके आगे टीटी का विषय उस व्यक्ति को ख़ास ध्यान देने लायक़ नहीं लगा। टीटी निराश नहीं हुआ। उसने मिडिल बर्थ वाले भाई साहब पे नज़र डाली जिन्होंने मनोहर कहानियाँ वाले व्यक्ति से अपने भारी बदन का हवाला देकर सीट बदलने का प्रस्ताव दिया था और ख़ारिज होने के बाद ज़माने से नाराज़ चल रहा था।

"पाकिस्तान की फट के चार हो गई जब से पोखरन में विस्फोट हुआ

है।" टीटी की बात पर नाराज़ आदमी को अपनी नाराज़गी व्यक्त करने का मौक़ा मिला। नाराज़गी व्यक्त करने के तरीक़े से बचपन के संस्कारों का पता चलता है वैसे ही अपनी ख़ुशी व्यक्त करने के तरीक़े से आपकी जवानी की संगति के बारे में मालूम पड़ता है।

"पाकिस्तान की गाँड़ में दम नहीं है जो मुंडी भी उठा ले स्साला हमारे सामने, औक़ात क्या है उसकी! अब तो चाइना की भी फटेगी हमसे।" नाराज़ आदमी ने सिर सामने करते हुए कहा। टीटी को नशे की पिनक में सिर्फ़ पाकिस्तान से हिसाब बराबर करना था, चाइना पर वो एकमत नहीं हुआ। उसने प्रतिवाद किया।

"अरे चाइना-इंडिया का सही है, असली ख़तरा पाकिस्तान से है। इन सब को हड़का के नहीं रखा जाएगा तो सिर पे चढ़ जाएँगे स्साले।" टीटी ने घूँट मारते हुए मौलवी की तरफ़ देखा। मौलवी जैसे देश में अपनी स्थिति समझकर आमतौर पर पब्लिक में कम ही बोलता था, यहाँ भी ख़ामोश रहा। ट्रेन की हालत देश जैसी ही थी और मौलवी इससे बख़ूबी वाक़िफ़ था। नाराज़ आदमी को अपनी नाराज़गी में सिर्फ़ पाकिस्तान को मटियामेट करने से संतोष नहीं हो रहा था, वो चीन, अफ़ग़ानिस्तान, बांग्लादेश, श्रीलंका सबको तहस-नहस कर देना चाहता था लेकिन फ़िलहाल उसे नीचे बैठे मौलवी से हिसाब करना था और उसे ध्यान आया कि उसकी जानकारी और बचपन के अनुभव से मानें तो इस मौलवी की जान पाकिस्तान नाम के तोते में क़ैद होगी। उसने टीटी को सौ प्रतिशत समर्थन देना ही ठीक समझा।

"सही कह रहे हैं औक़ात रत्ती भर की नहीं आँख दिखाता है इंडिया को स्साला।" नाराज़ आदमी ने नफ़रत से नीचे बैठे मौलवी को हल्का-सा देखा, मौलवी चुपचाप किताब पढ़ता रहा। टीटी को अब जोश आया। उसने इस बार लंबा घूँट खींचा।

"सुनने में आ रहा है दिल्ली से लाहौर बस चलवाने वाली है सरकार, एक अच्छी ख़बर आती है तब तक एक फ़ालतू की ख़बर सब ख़ुशी छीन

लेती है।" टीटी ने मूँगफली टूँगते हुए कहा।

"अफ़वाह है सब, अख़बार वाले स्साले कुछ भी लिख देते हैं। और बस जाएगी भी तो सरकार पागल थोड़े है जो ख़ाली भेज देगी, परमाणु बम उसी बस में छिपा के भेज देंगे सीधे बूम... आधा पाकिस्तान साफ़, क्यों मौलवी साहब?" नाराज़ आदमी ने तेज़ आवाज़ में मौलवी को सुनाकर कहा। मौलवी ने मुस्कराकर ऊपर देखा। उसकी दाढ़ी जितनी सफ़ेद दिखती थी, उससे कुछ ज़्यादा ही सफ़ेद थी।

"आढा क्यों ठोड़ डेंगे हुजुअ, पूआ साफ़ कइए साओं को, डुश्मन को घायय कय के नहीं शोड़ते।" मौलवी ने मुस्कराकर कहा और फिर से किताब पढ़ने लगा। उसके बोलने पर पता चला कि उसके कम बोलने की वजह कोई चिंतन नहीं बल्कि मुँह में रखी कतरी सुपारी थी।

"हाँ पूरा कर दिया जाएगा स्सालों को, इंडिया मूत दे तो बह जाए पाकिस्तान।" नाराज़ आदमी ने काफ़ी तेज़ आवाज़ में चिल्लाकर कहा जिस पर उसके सामने वाली पंक्ति में अपर बर्थ पर सोया आदमी झल्लाकर पलटा और नाराज़ हो रहे आदमी पर नाराज़ हुआ।

"अरे भाई साहब चुपचाप सोवो और सोने दो, सुबह करना पाकिस्तान पर हमला।" नाराज़ आदमी कुछ और बोलने वाला था तब तक टीटी ऊँची आवाज़ में बोल पड़ा, "अरे आप सोइए न, हम लोग बात नहीं कर सकते?"

आदमी भड़क गया, "नहीं कर सकते। चिल्ला के बात नहीं कर सकते, तब से बकवास किए जा रहे हैं और चचा की तरफ़ देख-देख के बोल रहे हैं। वो दाढ़ी-टोपी रक्खे हैं तो पाकिस्तान का ठेका ले लिए? एकदम से जाहिले हैं क्या आप?" ये आदमी उस आदमी से ज़्यादा नाराज़ हो गया था। टीटी ने इस आक्षेप को गंभीरता से लिया।

"आपको पता है सरकारी कर्मचारी से बात कर रहे हैं आप? शिकायत कर दें तो केस बन जाएगा?" टीटी ने काले कोट की धौंस देनी चाही जिससे नाराज़ आदमी और नाराज़ हो गया।

“अच्छा! कर ही दीजिए कम्प्लेन। हम भी कम्प्लेन करते हैं कि दस बज रहा है, लोग सो रहे हैं और आप ड्रिंक करके भारत-पाकिस्तान कर रहे हैं, बॉर्डर पर भिजवा देते हैं आपको।” आदमी की इस वाली धमकी ने टीटी को अचानक बिलकुल ख़ामोश कर दिया।

“आपको लग रहा है हमदर्दी है पाकिस्तान से, वहीं से तो नहीं आए हैं?” नाराज़ आदमी ने इसे समापन वक्तव्य के तौर पर कहा और करवट बदलकर सोने का उपक्रम करने लगा लेकिन ज़्यादा नाराज़ आदमी ने इसे ख़ाली नहीं जाने दिया।

“हाँ हमदर्दी है तो? क्या करेगा तू? सो जा चुपचाप। बकर-बकर-बकर स्साले नरक करके रख दिया है।” नए नाराज़ आदमी का डीलडौल पहले नाराज़ आदमी से अच्छा था तो वो चुपचाप करवट बदलकर सो गया। मनोहर कहानियाँ पढ़ रहे आदमी ने पत्रिका हटाकर एक नज़र मिडिल बर्थ वाले को देखा और बिना ज़रूरत बातचीत में बाहर से हिस्सा ले एक नसीहत दे दी।

“अरे सो जाइए भाई साहब, मिडिल बर्थ सबसे मस्त होती है झूला झुलाते ले जाती है।” उसने एक तरह से पहले नाराज़ आदमी के ज़ख़्मों पर नमक छिड़का जिसकी प्रेरणा उसे मनोहर कहानियाँ की किसी कहानी से मिल रही थी। टीटी चुपचाप लिम्का के आख़िरी घूँट ख़त्म करता रहा।

चतुर सबकी बातें सुनता हुआ भी नहीं सुन रहा था, उसकी आँखों में उसकी बीती और आने वाली ज़िंदगी की धुँधली तस्वीर घूम रही थी। ट्रेन एक स्टेशन पर रुकी और एक ग़रीब बूढ़ा ट्रेन में चढ़ा। वह अंदर आया और बर्थ के पास ज़मीन पर सिकुड़कर बैठ गया। टीटी ने बोतल खिड़की से बाहर फेंक दी और बूढ़े से मुख़ातिब हुआ।

“टिकट बाबा?”

बूढ़ा उसकी ओर देखने लगा। उसने गंदे कुरते की जेब में हाथ डाला और थोड़ी देर खोजने के बाद एक मटमैला टिकट निकालकर टीटी की ओर बढ़ाया।

"ये तो चालू का है, आप स्लीपर में घुसे हैं।"

बूढ़ा फिर से उसके चेहरे को देखने लगा। टीटी ने थोड़ी देर उसके घबराए चेहरे की ओर देखा, फिर एक हल्की-सी डकार लेता हुआ पेनाल्टी की रसीद निकाल ली।

"तीन सौ पेनाल्टी लगेगी। टिकट बना रहे हैं। निकालिए पैसा।" टीटी ने रसीद बुक पर कुछ लिखने का अभिनय किया। बूढ़े ने हाथ जोड़ लिए।

"पैसा नहीं है साहब।"

"पैसा नहीं तो चढ़े क्यों स्लीपर में? चलो निकालो जितना है। बूढ़े ने सीटों पर फैले लोगों को देखा और जेब से तुड़े-मुड़े नोट निकालकर गिनने लगा। चतुर तब तक अपने दुख से गुज़रता खिड़की के बाहर देखता चैतन्य हो गया था। उसने बूढ़े की ओर देखा। बूढ़े ने उसकी ओर आशा भरी नज़र से देखा। उसने टीटी की ओर देखा। टीटी कुछ अतिरिक्त मिलने की संभावना से उत्साहित था या लिम्का में मिले द्रव का असर अच्छा हुआ था।

"काहे ग़रीब को परेशान कर रहे हैं! आइए बाबा इधर मेरी सीट पर बैठ जाइए।" चतुर थोड़ा-सा टीटी की ओर खिसक गया जिससे टीटी को असुविधा हुई। अपने अधिकारक्षेत्र में एक कल के लौंडे को बोलता देख टीटी को बुरा भी लगा।

"नियम-नियम... न...न...नियम है...पेनाल्टी तो लगेगा।" टीटी की ज़बान लड़खड़ाने लगी थी। वो चतुर को घूरकर देख रहा था। चतुर के दिमाग़ में ज़माने से लेकर घर तक का ग़ुस्सा एक तरफ़ इकट्ठा हो रहा था, वो फूटने लगा।

"नियम बोलने में दिक़्क़त हो रहा है आपको, जाइए आराम करिए। बाबा उतर के चालू में चले जाएँगे अगले स्टेशन पर। ग़रीब आदमी को भी जीने दीजिए कि राजा हो गए हैं आप देश के।" चतुर की आवाज़ में ग़ुस्सा था और ग़ुस्सा किसी कमज़ोर के पक्ष में हो तो तुरंत बग़ल वाले तक उसकी आँच पहुँचती है। मनोहर कहानियाँ वाला यात्री जागरूक हुआ।

"जाने दीजिए सर, बुज़ुर्ग आदमी हैं।" पाकिस्तान पर चढ़ाई करने को उत्सुक नाराज़ आदमी ने भी मतदान किया।

"हाँ सर, ग़रीब आदमी लग रहा है, छोड़ दीजिए।"

टीटी को अब वहाँ बैठे रहने में दिक़्क़त महसूस होने लगी। वो उठ गया। उठा तो हल्का-सा लड़खड़ा गया। उसने बग़ल की रॉड पकड़ ली। छोटे क़दमों से अगल-बग़ल का सहारा लेकर वो धीरे से आगे की ओर निकल ओझल हो गया।

थोड़ी देर बाद ट्रेन रुकी तो बूढ़ा उठकर उतरने लगा। चतुर ने उसका हाथ थाम लिया।

"अरे बाबा कहाँ जाएँगे, चालू में जगह थोड़े मिलेगा। कहाँ तक जाना है?"

"अलीगढ़।" बूढ़े ने संक्षिप्त जवाब दिया।

"सोइए इसी पे, आप उधर सिर कर लीजिए, हम इधर कर लेते हैं।"

चतुर बैग पर सिर टिकाकर लेट गया। बूढ़ा भी धीरे-धीरे चेहरे पर एक अनजाना अपराधबोध लिए लेटने की कोशिश करने लगा।

सामान बेचने में सामान के साथ थोड़ी आत्मा भी चली जाती है

अगर वहाँ पहुँचने वालों के सपनों को शीशे के महल में बदल दें तो दिल्ली वो पेपरवेट है जो उन सपनों से पूरी गति से आकर टकराता है। दिल्ली मासूमियत की दुश्मन है और इसकी गति यमराज के भैंसे की गति के बराबर है। यह इतनी ख़ूबसूरत है कि इसके सामने बदसूरती बिना कोशिश उजागर हो जाती है। यह इतनी बदसूरत है कि दुःस्वप्नों का हिस्सा बन जाती है। यहाँ स्वर्ग भी है नरक भी, सुगंध भी है दुर्गंध भी, किताबें भी हैं बंदूक़ें भी, पुस्तकालय भी हैं हत्याएँ भी, सीलमपुरी भी है और लुटियन ज़ोन भी, आईसा भी है एबीवीपी भी, महिला आयोग भी है ऑनर किलिंग भी, मेट्रो भी है और ऑटो रिक्शा भी। यहाँ जो भी मौजूद है उसका पूरक, उसका डुप्लीकेट, उसका विलोम भी उतनी ही शिद्दत के साथ मौजूद है। आप ख़ुश हैं और आपके पास पैसे हैं तो दिल्ली से ख़ूबसूरत शहर पूरे देश में नहीं। और अगर आप हारे हुए हैं तो भी आपके मरने के लिए दिल्ली से बेरहम कोई जगह नहीं। विश्वामित्र ने त्रिशंकु के लिए जो स्वर्ग बनाया था वो दिल्ली ही था जो समय की आँधी में आसमान से उतरकर नीचे आ गया इसलिए इसमें ज़मीन पर होने वाली मक्कारियाँ भी हैं और आसमान में घटने वाले स्वप्न भी।

चतुर के सपनों और उम्मीदों पर पहला पत्थर उसी दिन पड़ा जिस दिन उसने दिल्ली में क़दम रखा। बिन्नू ने जो बैंक-बैंक का पोलंबर बाँधा हुआ था वो अश्वत्थामा के 'नरो या कुंजरो वा' जितना सत्य था। ये बैंक तो एचडीएफ़सी ही था लेकिन बिन्नू और उसकी टीम डायरेक्ट बैंक के

लिए काम नहीं करती थी। वे लोग बैंक के एक डीएसए यानी डायरेक्ट सेल्स असोशिएट कंपनी के लिए काम करते थे जो हर महीने बैंक को एक निश्चित टारगेट पूरा करके देती थी। बिन्नू ने पहले चतुर को एकाध हफ़्ता आराम करने, दिल्ली घूमने और रिंकी से मिलने की सलाह दी लेकिन चतुर तुरंत नौकरी चाहता था। उसका कहना था कि वो नौकरी करने के बाद ही रिंकी से मिलने जाएगा। बिन्नू ने उसका रेज़्यूमे जमा किया और एक दिन इंटरव्यू दिलाकर उसे अपनी टीम में न लेकर अपने दूसरे कलीग मनोज मित्रा की टीम में डलवा दिया।

चतुर ने सेल्स की दुनिया में पहला क़दम रखा और पहले ही दिन उसे जीवन के सबसे बड़े सत्य का पता चल गया जिसके सामने बड़े-बड़े प्यार-मोहब्बत के वादे धुआँ हो जाते हैं, घने से घना अफ़सोस तिरोहित हो जाता है और गहरे से गहरा दिल का घाव भरने लगता है। पैसा कमाना बेहद मुश्किल काम है, ये एहसास चतुर को गहराई से हुआ जब उसके सामने उसके टीम लीडर मनोज ने उसका परिचय चलताऊ अंदाज़ में टीम से करवाया, फिर उसके सामने ही टीम के सभी दस बंदों को बुरी तरह गरियाने लगा। उसकी गालियों में माँ-बहन की ऐसी गंदी-गंदी गलियाँ शामिल थीं जिन पर पूर्वांचल में ख़ून-ख़राबा हो जाया करता था लेकिन सब ख़ामोश सिर झुकाए सुन रहे थे। चतुर को वहाँ उनके बीच खड़ा होना अजीब लग रहा था और वो बीच में उठ के जा भी नहीं सकता था। सबके चेहरे गालियाँ सुनते वक़्त बहुत रुआँसे लग रहे थे और उनके चेहरे देखकर चतुर को भी रोना आ रहा था। उससे ज़्यादा रोना उसे ये सोचकर आने लगा कि कल से उसे भी इनके जैसे टारगेट पूरे करने हैं और न होने पर उसे भी ऐसी ही गालियाँ पड़ेंगी। उसने जल्दी से इस ख़याल को निकालकर दिमाग़ से फेंक दिया। वो पूरी मेहनत करेगा और टारगेट जल्दी-से-जल्दी पूरा करने की कोशिश करेगा।

सेल्स की दुनिया के नियम अलग होते हैं। यहाँ वास्तविक टारगेट से दुगना करके इसीलिए दिया जाता है कि सेल्स के युवा अपनी पूरी क्षमता

और ताक़त का इस्तेमाल करें। दरअसल सेल्स की नौकरी पूरी तरह से उनकी युवावस्था और जोश का दोहन है। युवा का उल्टा वायु होता है, युवा जहाँ धरती पर पैर मार दें वहाँ से पानी निकल आना चाहिए और इससे मिलती-जुलती फ़ालतू बातें सेल्स के लोगों में हर मीटिंग में भरी जाती थीं कि वे अपनी ऊर्जा और मेहनत की आँधी में पूरे देश को उड़ा दें। हर मीटिंग के बाद वहाँ काम करने वाले युवाओं में इतना जोश भर दिया जाता था कि अगर ये प्री-ग्लोबलाइजेशन युग होता और ये लड़के किसान होते तो ये जिन खेतों में छोड़े जाते, वे सोना उगलने लगते। देश फिर से सोने की चिड़िया बन जाता और हर तरफ़ ख़ुशहाली आ जाती। लेकिन ये लड़के जब फ़ील्ड में अकाउंट खोलने और इश्योरेंस बेचने निकलते तो उनके अंदर भरा जोश हवा की तरह साबित होता और वे इंसान नहीं ग़ुब्बारे बनकर रह जाते।

युवा देश की सबसे बड़ी ताक़त थे और हर कोई किसी-न-किसी तरह से इसे दुह लेना चाहता था। चूँकि समय बाज़ार का था इसलिए घर-परिवार, समाज, राजनीति सबमें वो बाज़ी मार ले जाता था और युवाओं की ताक़त को गेंद बनाकर इधर-उधर उछालता रहता था। घर-परिवार और बाक़ी तत्त्व भी एक तरह से बाज़ार के पार्ट टाइम या फ़ुल टाइम कर्मचारी बन चुके थे इसलिए युवाओं की शक्ति के उपयोग की शुरुआत जिस भी तरह हो, अंततः वह बाज़ार के ही काम आती थी। चतुर को संगम विहार का एरिया मिला था और जब वो पहली बार वहाँ के दुकानदारों का अकाउंट खोलने पहुँचा तो उसे पता चला कि दुकान में रखे उत्पादों के नौकर दिखते उसकी जी-जान से सुरक्षा करते ये लोग दरअसल दुकान के मालिक हैं और दुकान में रखी बेजान चीज़ों की जानदार इंसानों से ज़्यादा इज़्ज़त इसलिए करते हैं क्योंकि यही इनका घर चलाते हैं। उनके पहले से एक-दो खाता होने के बावजूद एक प्राइवेट बैंक में खाता खोलने को उन्हें कन्विंस करने की उम्मीद के पीछे एक ही वजह थी कि उनके पास इतने पैसे थे कि वो एक और खाता खोल सकते थे। चतुर ने इसी पहलू

पर फ़ोकस किया।

"नमस्ते सर, मैं चतुर्भुज शास्त्री एचडीएफ़सी बैंक की तरफ़ से आया हूँ। हमारा बैंक आपके लिए बहुत सारे बेनेफ़िट्स के साथ करेंट और सेविंग अकाउंट खोल रहा है। क्या मैं आपका दो मिनट ले सकता हूँ?"

ये दुकान में खड़े होकर फेंकने वाला पहला अस्त्र था जिसका असर होने पर सेल्स परसन को अंदर बैठने बुलाया जाता था या फिर वहीं से कम या ज़्यादा बेइज़्ज़ती के साथ लौटा दिया जाता था। कुछ ही दुकानदार होते थे जिन्हें वाक़ई बैंक अकाउंट खोलने की ज़रूरत होती थी वरना ज़्यादातर अथाह समय के ढेर में बैठे उसे काटने का तरीक़ा ढूँढ़ रहे होते थे और चतुर उन्हें इसके लिए उपयुक्त कैंची दिखाई देता था।

महीने में तीस खाते खोलने का टारगेट हर सेल्समैन के लिए था जो कठिन दिखते हुए भी उतना कठिन नहीं था लेकिन उससे कई गुना कठिन था बैंक का लाइफ़ इंश्योरेंस या हेल्थ इंश्योरेंस बेचना। जिस देश में आज़ादी के कई दशकों बाद भी लोग न अपने जीवन को गंभीरता से लेते हों न स्वास्थ्य को वहाँ उन्हें ये बताना कि अभी जो पैसे आप कमा रहे हैं उसमें से कुछ पैसे हमें देते जाइए और जब हमारे पास ढेर सारे रुपये जमा हो जाएँगे तो आप बीमार पड़ेंगे या आपके साथ कोई अनहोनी हो जाएगी तो हम आपके साथ खड़े रहेंगे, ख़ासा रूमानी ख़याल था। एक लाख के इंश्योरेंस से शुरुआत थी और महीने में दस लाख का इंश्योरेंस बेचना वाक़ई असंभव सरीखा काम था लेकिन कंपनी और टीम लीडर्स पाँच लाख भी कर देने पर अंदर से ख़ुश रहते थे। चतुर ने किसी तरह बिन्नू भैया और अपनी टीम में शरद के सहयोग से दस-बारह खाते खोले लेकिन इंश्योरेंस वो एक भी नहीं बेच पाया।

बिन्नू की वजह से टीम लीडर मनोज ने चतुर को अब तक सिर्फ़ हल्के-फुल्के अंदाज़ में डाँटा था लेकिन अब ये आख़िरी हफ़्ता चल रहा था और अब फ़िज़ाओं में 'लीड, फ़ील्ड, कॉलिंग, टारगेट' जैसे शब्दों से ज़्यादा क्लोज़िंग का ज़ोर था जिसे बोलते हुए बंदों के शरीर में सिहरन-सी

दौड़ जाती थी।

क्लोज़िंग कोई छोटी-मोटी चीज़ नहीं थी। इसका जीवन में नाना प्रकार से इस्तेमाल किया जाता था और सेल्स की दुनिया में इसकी स्थिति ब्रह्मा-विष्णु-महेश वाली थी। इसकी टक्कर का शब्द सेल्स की दुनिया में नहीं था जिसके एक स्पर्श से सामने वाला पूरा मामला गहराई तक समझ सकता था। मतलब किसी को दुनिया की सबसे बड़ी ख़ुशी मिली हो और वो इसे बाँटने के लिए फ़ोन करे कि चल भाई पार्टी करते हैं और सामने वाला संक्षेप में कह दे, भाई नहीं आ सकता क्लोज़िंग चल रहा है तो आगे संवाद की संभावना समाप्त हो जाती थी। ठीक है भाई फ्री हो के बताना, फ़ोन करने वाला ये बोल के फ़ोन काट देता था और सोचता था कि जल्दी-से-जल्दी मेरा दोस्त क्लोज़िंग नाम की यातना से बाहर निकले। पति अपनी बीवियों से क्लोज़िंग के नाम पर जितनी चाहे देर हो जाने की छूट ले सकते थे तो प्रेमी अपनी प्रेमिकाओं से देर होने के सबसे सटीक बहाने के रूप में इसे प्रयोग करते थे। लड़कियाँ अपने घरों पर थोड़ी देर जाने की सहूलियत पाकर अपनी सहेलियों या दोस्तों के साथ कुछ सुकून के पल गुज़ारती थीं तो ऑफ़िस के अधिकारी देर रात अय्याशी करके घर जाते और थकान दिखाते हुए सो जाते कि क्लोज़िंग में चुस गए हैं।

क्लोज़िंग के समय तक चतुर ने एक भी इंश्योरेंस नहीं बेचा था और सुबह मनोज ने उसे घूरती आँखों से समझाया था।

"देख चतुर्भुज, तू बिन्नू का दोस्त है इसीलिए मैंने तुझे इतना स्पेस दिया लेकिन अब पानी सिर के ऊपर जा रहा है, शाम तक एक तो इंश्योरेंस लाना पड़ेगा वरना मैं तुझे अपनी टीम में कंटिन्यू नहीं कर पाऊँगा। चल ज़ोर लगा दे पूरा। बोल, लाएगा न?"

"यस सर!" चतुर ने कहा और जब वो संत नगर के घने पार्क में अकेला एक पेड़ के नीचे बैठा सिगरेट का इंतज़ार कर रहा था तो उसे महसूस हुआ कि उसे ऐसे आदमी को सर बोलना पड़ रहा है जो उसका सर बनने की योग्यता क़तई नहीं रखता। शरद उसकी टीम में उसका एकमात्र

साथी था जो गालियाँ सुनने के बाद चतुर की तरह काफ़ी देर तक उदास रहता था। वो पार्क के बाहर सिगरेट लेने गया था। चतुर ने सोचा था कि पहले महीने की सेलरी मिल जाएगी, फिर रिंकी से मिलने जाएगा लेकिन ये एक महीना कई जन्मों जितना लंबा था जो ख़त्म ही नहीं हो रहा था। शरद सिगरेट लेकर आया और एक जलाकर चतुर को थमा दूसरी ख़ुद पीने लगा। आज इंश्योरेंस किसी भी तरह लेकर जाना ही था और शरद के पास इसका फ़ौरी आइडिया था। आज दोनों के पास करेंट अकाउंट की कुछ लीड्स थीं जिनके फ़ॉर्म भरवाते समय इंश्योरेंस वाला फ़ॉर्म भी नीचे रखकर कस्टमर से साइन करवा लेना था। उससे कुछ फ़ोटोग्राफ़्स एक्स्ट्रा माँग लेने थे और बाद में वो फ़ॉर्म पर चिपकाकर, अकाउंट के साथ ये फ़ॉर्म भी जमा कर देना था जिसकी पहली क़िस्त अकाउंट वाले चेक से ऑटोमेटिक कट जाती। चतुर को ये अच्छा तो नहीं लग रहा था लेकिन और कोई रास्ता भी नहीं था। शरद ने उसे कन्विंस कर लिया था।

दिन तो अच्छा रहा, शरद और चतुर दोनों ने दो-दो अकाउंट भी खोले और पहला इंश्योरेंस भी सफलतापूर्वक खींच लिया। शरद तो बेफ़िक्र था लेकिन चतुर को अपराधबोध खाए जा रहा था। उस अपराधबोध का नतीजा हो या कुछ और, उसने कस्टमर से एक बार में दो एक्स्ट्रा फ़ोटोग्राफ़्स नहीं माँगे। पहले उसने एक एक्स्ट्रा फ़ोटो ली, फिर दिन भर यहाँ-वहाँ भटकता रहा कि ये ग़लत काम करे या नहीं। आख़िरकार शाम को वो फिर से उस दुकान पर गया और एक और एक्स्ट्रा फ़ोटो माँगी। दुकानदार को थोड़ी शंका हुई और उसने चतुर से उसके टीम लीडर का नंबर माँगा। चतुर ने थोड़ा सोचने के बाद मनोज का नंबर दे दिया।

चतुर जब ऑफ़िस पहुँचा तो वो मनोज को दिन भर के अकाउंट फ़ॉर्म और साथ में एक इंश्योरेंस देने वाला पहला आदमी था। मनोज ने उसे गले लगा लिया और कहा कि बिन्नू उसके बारे में सही बोलता था, वो मेहनती आदमी है और काफ़ी आगे जाएगा।

ऑफ़िस पहुँचने और फ़ाइनली छूटकर घर जाने से पहले एक

आख़िरी औपचारिक मीटिंग होती थी जिसमें मनोज अपनी टीम के बंदों को दिन भर के उनके प्रदर्शन के आधार पर माँ-बहन की गालियाँ दिया करता था जिसके बाद ऑफ़िस के बाहर अपनी-अपनी बाइक में चाबी घुमा रहे ये लड़के आपस में बातें करते थे, "बहुत बेइज़्ज़ती हुई, सात किलो माँ बारह किलो बहन। तेरा क्या रहा?"

सामने वाला बोलता, "आज का दिन बहुत ख़राब गया, बीस किलो माँ और पैंतीस किलो बहन हो गई।" एक बार की गाली को एक किलो बेइज़्ज़ती में गिन रहे ये लड़के इस बेइज़्ज़ती को अपना अपमान भुलाने के लिए याद करते थे या फिर उन गालियों को याद कर ये अपनी बेइज़्ज़ती एक बार और करते थे, चतुर समझ नहीं पाता था। दस हज़ार किलो बेइज़्ज़ती के बाद ही कोई टीम लीडर बन सकता है, ऐसी अफ़वाहें ऑफ़िस में आम थीं। उसे हैरानी होती थी कि माँ-बहन की इतनी गंदी गालियों को कोई कैसे सिर्फ़ एक नौकरी के लिए झेल सकता है लेकिन फिर एक ही महीने में वहाँ उसे पता चल गया कि नौकरी के हाथों बिक जाने वाले इन मजबूर लोगों में एकाध तो ऐसे भी थे जो गालियाँ तो दूर, अपनी बहन को लेकर ऐसे मज़ाक़ झेलते थे जिनका विरोध करने पर उनकी नौकरी पर ख़तरा आ सकता था। चतुर के लिए ये सब कुछ नया था। ये वितृष्णा, चापलूसी, तनाव और अनिश्चितता उसके लिए नितांत नई थी लेकिन वो सब कुछ रिंकी की यादों को अपने दिल में लिए झेलता जा रहा था क्योंकि उसकी योजना के अनुसार उसके और रिंकी के मिलने में अब कुछ ही दिनों का समय शेष था।

जब डिपार्चर मीटिंग होने लगी तो सभी लड़कों के साथ चतुर भी जाकर मनोज के सामने खड़ा हो गया। उसने देखा सामने वाले केबिन में बिन्नू ने अपनी टीम की मीटिंग ले ली थी और चतुर को हाथ हिला रहा था कि वो जा रहा है। चतुर ने उसे इशारे से बाय किया।

मनोज चतुर को घूरती नज़रों से देख रहा था। उसे समझ नहीं आया कि अभी एक घंटे पहले तो उसने उसे गले लगाया था फिर अचानक उसके

चेहरे के भावों में ऐसा परिवर्तन क्योंकर आ गया। मनोज ने बोलना शुरू किया, कुछ देर सभी सेल्समैन को गालियाँ दीं फिर चतुर की ओर मुड़ा।

"तुम लोग कितने भी बड़े बहनचोद हो, बाहर चाहे जितनी अपनी माँ चुदाओ, मुझे फ़र्क़ नहीं पड़ता। ऐट दी एंड ऑफ़ द डे, मुझे रिज़ल्ट से मतलब है लेकिन इसका मतलब ये नहीं है मादरचोदों कि तुम लोग ऑफ़िस तक बदनामी लेकर आओ। चतुर गांडू इधर आ, किस चूतिये ने तेरा नाम चतुर रखा?"

चतुर की धड़कनें तेज़ चलने लगीं और हाथ-पाँव काँपने लगे। उसे हर गाली के साथ लग रहा था जैसे उसका हाथ उठेगा और मनोज के चेहरे पर एक ज़ोर का घूँसा लगेगा। सारे लड़कों के चेहरे चतुर की ओर मुड़ गए तो उसे आगे बढ़ना पड़ा। वो मनोज के सामने खड़ा हुआ।

"चूतिये, इंश्योरेंस जब कस्टमर की जानकारी के बिना करना था तो एक बार में स्मार्ट वर्क करता न? दो बार क्यों गया फ़ोटो लेने? किस करेंट अकाउंट में पाँच फ़ोटो लगती है कस्टमर की, बहन के लौड़े? बनारस के ठगों के बारे में इतना सुना है, वो क्या तेरे जैसे ही चूतिये होते हैं? एक आदमी को नहीं ठग सका तू मादरचोद? तेरी गाँड़ में सरिया डाल के मुँह से निकाल दिया होता मैंने अगर तू बिन्नू का रिकमेंडेशन नहीं होता। निकल यहाँ से, तेरा चेहरा देख के मेरी झाँट लाल हो रही है, निकल बहन के लौड़े!"

चतुर कब वहाँ से निकला, कब सड़क पर आया, कब संत नगर से पैदल कालका जी की तरफ़ बढ़ता हुआ एक कार से कुचलने से बचा और सड़क पर गिर गया, उसे होश नहीं था। हल्का होश तब आया जब उसके पीछे चल रहे एक यात्री ने उसे कार से बचाने के लिए बाईं तरफ़ धक्का दे दिया।

"अरे लौकाई नहीं दे रहा क्या भाईजी!" धक्का देने वाला फ़रिश्ते की तरह बिना क्रेडिट लिए आगे बढ़ गया और चतुर झाड़ियों में थोड़ी देर लेटा रहा।

एक बचपन था और एक घर, बचपन दोस्तों से भरा था, घर माँ-बाप और रोटियों से। बचपन में घर शामिल होता है या घर में बचपन, ये उम्र निकल जाने पर भी समझ में नहीं आ पाता। हवा की तरह हमें सहज मिली ये चीज़ें जब तक सामने होती हैं हमें उनकी क़द्र नहीं होती। फिर एक दिन हम बड़े हो जाते हैं और घर को छोड़कर परदेस कमाने या कुछ खोजने निकल जाते हैं। वहाँ जाते ही सबसे पहले घर की क़ीमत पता चलती है, फिर रोटियों की, फिर दोस्तों की। चतुर की आँखों में आँसू थे और उसे घर की बेतरह याद आ रही थी। उसे लग रहा था जिन माँ-बाप को वो जाहिल और मतलबी समझता रहा वो आख़िर झगड़ते भी थे तो कितनी मर्यादा से ताकि उसको उनके झगड़े की ख़बर ना लगे। माँ की याद आते ही मनोज की दी हुई माँ की गालियाँ उसके दिमाग़ में खौलने लगीं और ग़ुस्से की एक तेज़ लहर उसके पूरे शरीर में आकर दौड़ गई।

"भोसड़ी के, मेरे से ज़बान सँभाल के बात करना। नौकरी दी है ख़रीद नहीं लिया है तूने।" चतुर का अचानक उठा हाथ मनोज के गाल पर पड़ा था और हर किसी के साथ चतुर भी हतप्रभ रह गया था। मनोज थोड़ी देर तक ये भरोसा नहीं कर पाया था कि ये जो अभी हुआ है वो सच में हुआ है और उसकी पूरी टीम के सामने हुआ है। उसके सामने खड़े सभी लड़कों में कुछ पलों के लिए सुकून और रूहानी सुख का संचार हुआ लेकिन वो रूहानी सुख को नौकरी की सुरक्षा में इस क़दर बेच आए थे कि कुछ पल ख़ुश रहने और दूसरे थप्पड़ का इंतज़ार करने के बाद उन्हें अचानक अपनी औक़ात का बोध हुआ, वे समझ गए चतुर उस तथाकथित सम्मान वाली दीवार की दूसरी तरफ़ खड़ा है जहाँ जाने पर पेट भरने की कोई गारंटी नहीं रहती। उन्होंने उस रूहानी सुख को लानत भेजी और मनोज की नज़रों में आगे रहने के लिए चतुर को दबोचने बढ़े। जैसे ही दो-तीन बंदों ने चतुर को दबोचा, मनोज ने फटाफट उसे तीन-चार हाथ जमा दिए।

"बाहर फेंक के आओ जल्दी से नहीं तो मैं यहीं से नीचे फेंक दूँगा मादरचोद को।" मनोज ग़ुस्से में चिल्लाया। शरद जल्दी से चतुर को लेकर

नीचे चला गया।

"अभी घर जा तू चिल मार, कल आराम से दोपहर में आइयो जब कोई बंदा नहीं होता, मनोज सर का पैर पकड़ के माफ़ी माँगना, स्साले का इगो सैटिस्फ़ाई कर दिया तो गाँड़ मारने वाले को भी भूल जाता है। चल, आराम से जाना।"

चतुर को जैसे पिछले जन्म की बातें याद आ रही थीं जिनका अब की स्थिति से कुछ लेना-देना नहीं था। उसे उठकर लड़खड़ाती चाल में चलते हुए रिंकी का ख़याल आया। वो भी इसी शहर में कहीं घूम रही होगी। क्या वो उसे इसी तरह याद कर रही होगी जैसे वो उसे हर पल सोते-जागते याद करता है। इस शहर में आते ही उसे पहले रिंकी से मिलना चाहिए था, वो बेकार में ये सब नौकरी-फौकरी के चक्कर में फँस गया। ये सब तो बाद में भी हो सकता था। वो जितना सोचता जाता उतना घबराता जाता। कमरे तक पहुँचते-पहुँचते उसे पूरा भरोसा हो गया कि उसने रिंकी से अब तक न मिलकर बहुत बड़ी भूल कर दी है। बिन्नू सही कहता था उसे अगले ही दिन रिंकी से मिलना चाहिए था। ख़ैर, देर आए दुरुस्त आए, कल उसे हर हाल में रिंकी से मिलना है।

वो कमरे पर पहुँचा, उसके पहले उसकी ख़बर बिन्नू तक पहुँच चुकी थी। वो एक बोतल खोलकर बैठा था। उसने कुछ नहीं कहा, सिर्फ़ पास बैठने का इशारा किया। चतुर ने कपड़े बदले, बाथरूम में घुसा और थोड़ी देर बाद चेहरे पर पानी के छींटे लिए वापस निकला। वो बिन्नू के सामने बैठ गया और बिन्नू ने सामने रखे प्लास्टिक के गिलास में उसका भी पेग बना दिया। चतुर ने बिना बोले मुरझाए मन से चियर्स किया और बिन्नू के बोलने का इंतज़ार करने लगा। बिन्नू का ये दूसरा पेग था, उसने तीसरा पेग बनाया और चतुर को समझाने लगा।

"देख चतुर, जिस देश में हम लोग रहते हैं वहाँ कुछ भी मिल जाए नौकरी नहीं मिलती। ऊपर से ये दिल्ली है यहाँ बैंचो लौंडिया जल्दी मिल जाती है नौकरी नहीं मिलती। यहाँ फ्रेशर को तो कुत्ता भी नहीं पूछता।

अपनी तरफ़ से आए लोगों को यहाँ बिहारी बोलते हैं, चाहे तू यूपी से आया हो, एमपी से या बिहार से। इतना जुगाड़ लगवा के मैंने तेरी जॉब लगवाई थी यार। दिल्ली आते ही किसी को पाँच हज़ार की जॉब नहीं मिलती चतुर लेकिन तूने सब झंड कर दिया।" बिन्नू का पेग जैसे-जैसे ख़त्म हो रहा था उसकी बातें बढ़ती जा रही थीं।

चतुर चुपचाप अपना पेग सिप करता रहा। उसने सोचा कि बिन्नू से पूछे कि गोविंदपुरी से राजौरी गार्डन जाने का रूट क्या है लेकिन बिन्नू की बकबक सुनकर वो चुप रहा। बिन्नू बोलता रहा और उसे दुनिया भर की ऊँच-नीच से दिल्ली की ऊँच-नीच कितनी निकृष्ट और नीच है, ये समझाता रहा। चतुर को ऑफ़िस में की गई अपनी हरकत पर कोई अफ़सोस नहीं था इसलिए उसने बिन्नू की किसी बात का विरोध नहीं किया लेकिन चौथे पेग के बाद बिन्नू अचानक ख़ामोश हो गया। चतुर ने बिन्नू की तरफ़ देखा। बिन्नू ने उसके बालों में हाथ फिराया। चतुर को महसूस हुआ कि उसका दूसरा ही पेग चल रहा है लेकिन बिन्नू भैया को अच्छी-ख़ासी चढ़ गई है।

"देख ये मत सोचना कि मैं नशे में बोल रहा हूँ। ये सब तेरी भलाई के लिए बोल रहा हूँ।" बिन्नू की आवाज़ में अपनापन था।

"हम समझ रहे हैं बिन्नू भैया।" चतुर ने भी उसी अपनेपन से जवाब दिया। इस बार बिन्नू की आँखें हल्की-सी भर आईं। वो चतुर के थोड़ा पास खिसक आया।

"ये जो तूने किया वो प्रोफ़ेशनल तरीक़ा नहीं है लेकिन ठीक ही किया तूने। वो स्साला मनोज है ही मादरचोद। जो तूने उसके साथ किया है वो हर कोई करना चाहता है लेकिन किसी की गाँड़ में दम नहीं है।"

चतुर ने बिन्नू की ओर देखा। ये कोई और ही बिन्नू लग रहा था जिसकी आवाज़ नशे में लड़खड़ा रही थी और आँखें आँसुओं से लबरेज़ थीं। चतुर फिर भी चुप ही रहा। बिन्नू की आवाज़ में तुर्शी धीरे-धीरे बढ़ती जा रही थी।

"मैं नया आया था तो वो स्साला मेरा टीम लीडर था, मुझे भी गालियाँ देता था और मेरा भी मन करता था उसके गाल पर थप्पड़ मार दूँ लेकिन कभी इतनी हिम्मत नहीं जुटा पाया। बाहर मादरचोद कस्टमर बेइज़्ज़ती करते थे और ऑफ़िस में ये हरामख़ोर। हर बार गाली खाने पर मेरी आत्मा थोड़ी-सी मरती थी लेकिन मैं कभी उसे बचाने की सोचता भी नहीं था। मैं सच में बहनचोद हूँ, मैं सिर्फ़ नौकरी बचाने के बारे में सोचता था। अच्छा किया तूने।"

चतुर ने देखा बिन्नू के होंठों और आँखों से बराबर मात्रा में द्रव बह रहा था और उसकी हालत अब उसके ख़ुद से नियंत्रण से बाहर जा रही थी। चतुर ने उसका गिलास उसके सामने से हटा दिया जिसमें उसने इस हालत में भी नया पेग बना लिया था।

"बिन्नू भैया, आप अब रहने दीजिए, कुछ खाना हो तो खा लीजिए और आराम कीजिए।"

बिन्नू ने झटके से चतुर के हाथ से अपना पेग छीन लिया। खाने के लिए दोनों समय बाहर से टिफ़िन आता था और रात का टिफ़िन वैसे ही पैक पड़ा हुआ था और बिन्नू का इरादा उस तरफ़ जाने का बिलकुल भी नहीं था। वो जो भी बहकर बाहर आ रहा था, उसे कुछ समय आने देने के पक्ष में था।

"सुन! मेरी बात सुन चुपचाप। तुझे क्या लगा मुझे चढ़ गई है? नहीं, मैं पूरे होश में बोल रहा हूँ, मैं सच में बहनचोद हूँ और तुझे एक राज़ की बात पता नहीं होगी, मैं बताता हूँ। कान पास ला।" बिन्नू ने चेहरा आगे किया तो चतुर ने झक मारकर कान उसकी तरफ़ किया। बिन्नू कान की दिशा में मुँह कर पहले से ज़्यादा तेज़ आवाज़ में बोला, "मैं मादरचोद भी हूँ। देख ले मुझे ध्यान से, मैं चूतिया हूँ। बहनचोद हूँ, मादरचोद हूँ, बहन का लौड़ा हूँ और कुत्ते की औलाद हूँ। मेरी झाँट बराबर इज़्ज़त नहीं है। उसी केबिन में रोज़ वो मादरचोद मनोज मेरी माँ-बहन को यही सब गालियाँ देता था और मैं उस मादरचोद की गाँड़ पे एक लात नहीं मार पाया। तूने कैसे कर

लिया भाई। चतुर्भुज शास्त्री, तू बहुत बड़ा आदमी है यार।"

अचानक बिन्नू उठने की कोशिश करने लगा और फिसल गया। चतुर ने सहारा देने के लिए हाथ आगे बढ़ाया तो बिन्नू ने उसे झटक दिया और एक-दो कोशिशों के बाद ख़ुद सीधा खड़ा हुआ। उसने अपने शरीर को सीधा खड़ा किया और एक डकार रोकने की कोशिश करते हुए हाथ को माथे से लगाते हुए चतुर को एक कड़क सैल्यूट मारा।

"हम सब बिना आत्मा वाले लोगों के बीच तू बहनचोद बहुत ग्रेट आत्मा वाला आदमी है। तू आज मर जाए, अभी मर जाए बहनचोद तो सुखी और सैटिस्फ़ाइड मरेगा। हम सब मरेंगे तो प्रेत बन के साउथ दिल्ली में घूमते रहेंगे कि सर हमारे बैंक में आपके लिए बहुत अच्छी स्कीम है, सर प्लीज़ एक बार इंश्योरेंस के फ़ायदे सुन लीजिए ना...सर प्लीज़!" अचानक बिन्नू ने 'औउउउ' की आवाज़ के साथ उलटी कर दी। चतुर फुर्ती से उठा और बिन्नू को सहारा देकर बाथरूम की ओर ले जाने लगा। बिन्नू अब गहरे नशे में जा चुका था और अनाप-शनाप बड़बड़ा रहा था।

"सर प्लीज़ एक बार सुन तो लीजिए न... सर ये मेडिकल इंश्योरेंस आपके लिए बहुत ज़रूरी है... सर आप बहुत मादरचोद हैं एक बार सुन क्यों नहीं लेते... सर भोसड़ी के... सुनिए न..."

बिन्नू को उलटी करवाने और सुला देने के बाद चतुर अपना तीसरा पेग लेकर बालकनी में आ गया। आसमान में चाँद पूरे आकार में निकला था। रिंकी इस समय क्या कर रही होगी। उसने रिंकी का दिया हुआ नंबर शाम से कई बार मिलाया था लेकिन वो पुराना नंबर जिस पर आख़िरी बार डेढ़ महीने पहले आधे-अधूरे ढंग से बात हुई थी, डज़ नॉट एग्ज़िस्ट बता रहा था। उसने सोचा कल सुबह ही वो नहा-धोकर रिंकी के मामा के पते पर जाएगा और रिंकी के साथ कहीं बाहर रेस्टोरेंट वग़ैरह में बैठकर भविष्य की प्लानिंग करेगा। रेस्टोरेंट का विकल्प थोड़ी देर बाद उसने ख़ुद ख़ारिज कर दिया और इंडिया गेट पर रिंकी का हाथ पकड़ घूमते हुए आगे की योजना बनने के दृश्यों का संयोजन मन में करने लगा।

कमरे से बीच-बीच में बिन्नू की टूटी-फूटी आवाज़ आती थी, "सर प्लीज़, एक बार सुन लीजिए। बहुत सटीक प्लान है आपको अच्छा लगेगा। आपका एक्सीडेंट होगा तो आपकी बीवी को पैसा मिलेगा सर। आपके भविष्य के लिए बहुत ज़रूरी है।"

भविष्य उस समय चतुर को सबसे भयानक शब्द लगा और उसने एक बार उधर झाँकने की कोशिश की। उसे उधर इतना अँधेरा नज़र आया कि घबराकर वह फिर से वर्तमान में वापस आया जहाँ उसके हाथ में गिलास था और सिर पर पूरा चाँद। ये क्षण उसके दुखदायी अतीत और अँधेरे भविष्य से बेहतर था जहाँ कम-से-कम उसकी उम्मीदों में रिंकी तो थी।

तुम्हें मुझसे कोई बेहतर मिल जाएगा, शुभकामना नहीं जीवन का सबसे बड़ा शाप है

रिंकी को दिल्ली में आए साढ़े तीन साल से कुछ दिन ज़्यादा हुए थे लेकिन ये समय उसके जीवन के पिछले दस-बारह सालों से ज़्यादा बदलाव वाला समय साबित हुआ था। मामा के घर आकर उसका एक नई दुनिया से साक्षात्कार हुआ था और उसे आश्चर्य हुआ था कि उसकी माँ इतने बड़े परिवार से संबंध रखती हैं। उसके मामा-मामी, उनकी बेटी रिशू और उसकी नानी कमला नगर के एक घर में रहते थे और ऐसे दो आलीशान घर राजौरी गार्डन और वसंत कुंज में और थे जिनमें सिर्फ़ केयरटेकर रहते थे। रिशू कभी-कभी अपने दोस्तों के साथ वहाँ पार्टी करने जाती थी। उसके मामा और नानी का रवैया उसके लिए बहुत आत्मीय और गार्जियनशिप से भरा हुआ था। उसकी मामी भी उसे मानती थीं लेकिन उन्हें रिंकी में एक बिगड़ैल, हाथ से निकली हुई लड़की भी दिखाई देती थी इसलिए वो उसे स्नेह कम नसीहतें ज़्यादा देने में विश्वास रखती थीं। उसकी ममेरी बहन रिशू अलबत्ता घर में सबसे अलग और बिंदास लड़की थी।

रिशू नए ज़माने की एक आज़ाद-ख़याल लड़की थी जिसके लिए उसके माँ-बाप की दौलत का कोई ख़ास अर्थ नहीं था और वो अपनी ज़िंदगी अपने दम पर बनाना चाहती थी। इस बात की शिद्दत इतनी ज़्यादा थी कि दिल्ली पहुँचने के बाद रिंकी ने पहले ये नहीं जाना कि दिल्ली और नई दिल्ली दो अलग-अलग रेलवे स्टेशन हैं, उसने पहले यही जाना कि उसकी ममेरी बहन रिशू अपने दम पर ज़िंदगी बनाना चाहती है। ये करने

के लिए उसके लिए क्या करना ठीक होगा, इस मुद्दे पर वो पिछले पाँच साल से अपने जीवन के साथ प्रयोग कर रही थी।

अपने दम पर अपनी ज़िंदगी बनाने का दावा बड़े घरों के लड़के-लड़कियों का शग़ल था। लोअर-मिडिल क्लास और मिडिल क्लास के बच्चे तो बड़े होते-होते अपने आप समझ जाते हैं कि अब तक इसी नरक में ढल गए तो ज़िंदगी ऐसे ही काटें या फिर अपने दम पर अपनी ज़िंदगी बनाएँ और यहाँ से दो क़दम आगे जाके ज़िंदगी का मज़ा लें जहाँ बास कम आती हो। ग़रीब घर के बच्चे ज़िंदगी बचाने में पूरी ज़िंदगी निकाल देते तो ये चिल्ला-चिल्लाकर ज़िंदगी बनाने का शौक़ ले दे के एलिट क्लास के बच्चों में ज़्यादा शोभा देता था। उनके अमीर माँ-बाप भी उनके जवानी के जोश को देखते हुए उनसे कम सख़्ती से पेश आते और सिर्फ़ अपनी या अपने बाप के जवानी के स्ट्रगल की और सौ रुपये से सैकड़ों करोड़ का बिज़नेस खड़ा करने की कहानियाँ जगह बदल-बदल के सुनाया करते। वो जानते-समझते रहते कि कॉलेज ख़त्म करने के बाद जब बेटा या बेटी असली दुनिया में उतरेंगे जो मौक़ा पाकर आपकी पैंट तक उतार लेती है तो उन्हें अपने आप आटे-दाल का भाव पता चल जाएगा और वो थक-हार के आकर वापस बाप का बिज़नेस ज्वॉइन कर लेंगे क्योंकि उनके पास ये है। बाहर चंद हज़ार रुपयों के लिए जब धक्के खा लेंगे तो उनके ज्ञान चक्षु अपने आप खुल जाएँगे कि हमारे बाप का जमा जमाया धंधा हम नहीं सँभालेंगे तो कौन सँभालेगा!

रिंकी के मामा के कई बिज़नेस थे लेकिन उनका नया बिज़नेस एयरपोर्ट पर इस्तेमाल होने वाली कन्वेयर बेल्ट बनाने का था जिसमें उन्हें अच्छा फ़ायदा हो रहा था। वो चाहते कि रिशू कभी-कभी किसी पार्टी से मीटिंग कर लिया करे या साइट पर चली जाया करे तो उनकी मदद हो जाए लेकिन वो इन सब चीज़ों को बाप की ख़ैरात बोलकर क्रांति की कुछ बातें करके निकल जाती जो उसने अपने कॉलेज की छात्रसंघ मीटिंग में सुनी होतीं।

किसी ने देखा नहीं लेकिन जैसा कहते हैं खरबूज़े को देखकर खरबूज़ा रंग बदलता है, रिशू के इस रवैये का रिंकी के ऊपर भी फ़र्क़ पड़ा। रिशू ने जब सुना कि किसी लड़के का मामला है और उसकी दो साल छोटी बहन यहाँ बाल सुधार गृह समझकर भेजी जा रही है तो उसने उसे प्रॉपर इंसान मानने से ही इनकार कर दिया। न उससे बोलती, न उसकी बातों का जवाब देती। ऐसा एक महीने तक चला तो एक दिन रिंकी ने रोककर वजह पूछ ली कि वो ऐसा व्यवहार क्यों कर रही है। रिशू के पास छिपाने को कुछ नहीं था, कड़वे सत्य को सामने बोलने को वो क्रांति का अभिन्न अंग मानती थी।

"क्या बात करूँ तुमसे? एक लड़के के चक्कर में थी तुम? आई मीन सीरियसली? कोई बनारस का लुक्खा लड़का? दिस इज़ योर एक्सपेक्टेशन फ्रॉम योर लाइफ़? आई थिंक कुछ बचा नहीं है तुमसे बात करने को। तुम अपनी ज़िंदगी को इतना मामूली समझती हो कि मैं तुम्हें मामूली समझती हूँ। बात करने लायक़ कोई बात नहीं है तुममें, यू शुड इवन नॉट टॉक टू मी, यू नो व्हाई यू कैन टॉक टू मी? क्योंकि तुम इस घर में हो, दैट्स इट।"

इस एक मिनट के संवाद ने रिंकी की ज़िंदगी बदल दी। अपने ननिहाल का वैभव देखकर उसे ये तो समझ आ गया था कि उसकी माँ क्यों उसके पिता से झगडा होने पर अपने प्रेम विवाह करने के फ़ैसले को कोसती थीं। उसने माँ के मुँह से सुना था कि वो बड़े अमीर घराने की थीं लेकिन एक बनारसी साधारण लड़के के प्यार में दिल्ली से उस छोटे, भीड़ और ट्रैफ़िक से बिलबिलाते शहर में चली आईं। अब उसे माँ के ज़्यादा क्रोधित होने का कारण भी समझ में आ रहा था। वो नहीं चाहती थीं कि उनकी बेटी उनका इतिहास दोहराए। हालाँकि उनकी और चतुर के परिवार की स्थिति में ज़्यादा फ़र्क़ नहीं है, दोनों ही परिवार रहन-सहन और क्लास में फ़टीचर हैं लेकिन इसका क्या मतलब कि रिंकी भी हमेशा उसी फ़टीचर माहौल में रहे। रिंकी कई दिनों तक आत्मनिरीक्षण करती रही और धीरे-

धीरे उसके सामने लगे जाले हटने लगे। उसने सोच लिया कि वह अपनी ज़िंदगी अपने दम पर बनाएगी और इसके लिए रिशू से अच्छा मार्गदर्शक पूरी दिल्ली में नहीं मिल सकता था।

पहले-पहल चतुर को उसने फ़ोन किया लेकिन उधर से चतुर की हमेशा भविष्य की प्लानिंग वाली बातें उसे जल्दी ही बोरिंग लगने लगीं। कुछ महीनों बाद उसने फ़ोन करने की आवृत्ति बेहद कम कर दी तो चतुर घर के लैंडलाइन पर फ़ोन करने लगा। एक साल बाद उसके मामा ने उसके जन्मदिन पर उसे एक मोबाइल फ़ोन गिफ़्ट कर दिया और अब चतुर मोबाइल पर बातें करने लगा। रिंकी ने चतुर को अपने भविष्य बनाने वाले फ़ैसले के बारे में बताया तो उसे कोई फ़र्क़ नहीं पड़ा। उसने कहा अच्छा है, शादी के बाद तुम भी जॉब करना मैं भी जॉब करूँगा। जो मिलेगा प्यार से खाकर सोएँगे। आख़िर के एक साल में चतुर रिंकी को इरिटेट करने लगा था। वो हर बात के जवाब में कुछ फ़िक्स बातें कहता था जैसे जितना भी पैसा कमाएँगे, दो-दो रोटी खाएँगे और साथ सोएँगे। वो कहती कि वो पीएचडी करने बाहर जाना चाहती है और बाहर की किसी यूनिवर्सिटी में प्रोफ़ेसर बनना चाहती है तो उसका जवाब होता कि बढ़िया है, कुछ तुम कमाना कुछ हम कमाएँगे, बाहर घूमेंगे मस्ती करेंगे, फिर जो बचेगा, दो-दो रोटी खाकर सो जाएँगे। वो चतुर की गाड़ी खींचकर अपनी बात की तरफ़ ले आती और चतुर अपने सपनों की तरफ़ ले जाता जिनके पूरा होने में साथ सोना अभिन्न अंग था। रिंकी चाहती कि वो समझे कि वेंकटेश्वरा कॉलेज में एडमिशन हो जाना कितने फ़ख्र की बात है तो वो बताने लगता कि प्रीति ने एक नया बॉयफ्रेंड बना लिया है, वो कहना चाहती कि उसने पासपोर्ट के लिए अप्लाई किया है तो वो बताने लगता कि आज बनारस में पाँच घंटे लगातार बिजली कटी रही, वो बताना चाहती कि अगले साल वो जेएनयू जाना चाहती है इसलिए अभी से एंट्रेंस एक्ज़ाम की तैयारी कर रही है तो वो बताने लगता कि उसने घर पर बता दिया है कि वो रिंकी से प्यार करता है और उसी से शादी करना चाहता है, वो बताती

कि उसने जेएनयू का फ़ॉर्म भर दिया है तो वो बताने लगता कि उसकी मम्मी का उसकी मम्मी से बहुत तगड़ा झगड़ा हुआ है, वो बताना चाहती कि मुझे तुम्हारी और वहाँ के लोगों की बातें सुन के चिढ़ होती है तो वो बताने लगता कि वो उससे मिलने दिल्ली आ रहा है, वो बताने लगती कि अभी उसके पास मिलने-जुलने का बिलकुल वक़्त नहीं है और उसे अपने एक्ज़ाम पर फ़ोकस करना है तो वो बताने लगता कि बिन्नू सेल्स में उसकी नौकरी लगवा देगा और वो उसके मामा से उसका हाथ माँगने नौकरी के साथ आएगा। वो अपना बताती और वो अपना बताता। दोनों एक-दूसरे से बातें करते हुए भी अलग इंसानों से बातें करते और शब्द एक-दूसरे तक पहुँचने के बाद भी अपना अर्थ कहीं बीच में ही छोड़ देते। चिढ़कर रिंकी फ़ोन काट देती और फ़ोन को नॉट रीचेबल कर देती। रिशू ने उसका डेडिकेशन देखकर अपनी पहली राय पर खेद व्यक्त किया था और इस पर ख़ुशी ज़ाहिर की थी कि भले जीवन के उन्नीस साल रिंकी ने बर्बाद कर दिए, पूरा बर्बाद करने से पहले चेत गई।

रिंकी उस समय बिलकुल चौंक गई जब एक दिन चतुर ने अचानक फ़ोन किया और धमाके की तरह बताया कि वो कल की ट्रेन पकड़ रहा है और जल्दी ही उससे मिलने आएगा। रिंकी ने उसे समझाया और झक में कोई निर्णय न लेने की अपील की लेकिन चतुर मुँह मोड में चल रहा था और कान मोड उसने डीएक्टिवेट कर रखा था। रिंकी अब ज़्यादातर अपने फ़ोन को नॉट रीचेबल रखती थी।

रिंकी धौला कुआँ से डीटीसी की बस में बैठी थी और कॉलेज होकर फ़ॉर्म जमा करने जेएनयू जा रही थी कि अचानक उसके मोबाइल पर फ़ोन आया। उसने फ़ोन उठाया। उधर से चतुर था। उसने बताया कि उसने भी मोबाइल फ़ोन ख़रीद लिया है और ये उसका नया नंबर है। रिंकी कुछ कहती उसके पहले उसने कहा कि वो कालका जी से निकला है और उसके मामा के घर आ रहा है। रिंकी एकदम हड़क गई। वो सोचने लगी कि आख़िर वो क्या देखकर इस लड़के को पसंद करती थी। बनारस में

उसे पता नहीं था लेकिन दिल्ली में ऐसे लड़कों के लिए चेप शब्द चलता है और इस शब्द को जानने के बाद चतुर उसका सटीक पर्यायवाची लगने लगा था। उसने सोच लिया था अब तक जो हुआ सो हुआ, वो चतुर को समझाएगी कि कच्ची उम्र की जो अच्छी यादें हैं उन्हें नष्ट न करे और अपनी ज़िंदगी को लेकर कुछ गंभीर क़दम उठाए। रिंकी ने उसे बताया कि आज वो फ़ॉर्म जमा करने और तैयारी के लिए कुछ किताबें ख़रीदने जा रही है इसलिए वो अभी न आए। वो उससे शाम को लौटते में मिलेगी। रात में उसे रिशू के साथ शाहदरा में आयोजित एक प्रदर्शन में जाना था जहाँ रात भर युवा इलाक़े में हुए एक फेक एनकाउंटर के मामले को लेकर सरकार के ख़िलाफ़ प्रदर्शन करने वाले थे।

चतुर ने दिन भर का वक़्त बड़ी मुश्किल से काटा और जब वो तीस हज़ारी एरिया से एक फ़ार्मा कंपनी में सेल्समैन का इंटरव्यू देकर निकला तो शाम ढल चुकी थी। रिंकी ने उसकी लोकेशन पूछी। उसने कहा कि वो जिस एरिये में है वहाँ से वो शाहदरा की मेट्रो पकड़ ले। रिंकी दूसरे स्टेशन से चढ़ेगी और मेट्रो में ही उनकी मुलाक़ात होगी।

रिंकी पिछले कुछ समय से जिस अंदाज़ और तेवर से बातें कर रही थी, उसे किसी अनहोनी की आशंका होने लगी थी। उसकी बातों से लगता था उसकी ज़िंदगी में ध्यान देने लायक़ कई चीज़ें हैं जिनमें चतुर काफ़ी नीचे की वरीयता में आता है। रिंकी उसे लंबे समय से इग्नोर कर रही थी और आज का दिन उसमें सबसे अग्रणी रहा जहाँ उसने चतुर को पूरे दिन इंतज़ार कराया था। उसे लगा रिंकी उससे सीधे कुछ नहीं कह पा रही है इसलिए वो इस तरह सुबह से उसे टाल रही है। अगर रिंकी ने कुछ ऐसा बोल दिया जैसा उसे आभास हो रहा है तो वो जीते-जी मर जाएगा। उसकी ज़िंदगी में कुछ रह नहीं जाएगा। उसने पीछे पलटकर देखा तो पाया कि पिछले सात-साढ़े सात सालों से उसकी ज़िंदगी में जो कुछ रहा है सब रिंकी और फिर उसकी यादों के इर्द-गिर्द घूमता रहा है। रिंकी के बिना अपनी ज़िंदगी की कल्पना करना कठिन ही नहीं असंभव है। इतना असंभव जिसके बाद

शरीर में साँस का आना भी संभव नहीं रह जाता। फिर उसने अपने सिर को झटका, इन्हीं सब हरकतों और सोच की वजह से हम जैसे लोगों को बिहारी कहा जाता है। वजह कुछ नहीं मालूम और पूरी कहानी दिमाग़ में बना ली, चतुर ने ख़ुद को समझाया कि सब ठीक होगा।

रिंकी ने चतुर को मेट्रो स्टेशन के बाहर ही रोक दिया और कॉल करके बताया कि वो वहीं तीन-चार घंटे इंतज़ार करे, वो उससे लौटते में मिलेगी क्योंकि अभी उसकी दीदी रास्ते में मिल गई है और वे प्रदर्शन में जा रहे हैं। चतुर चार घंटे स्टेशन के बाहर टहलता रहा और रिंकी की कॉल का इंतज़ार करता रहा। उसे लगने लगा जैसे वो इतने बड़े शहर में बिलकुल अकेला है। बस एक बार जल्दी से रिंकी की झलक मिल जाती तो मरते को पानी मिल जाता।

रात के पौने बारह बजे रिंकी का फ़ोन आया कि वो प्रदर्शन से लौट रही है और चतुर वहाँ से तीस हजारी जाने वाली मेट्रो पकड़ ले। चतुर भागता हुआ ऊपर गया और पहले तो दस मिनट उसे मेट्रो की दिशा और तरीक़ा समझने में लग गए। फिर उसने मेट्रो पकड़ी जो रात की आख़िरी थी।

दिल्ली में चली ये पहली मेट्रो थी जो शाहदरा से तीस हज़ारी तक जाती थी। पूरे शहर की खुदाई चल रही थी और हर जगह दिल्ली मेट्रो, वर्क इन प्रोग्रेस का बोर्ड लगा हुआ था। चतुर जिस मेट्रो में सवार हुआ उसमें गिनती के लोग थे। वो इधर-उधर देखने लगा कि रिंकी किधर है। उसने सामने से एक लड़की को अपनी ओर आते देखा और उसे ग़ौर से देखने लगा। जींस और एक ख़ूबसूरत टॉप में रिंकी बिलकुल पहचान में नहीं आ रही थी। उसके बाल बिलकुल अलग अंदाज़ में कटे हुए थे और उसकी चाल में एक अलग ही आत्मविश्वास था। वो मुस्कराती हुई आई और चतुर के पास आकर रुक गई। चतुर मंत्रमुग्ध शब्द को इतना जीवंत तरीक़े से पहली बार महसूस कर रहा था। उसे दिल किया कि वो रिंकी को गले लगा ले जैसा कि उसने देखा भी था कि ये दिल्ली के लड़के-लड़कियों के लिए कोई बड़ी बात नहीं थी। रिंकी के चेहरे की मुस्कराहट

ने उसे ऐसा करने से रोके रखा। उसकी मुस्कान में कुछ ऐसा था जो चतुर ने कुछ घंटे पहले टेबल के दूसरी तरफ़ बैठे आदमी के होंठों पर देखा था जब वो इंटरव्यू देने केबिन में घुसा था। मेट्रो तेज़ी से अपने गंतव्य की तरफ़ चली जा रही थी। चतुर को लगा जैसे रिंकी बनारस छोड़ने के बाद से ऐसी ही एक तेज़ रफ़्तार गाड़ी में सवार है और उससे बहुत दूर निकल चुकी है, वो पैदल चलता हुआ उसकी तलाश में यहाँ आया है लेकिन ये जो लड़की सामने दिखाई दे रही है ये रिंकी नहीं है। ये उन दिनों की एक परछाईं मात्र है और ज़रूर वो अब ऐसी कोई बात कहेगी जो उसे नहीं कहनी चाहिए। रिंकी के बनारस छोड़ने के बाद का वक़्त चतुर के सीने में सूख चुके ज़ख़्म की तरह पपड़ी से ढका हुआ था। उसे लग रहा था कि किसी भी पल रिंकी अपनी मुस्कान को एक ख़ंजर बनाकर उसके सीने में उतार देगी और उसे फिर से वही दर्द होना शुरू होगा जिसमें वो नशे की तरह डूबेगा और डूबता चला जाएगा। यहाँ तो उसके दोस्त भी नहीं हैं जो उसे निकाल और बचा पाएँगे।

रिंकी ने बात को यथासंभव सरल और सरस शब्दों में कहने की कोशिश की। उसने कहा कि उसके साथ बिताया वक़्त उसकी ज़िंदगी का एक ख़ूबसूरत पन्ना था लेकिन वो और भी पन्ने अपनी ज़िंदगी की किताब में जोड़ना चाहती है। वो अपने भविष्य को लेकर उतनी ही प्रेम और आशाओं से भरी हुई है जितनी चतुर के साथ प्रेम करते हुए भरी रहती थी। उसने चतुर को सलाह दी कि उसे भी अपने भविष्य को लेकर गंभीर होना चाहिए और सिर्फ़ एक लड़की के चक्कर में सब कुछ भूलकर इस कीमती वक़्त को नहीं बर्बाद करना चाहिए जो लौटकर नहीं आता। चतुर उसकी हर बात के साथ निढाल होता गया जैसे उसकी बातें बातें न होकर त्रिशूल हों और उसके कान कान न होकर उसका सीना हों। मेट्रो चलती रही, वो बोलती रही और चतुर छलनी होता रहा। उसके सीने में कुछ भरता रहा, भरता रहा और जब वो फूटा तो चतुर अपने व्यक्तित्व के हर कोने से टूट-फूट गया। वो मेट्रो में आस-पास बचे पाँच-सात सहयात्रियों के लिहाज़ में

रो नहीं रहा था वरना अब तक वो रिंकी को भींचकर रो रहा होता। उसने उसकी कही सारी बातों को एक पंक्ति में ग्रहण किया कि वो उसे छोड़कर जा रही है। उसकी आवाज़ मेट्रो की साँय-साँय में डरावनी लगी।

"हमको छोड़ो मत यार, कहीं के नहीं रह जाएँगे हम।" उसकी आवाज़ में इतनी कातरता थी कि रिंकी की आँखें भी भर आईं। उसने चतुर का हाथ थाम लिया और उन चुनिंदा यात्रियों से पंद्रह मीटर दूर गई जहाँ आस-पास कोई नहीं था। उसने चतुर को एक लेडीज़ सीट पर बिठाया और ख़ुद नीचे बैठकर उसकी दोनों हथेलियाँ थाम लीं। चतुर सिर नीचे झुकाकर बैठा था। उसकी आँखें उसी दिन की तरह आँसुओं से भरी थीं जब उसकी कहानी लौटकर आई थी और रिंकी ने उसके आँसू थाम लिए थे। रिंकी और चतुर दोनों को वही दिन और वही आँसू एक साथ याद आए।

"तुम मेरे एक सवाल का जवाब दो, उस दिन के बाद से तुमने फिर दूसरी कहानी किसी मैगज़ीन में भेजी?" चतुर इस सवाल का मतलब नहीं समझ सका, उसने नहीं में सिर हिलाया।

"मैं यही कह रही हूँ चतुर, जो रिश्ता तुम्हें तुम्हारे सपने से भी दूर कर देता है, तुम्हें इतना अपने आप में खो देता है उसमें कुछ तो गड़बड़ है। मैं जानती हूँ तुम मुझे बहुत प्यार करते हो, मैं भी तुम्हें प्यार करती हूँ लेकिन मैं अपनी माँ जैसी नहीं बनना चाहती। हम दोनों का एक साथ कोई भविष्य नहीं है।"

चतुर ने आख़िरी पंक्ति सुनते ही कसकर रिंकी का हाथ पकड़ लिया। जो आँसू बड़ी कोशिश से आँखों में रुके हुए थे, अब वे संतुलन खोकर किनारी से गिरने लगे।

"ऐसे मत बोलो यार, तुम्हारे ख़यालों और सपनों से ही मेरा जीवन चल रहा है। तुम सही कह रही हो, हम तुमको याद करने और प्यार करने में इतना खोए थे कि कहानी लिखना भी पीछे रह गया, लगता था पहले एक बार तुमको पा लें, फिर जीवन के सपने पूरा करेंगे। तुम हमको छोड़ दोगी तो हम अपनी नज़रों में गिर जाएँगे। कुछ नहीं कर पाएँगे कभी। तुम

छोड़ दोगी तो हमेशा के लिए हम मान लेंगे कि हम प्यार किए जाने लायक़ इंसान ही नहीं हैं, हम छोड़ दिए जाने लायक़ ही हैं। मत करो ऐसा।"

रिंकी ने इत्मीनान से उसकी आँखें पोंछीं। जो बातें वो ठंडे अंदाज़ से कह रही थी उसमें से बहुत बातें वो थीं जो उसने दो दिन पहले सोची थीं, कुछ दो महीने पहले तो कुछ छह महीने पहले। वो अपने फ़ैसले से डिगने वाली नहीं थी क्योंकि इस फ़ैसले तक पहुँचने में उसने बहुत वक़्त लिया था।

"तुमको मुझसे बेहतर मिलेगी कोई, बस अपना ध्यान रखना।" रिंकी कश्मीरी गेट स्टेशन, जहाँ दरवाज़े बाईं तरफ़ खुले, उतर गई और नज़रों से ओझल हो गई। चतुर रिंकी की तरफ़ दस क़दम बढ़ा, फिर दरवाज़े के पास जाकर रुक गया। दरवाज़े बंद हुए और मेट्रो सिर्फ़ चतुर को लेकर तीस हज़ारी की तरफ़ चल पड़ी। दूर-दूर तक कोई नहीं था। चतुर को ये ट्रेन दुनिया जितनी बड़ी, ख़ाली और बेरहम लगी। ये बहुत तेज़ी से आगे की ओर बढ़ती जा रही थी और कोई दृश्य आँखों में रुकता नहीं था। चतुर की आँखों के सामने अँधेरा-सा छा गया और वो लहरा के गिरने वाला था तो उसने बग़ल वाली रॉड को पकड़ लिया।

मेट्रो अपनी पूरी स्पीड से भाग रही थी जैसे जल्दी-से-जल्दी घर पहुँचे नहीं तो वहीं कहीं अँधेरे में लुढ़ककर गिर पड़ेगी और सुबह तक पड़ी सुबकती रहेगी।

मूर्ख होना दुष्ट होने से बेहतर है

बिन्नू ने चतुर को बिना कोई पैसे ख़र्च किए अपने रूम में दो महीने तक रहने की इजाज़त दे दी थी। उसके ही जुगाड़ से चतुर का महीना पूरा न होने के बावजूद उसे एक महीने की सैलरी थोड़ी काट के मिल गई थी और उसने चतुर को इधर-उधर कई कंपनियों में इंटरव्यू के लिए भेजने का आश्वासन दिया था जिस पर वो खरा भी उतर रहा था। कल ही उसने चतुर को एक फ़ार्मा कंपनी में भेजा था जहाँ से चतुर देर रात थकी और लुटी-पिटी हालत में पहुँचा था। सुबह बिन्नू जाने को नहा-धोकर तैयार हो चुका, तब तक चतुर उठा नहीं था।

"उठ जा बे, मैं ऑफ़िस निकल रहा हूँ। आज जाना है कहीं?" उसने अपना बैग ठीक करते हुए पूछा।

चतुर ने चेहरे से चादर हटाई, "नहीं।"

चतुर के चेहरे की ओर बिना देखे बिन्नू जूते पहनता रहा।

"लड़की से मिलने कब जाएगा?" बिन्नू ने रिंकी यानी चतुर के दिल्ली आने के मुख्य मक़सद के बारे में साधारण ढंग से पूछा।

"एकाध दिन में।" चतुर ने भी उसी साधारण ढंग से जवाब दिया। बिन्नू ने आईने में देख के अपने चेहरे और बालों को अंतिम टच दिया और बैग लेकर निकलने लगा।

"चल फिर आराम कर रूम पे ही, शाम को मिलते हैं।" चतुर ने हाथ हिला के इशारा किया। बिन्नू के बाइक स्टार्ट होने की आवाज़ बाहर से आई और धीरे-धीरे दूर जाती गई।

कोई बड़ा सदमा एक बार में नहीं लगता। वो एक बार लगने के बाद-

बाद कई दिनों तक तड़पाता है। अगर आप दिल पर किसी आघात से मर नहीं जाते तो यक़ीन मानिए, आप बार-बार मरते हैं। सोते-जागते, खाते-पीते, चलते-बैठते हर वक़्त सीने में एक दर्द का सोता बहता है जो उसके जाने के ग़म को याद दिलाता है और पूछता रहता है कि... अचानक चतुर झटके से उठकर बैठ गया। उसे लगा उसके सीने में कोई पुराना दर्द फिर से जागने लगा है। ये सब वो एक बार और महसूस कर चुका है। फ़र्क़ ये है कि तब समय की लंबी सुरंग के आख़िरी किनारे पर एक हलकी-सी रोशनी दिखाई दे रही थी लेकिन अब पता चला वो रोशनी झूठी थी।

चतुर देर रात ढाई बजे कमरे पर पहुँचा था और कपड़े बदलकर लेट गया था। उसकी अब तक की ज़िंदगी की रील उसकी आँखों के सामने घूमती रही थी जिसमें हर ख़ुशनुमा पल में रिंकी थी और जहाँ वो नहीं थी उसकी बातें थीं। अब वो ज़िंदगी में नहीं है, ये सोच के चतुर को इतना आश्चर्य हो रहा था। उसकी साँसें कितनी बेशर्म हैं जो अब भी अंदर-बाहर हो रही हैं। उसके दिल में भीषण दर्द है जैसे इसे कोई मुट्ठी में भींच रहा हो लेकिन वो फिर भी धड़क रहा है। उसे लग रहा था जैसे वो किसी दुर्घटना में अधमरा हो चुका था लेकिन किसी दवाई के असर से कुछ सालों से जी रहा था और अब उस दवा का असर ख़त्म हो रहा है। अब उसकी ज़िंदगी में कुछ नहीं बचा। रिंकी को उसने बताया नहीं कि उससे दूर वाले सालों में उसने हर साल एक-दो कहानियाँ लिखी थीं और उन्हें छपने के लिए भेजा था। हर कहानी सखेद वापस आई थी और एक दिन उसके पापा ने एक कहानी पोस्टमैन से रिसीव की तो उसे ताना भी मारा कि लेखक और कलाकार लोग पैदा होते हैं, चाहने से नहीं बना जाता। उसके मन के एक कोने ने धीरे-धीरे मान लिया था वो कुछ भी और बने, लेखक बनने के लिए तो पैदा नहीं हुआ है। वो कुछ भी और क्या हो, वो न आज तक तय कर पाया था और न भविष्य में इसकी आशा थी। उसके जीवन में कहानी नहीं थी, फिर भी वो दुखी नहीं था क्योंकि उसके जीवन में रिंकी थी और अब रिंकी ने उसे छोड़ दिया है। शायद उसने दिल्ली में रहकर ये समझा

है कि ऐसे इंसान के साथ क्या रहना जिसे ज़िंदगी से कोई ऐसी चीज़ नहीं चाहिए जो उसके काम आ सके। उसके जैसी सुंदर और ज़िंदगी की हर संभावना से भरपूर लड़की को एक महत्त्वाकांक्षी लड़का चाहिए होता है।

महत्त्वाकांक्षा एक ऐसा रसायन है जो धारण करने वाले को भीड़ से अलग करता है। उसके चेहरे पर उसकी छाया होती है और वो अपने जीवन का हर क़दम उसकी ही ओर एक क़दम सोचकर बढ़ाता है। जिस देश का तीन-चौथाई धन दस प्रतिशत लोगों के पास हो, जहाँ आधी आबादी के पास सुबह उठने पर रात के खाने के बारे में सोचने के अलावा कोई दूसरी चिंता न हो वहाँ महत्त्वाकांक्षा एक बड़ी योग्यता के तौर पर देखी जाएगी ही। जब ज़्यादातर लोग महत्त्वाकांक्षी हो जाएँ तो उनके बीच एक बिना महत्त्वाकांक्षा का इंसान अजूबा लगता है। लोगों को शांत, संतुष्ट और जीवन से बहुत कम चाहने वाला मनुष्य सृष्टि की कोई चाल लगती है और वे उसे अजीब नज़रों से देखते हैं। वे उसे अपनी तरह बहुत तेज़ और अक्सर आँखें बंद करके दौड़ने के लिए प्रेरित करते हैं। ऐसा न करने पर दोस्ताना तरीक़ों से प्रताड़ित करते हैं और संदेह की नज़र से देखते हैं।

चतुर के लिए ये कभी कोई बड़ी समस्या नहीं थी। उसके दोस्त जब अपने भविष्य का ख़ाका बनाते और अमरनाथ आईएएस अधिकारी बनने की बात करता, कालिदास ठेकेदार बनने के सपने देखता, दलजीत सेना में जाना चाहता तो चतुर चुप हो जाता। लेखक बनने का सपना औक़ात से बड़ा महसूस होने पर फिर उसने सोचा ही नहीं क्या बनना है। 'क्या बनना है' से ज़्यादा 'कैसा बनना है' के बारे में सोचना उसे उत्साहित करता। बड़ा अधिकारी बनने के बाद जीवन में परिवर्तन कैसे आएगा, ये वो समझ नहीं पाता।

अच्छे जीवन के लिए पैसे और ताक़त की उपयोगिता उसे बहुत समझ नहीं आती। उसे लगता जीवन जीने के लिए जितने पैसों की ज़रूरत है उतने कम-से-कम आते रहें, चाहे किसी भी नौकरी से आएँ, जीवन में कोई प्रेम करने वाला हो और प्रेम करने की जगहें और एकांत दुनिया में हमेशा मौजूद रहें। उसे अपने भविष्य से ज़्यादा दुनिया में फैल रहे शोर की

चिंता होती थी। हर जगह शोर फैल जाएगा तो दो लोग एक-दूसरे का हाथ पकड़कर बातें कहाँ करेंगे। वो वैसे भी प्रेम से भरा इंसान था जिसे रिंकी की सोहबत ने द्विगुणित कर दिया था। उसे भविष्य को लेकर बड़ी-बड़ी बातें सोचना और हवाई क़िले बनाना कभी रास नहीं आया। इंसान के लिए महत्त्वाकांक्षी होना क्यों ज़रूरी है! वो सफलता की जगह संतोष खोजता हुआ क्यों नहीं जी सकता! जीवन में संतोष ही मुख्य होना चाहिए और अब जबकि रिंकी के चले जाने से इसकी संभावना भी ख़त्म हो गई तो अब जीने लायक़ कोई ख़ास वजह बची नहीं है। चतुर जागने के बाद बिस्तर पर ही तीन घंटे लेटा रहा। बिस्तर से उतरते-उतरते उसका मन निश्चित हो चुका था कि उसके जैसे अकिंचन जीव को इस दुनिया से शांति और सम्मान से हट जाना चाहिए और किसी एक महत्त्वाकांक्षी के लिए जगह बना देनी चाहिए। इस ख़याल के आते ही उसे अपने पापा, माँ और दोस्तों के चेहरे याद आए, फिर गंगा का किनारा, फिर मीर घाट की मस्ती और फिर मेट्रो का एक ख़ाली डिब्बा जिसमें वो अकेला खड़ा है। धीरे-धीरे सब कुछ शून्य हो गया और उसे अँधेरे में तेज़ गति में खड़ा एक इंसान दिखाई दिया जो इस तेज़ भागती दुनिया में पीछे छूट गया है। हो सकता है वो बहुत देर में पैदा हुआ, अगर पचास साल पहले पैदा हुआ होता तो क्या पता इसकी गति से गति मिला पाता। वो एकदम निश्चित होकर बिस्तर से उतरा।

ख़ुद को ख़त्म करने का विचार आने के बाद जैसे एक आश्वस्ति-सी उसके भीतर पसर गई। अब उसे कोई घबराहट और बेचैनी नहीं हो रही थी। जैसा उसके साथ हुआ है वैसा होने के बाद आख़िर क्या रास्ता बचता है। क्यों जिए और किसके लिए? रिंकी ने ये फ़ैसला दिल्ली की चकाचौंध में फँसकर लिया है, उसकी मौत अगर एक बार भी उसके मन में पछतावा ला सके तो भी बहुत है। इसलिए उसका मरना ज़रूरी है। उसका मरना बहुत ज़रूरी है। उसका मरना सबसे ज़रूरी है। उसका मरना ही ज़रूरी है।

मरने के बहुत तरीक़े थे लेकिन कोई तरीक़ा ऐसा नहीं था जो जीवन की गरिमा के अनुकूल हो। जीवन जितनी विराट वस्तु है मृत्यु को उससे

कम नहीं होना चाहिए। जन्म और मृत्यु में कितनी ही समानताएँ हैं। दोनों आपको मनुष्यों का प्रिय बना देते हैं। दोनों आपको ऐसे अथाह शून्य में छोड़ते हैं जहाँ से आप कहाँ जाते हैं किसी को कोई फ़र्क़ नहीं पड़ता। जीवन स्पष्टतया एक निष्ठुर चीज़ है, मृत्यु शायद इससे कम भी हो। जब सब जाने-बूझे रास्ते समाप्त हो जाएँ तो मृत्यु जैसे अगम-अगोचर से अच्छा हो भी क्या सकता है! जीवन ख़त्म करने का सोचना कायरता नहीं साहस की बात है। जो लोग मृत्यु से डरते होंगे वो ज़रूर मृत्यु से जुड़े दर्द से डरते होंगे। कलाई की नस काटना, ट्रेन की पटरी पर लेटना या ऊँचाई से छलांग लगाना विस्तारित मृत्यु के क्षण देते हैं। मृत्यु को बिजली जाने की तरह घटित होना चाहिए। उसने सोचा ऐसी आसान मृत्यु का क्या तरीक़ा है। उसे पुरानी कहानियों में बताए गए ज़हर की याद आई जिसे ज़बान पर रखते ही जान निकल जाती थी। उसने कल्पना की कि उसके मरने के बाद एक सफ़ेद चिड़िया उसके जिस्म से निकलकर आसमान में उड़ रही है। वो उड़ती हुई कहीं भी जा सकती है और कितनी भी ऊँचाई तक उड़ सकती है।

उसने अपने बेकार हो चुके जीवन के उपयोग भी सोचे। कोई ऐसा काम जो वो इस जान के जाते-जाते कर सके। उसने सोचा अगर वो देश के किसी बड़े भ्रष्टाचारी नेता को मार पाता और उसके बॉडीगार्ड उसे गोली मार दें तो उसकी मौत का कुछ सामाजिक फ़ायदा भी हो सकता है। लेकिन पता कैसे चले कि कौन-सा नेता भ्रष्टाचारी है। ऐसा कौन है जिस पर ऐसे आरोप नहीं लगे! उसने इस विकल्प को बचकाना समझकर छोड़ दिया। कोई पब्लिक प्लेस जैसे कुतुबमीनार पर चढ़कर कूदे लेकिन इस विचार के लिए उसने ख़ुद को झिड़क दिया कि उसे किसी की सहानुभूति के लिए नहीं मरना, उसे इसलिए मरना है कि वो अब जीना नहीं चाहता। उसकी मौत का किसी को पता चले या नहीं उसे फ़र्क़ नहीं पड़ता, बस रिंकी तक किसी भी तरह ये ख़बर पहुँच जानी चाहिए। इधर-उधर घूमने-टहलने के बाद उसने सोचा कि जिस तरह पुरानी कहानियों और पुराने शहरों का एक अलग आकर्षण होता है वैसे ही पुराने नुस्ख़े ही क्लासिक

होते हैं जो कभी पुराने नहीं पड़ते। वो नहा-धोकर बाहर चाय पीने गया और बग़ल वाली दुकान से मोटी रस्सी ख़रीद लाया।

कमरे में आकर उसने एक फंदा बनाया और कुर्सी पर चढ़कर उसे पंखे से लटका दिया। फंदे में सिर डालने से पहले उसने पानी लगाकर अपने बाल सँवारे, आईने में देखकर कंघी को इधर-उधर फिराया और बगलों में डियोड्रेंट छिड़का। जब उसने फंदे में सिर घुसा दिया तो उसे सिगरेट की तलब लगी। वो उतरा और एक के बाद एक दो सिगरेटें पीं। इसके बाद दुबारा जब फंदे में उसने गर्दन फँसाई तो उसे याद आया बिन्नू के उस पर बहुत एहसान हैं और अगर उसके ऊपर पुलिस ने शक किया, उसे परेशान किया तो ये ठीक नहीं होगा। वो ठहर गया। थोड़ी ही देर सोचने में उसे ये अपना फ़ैसला ख़राब लगने लगा। वो फिर से अपने पुराने तरीक़े ज़हर पर वापस आ गया और रस्सा उतारकर एक कोने में रख दिया।

कौन-सा ज़हर सबसे जल्दी मामला सेट कर देता है, इसके बारे में उसे बहुत पुख़्ता जानकारी नहीं थी। चूहे मारने की दवा के बारे में उसे कुछ अख़बारी ख़बरों और मोहल्ले की बातों में पता चला था। उसे एक इंसान का मरने के लिए चूहे मारने की दवा खाना बहुत आतुरता से भरा काम लगा जैसे किसी को पाँच मिनट के अंदर मरने का आदेश दिया गया हो और वो कोई ढंग का ज़हर न खोज पाया हो। सायनाइड के बारे में उसने सुना था कि उसे जीभ पर रखते ही खेल ख़त्म हो जाता है लेकिन वो आम आदमियों के लिए दुर्लभ चीज़ थी ये भी उसे पता था। उसने सोचा बहुत रूमानी लगते हुए भी कई फ़िल्मों में देखा गया नींद की एक्स्ट्रा गोलियों के साथ मरना सबसे आरामदायक तरीक़ा है। वो बाहर निकल गया।

दस मिनट तक मेडिकल स्टोर वाले से झिकझिक करने के बाद चतुर का दिमाग़ इतना ख़राब हो गया था कि काफ़ी देर तक उसका दिमाग़ आत्महत्या से हटकर दुकानदारों और उनकी मनमानी पर टिका रहा। स्टोर वाला बिना डॉक्टर के प्रेस्क्रिप्शन के उसे गोलियाँ देने को तैयार नहीं था और हद तो तब हो गई जब स्टोर वाले का बूढ़ा बाप जो हमेशा एक कोने

में कुर्सी पर बैठा टीवी देखता रहता था, उसे समझाने लगा।

"बेटे, लाइफ़ में बहुत बार ऐसा लगता है कि सब ख़त्म हो गया लेकिन निराश नहीं होना चाहिए। सब एक बार समय पर छोड़कर इसके बहाव में बहो, कुछ समय बाद आज की समस्या पर तुम्हें हँसी आएगी।" स्टोर वाले ने एकाध बार अपने बाप को रोकने की कोशिश की, फिर डाँट दिया।"

"अरे पापा, आप सबको ज्ञान देने लगते हैं। चुप रहिए, वो आया है अपनी आंटी के लिए लेने आप उसी को पकाने लगे... देख भाई, आंटी की डॉक्टर की पर्ची होगी जिस पे दवाई का नाम लिखा होगा वो दिखानी होगी तभी दे सकता हूँ वरना नहीं, पुलिस बैंचोद बहुत हरामी है इधर की।"

चतुर निराश हो वहाँ से निकल गया। टहलता हुआ वो घर की तरफ़ जा रहा था तभी एक गली के कोने में गुलजारी बीज भंडार नाम की एक छोटी दुकान दिखाई पड़ी। उसे कुछ याद आया और वो उस ओर बढ़ गया।

"सल्फ़ास मिलेगा ? गेहूँ में डालना है ?" चतुर ने आवाज़ को सामान्य बनाते हुए कहा। दुकानदार ने तुरंत एक पुराना पैकेट उठाकर उसमें से धूल झाड़ी और एक पत्रिका के तीन-चार पन्ने फाड़कर उसमें लपेट दिया। पैकेट चतुर के हाथ में देते हुए वो बुदबुदाया।

"हाथ धो लीजिएगा डालने के बाद।" चतुर मुस्कराया और पैसे देकर शराब की दुकान की ओर मुड़ गया। धूमधाम से मरने में वो कोई कमी नहीं चाहता था। अब जो हो रहा है, लाइफ में आख़िरी बार हो रहा है। एक क्वॉर्टर और एक पैकेट मूँग दाल खरीद कर वह कमरे पर पहुंचा तो शाम होने वाली थी। उसे माँ की बात याद आई कि वो मना करती है कि शाम के वक़्त लेटना नहीं चाहिए और वो शाम के वक़्त मरने की सोच रहा है। फिर उसने सोचा जब तक तीन सिक्स्टी के पेग मारेगा, गोधुलि की बेला खत्म हो जाएगी और वो कमरे में लाइट वाइट जला के आराम से मरेगा।

वह कमरे पर वापस आया। उसने सोचा था कि तीन पेग में क्वॉर्टर ख़त्म करने के बाद सल्फ़ास खाएगा, पानी पिएगा और ताला बंद कर बाहर निकल जाएगा। चाबी बाहर रखे कैक्टस के गमले के नीचे रख देगा और

टहलता हुआ दूर किसी ख़ाली जगह पर जाकर बैठ जाएगा। आधे घंटे में सल्फ़ास पचने के बाद पेट की अँतड़ियों को जलाने लगेगा और थोड़ी देर में वहीं खेल ख़त्म हो जाएगा। एक-दो दिन उसकी लाश की शिनाख़्त करने की कोशिश की जाएगी, फिर लावारिस समझकर जला दिया जाएगा। इस बीच बिन्नू के ज़रिये किसी तरह बनारस और रिंकी तक ये ख़बर पहुँच ही जाएगी। अगर नहीं पहुँची तो? बाहर किसी लावारिस लाश की तरह जला दिए जाने में ये ख़तरा था कि उसके जान देने की ख़बर रिंकी तक पहुँचे ही नहीं। ऐसे में तो उसका मरना बेकार चला जाएगा। वो पेग बनाने लगा।

दो पेग तक उसने सभी विचारों को रोकने की कोशिश की। तीसरे पेग में अब तक की सारी ज़िंदगी की रील सामने से गुज़री और चतुर की आँखों में आँसू छलक आए। उसने सिर टेबल से टिका लिया और आँखें बंद कर लीं। आँसू की कुछ बूँदें टेबल पर टपकीं। वह उसी तरह निश्चल पड़ा रहा जैसे मौत उसके बुलाने पर अपने आप आयेगी, उसके कंधे पर थपथपाएगी और वो उठ के चल देगा।

क्या जीवन रहा अब तक का? कुछ न किया न देखा और जाने का वक़्त आ गया। उसने पीछे मुड़कर फंदे की तरफ देखा। फंदा उसकी ओर उम्मीद भरी नज़रों से देख रहा था। उठ के बैठा तो उसके मुँह में जली हुई सिगरेट थी। ये सिगरेट उसने कब जलाई उसे याद नहीं आया। अचानक लगा उसे काफी चढ़ गयी है। उसने देखा तीसरा पेग पता नहीं कब से ख़ाली हो चुका था। वो कुर्सी से उठ कर खड़ा हुआ। उठते ही उसने देखा कि फंदा हिलने लगा जैसे उसे बुला रहा हो। वो मंत्रमुग्ध सा फंदे के पास गया। उसे अपने अंदर एक उतावली सी महसूस हुई। उसे लगा किसी ज़रूरी काम का मुहूर्त निकला जा रहा है। उसने स्टूल खिसकाया और उस पर चढ़ गया। उसने फंदे में सिर फँसाया और स्टूल पर अपने पैरों का दबाव चेक किया। आख़िरी वक़्त उसने आँखें बंद की और किसी अपने को याद करना चाहा। उसने किसी और की फाँसी के बारे में इतना नहीं सुना था जितना भगत सिंह के और न चाहते हुए भी उसके ख्यालों

में भगत सिंह आने लगे। उसे लगा जैसे उसकी ज़िंदगी सस्ती थी वैसे ही उसकी मौत भी एकदम सस्ती है। उसे शर्म आनी चाहिए जो मरते हुए वह ऐसे क्रांतिकारी के बारे में सोच रहा है जिसकी मौत का इतना बड़ा अर्थ था। फिर से किसी को याद करना चाहा तो सामने माँ और पापा के चेहरे आये। उसने जल्दी से उन्हें आँखों के सामने से हटा दिया। जैसे ही उसके ख़याल में रिंकी का चेहरा आया, उसने पंजों से स्टूल को दूर धकेल दिया।

उसका शरीर हवा में झूलने लगा और आँखें बाहर निकलने लगीं। सेकंड के आख़िरी हिस्से में उसे महसूस हुआ कि उसे अपने फैसले पर थोड़ी देर और सोचना चाहिए था। वो जो ख़त्म कर रहा है वो इतनी क़ीमती चीज़ थी जो अब दुबारा नहीं मिल सकती। एक पलट झपकने भर की घटना से इस दुनिया से आपका कनेक्शन कट सकता है लेकिन उस दुनिया में क्या है, किसी को नहीं पता। आपका होना, आपकी चिंताएँ, आपकी ख़ुशी, आपके अफ़सोस सब तभी तक किसी मतलब के हैं जब तक आप यहाँ खेल में बने रहते हैं। जब आपको ही नहीं खेलना तो फिर किसी को आपकी क्या पड़ी है। हर कोई अपना खेलने में इतना व्यस्त है कि किसी के लिए ख़ुद से ज्यादा कोई और ज़रूरी हो ही नहीं सकता। सामने एकदम अँधेरा है। उसकी हर छटपटाहट के साथ आँखों के सामने अँधेरा घना होता गया। वह दोनों हाथों से फंदे को ढीला करने की कोशिश करने लगा। इस कोशिश में फंदे पर लटकता हुआ वह गों-गों की आवाज़ निकालता पंखे के चारों और नाच रहा था।

अचानक उसकी नज़र सामने पड़ी कुर्सी पर पड़ी और उसकी आँखें बाहर निकलकर अटक गईं। उसका दम टूट गया और वह फटी आँखों से सामने देख रहा था। झूलता हुआ उसका बदन धीरे-धीरे स्थिर हो गया।

अपने जीवन के आख़िरी सेकंड में उसने देखा था कि वो सामने की कुर्सी पर बैठा टेबल पर सिर टिकाए सो गया है...

***

कथा जारी...